Daniela Schetar
Friedrich Köthe

# namibia
## kompakt

Daniela Schetar
Friedrich Köthe

# namibia kompakt

Daniela Schetar
Friedrich Köthe

# Namibia Kompakt

erschienen im

**Reise Know-How Verlag**

**ISBN 978-3-89662-602-8**



Untere Mühle
D - 71706 Markgröningen

**4.** aktualisierte Auflage **2015**



– Printed in Germany –

**www.reise-know-how.de**

eMail-Adresse des Verlags:
**verlag@rkh-reisefuehrer.de**

**Gestaltung und Herstellung**
Umschlagkonzept: Carsten Blind
Inhalt: Carsten Blind
Karten: Helmut Hermann
Druck: Wilhelm & Adam, Heusenstamm
Fotos: siehe Anhang

Dieses Buch ist erhältlich in jeder Buchhandlung in Deutschland, Österreich, Schweiz, Niederlande und Belgien. Bitte informieren Sie Ihren Buchhändler über folgende Bezugsadressen:

D: PROLIT GmbH, Postfach 9, 35461 Fernwald, www.prolit.de (sowie alle Barsortimente)
CH: AVA-buch 2000, Postfach 27, 8910 Affoltern, www.ava.ch
A: Mohr Morawa Buchvertrieb GmbH, Postfach 260, 1011 Wien
NL, B: Willems Adventure, www.willemsadventure.nl

Wer im Buchhandel trotzdem kein Glück hat, bekommt unsere Bücher auch über unsere Büchershops im Internet (s.o.).

# Vorwort

Liebe Leserin, lieber Leser

vielleicht sitzen Sie mit diesem Buch bereits zu Hause in einem bequemen Ohrensessel und planen Ihre Reise, vielleicht stehen Sie aber auch noch in der Buchhandlung. Oder sind Sie noch unentschieden, ob Sie Ihren Urlaub in Namibia verbringen sollten? Ja, Sie sollten!

Namibia - das sind endlose Weiten, sattgrünes Grasland bis zum Horizont, grellgleißende Salzpfannen und majestätische Dünenmeere; Elefanten an einer Wasserstelle, Löwen im Schatten dorniger Büsche, Antilopen in elegantem Sprung, aufhorchende Erdmännchen, Giraffenhälse hinter Bäumen. Aber auch charmante Kolonialstädtchen, einsame Rinderfarmen, luxuriöse Lodges, archaische Nomadenlager und überall herzliche Menschen, die Sie als Gast willkommen heißen.

Wir haben dieses faszinierend wilde und zugleich auch so zivilisierte Land vor fünfzehn Jahren kennen- und liebengelernt. Dieser Führer ist ein Extrakt unserer vieljährigen Reiseerfahrung und bringt Namibias Highlights auf den Punkt: Erforschen Sie mit uns den wildreichen Etoscha-Nationalpark, folgen Sie uns zu den höchsten Dünen der Namib, bummeln Sie durch das Kolonial-Kleinod Swakopmund, trekken Sie durch den Fish River Canyon, gehen Sie in der Kalahari mit San auf Jagd, besuchen Sie eine Himba-Siedlung im Kaokoveld und genießen Sie den Sundowner bei anregenden Gesprächen mit von uns empfohlenen Gastgebern.

Gleich zu Beginn hilft ihnen das **Praktische Reise-ABC** bei der Vorbereitung. **Land und Leute** lernen Sie im zweiten Teil kennen. Ausführlich widmen wir uns den verschiedenen Völkern, ihrer Kultur und ihren Traditionen. Ein Überblick über die von vielen fremden Herren geprägte Geschichte erleichtert das Verständnis für das heutige Namibia. Auch die artenreiche Tier- und Pflanzenwelt Südwestafrikas und die faszinierende Geologie werden kenntnisreich vorgestellt. Im dritten Teil führen Sie übersichtliche **Routen- und Ortsbeschreibungen** durch Namibia, zu den Victoria-Fällen in Zimbabwe und zu den wildreichen Nationalparks von Botswana. Prägnante Tipps und Infos erleichtern Ihnen die Wahl der passenden Unterkunft, und in den Städten finden sie eine Vielzahl von Hinweisen zu Shopping und Ausgehen. Die eng mit dem Text verzahnten Detailkarten helfen Ihnen, das Gesuchte zu finden.

Mit diesem Führer wenden wir uns sowohl an Reisende, die das Land mit einem Mietwagen erkunden wollen, als auch an diejenigen, die in einer Gruppe oder mit Hilfe eines Reisebüros das Land bereisen werden. Hintergrundwissen und praktische Informationen helfen Ihnen dabei. Wer sich ganz intensiv mit dem Land auseinandersetzen oder individuell und abseits der Hauptrouten unterwegs sein will, dem sei unser ebenfalls bei Reise Know-How erschienenes, umfangreiches „Namibia-Handbuch" empfohlen.

Wir wünschen Ihnen eine erlebnisreiche Tour durch das „Land der wasserlosen Flüsse". In diesem Sinne: „Gute Pad"!

*Ihre Daniela Schetar und Friedrich Köthe*

# Inhaltsverzeichnis

☐ Exkurs

## A-Z Praktisches Reise-ABC



## Reisen im Land



## Land und Leute



## Namibias Völker



## Leben in Namibia

## Kultur, Literatur und Kunst



# REISETEIL

## Windhoek



## Route 1: Süden



## Route 2: Norden

## Route 3: Nordwesten



## Route 4: Nordosten



## ... Anhang

Bitte schreiben oder mailen Sie (verlag@rkh-reisefuehrer.de), wenn sich in Namibia Dinge verändert haben oder Sie Neues wissen. Wir beantworten jede Zuschrift. Danke!

# Praktisches Reise-ABC
# Reisen in Namibia
# Land & Leute

A-Z

# Praktisches Reise-ABC Namibia

## Ankunft und Einreise

**Anreise**

Die große Mehrzahl der Reisenden kommt per Flugzeug nach Namibia. Die Anreise mit dem eigenen Fahrzeug quer durch den Schwarzen Kontinent ist wegen der Bürgerkriegswirren in mehreren Ländern Zentralafrikas mit großen Schwierigkeiten verbunden. Einzige Alternative ist die kostspielige Verschiffung des Fahrzeugs zu einem südafrikanischen Hafen oder nach Walvis Bay (Auskunft bei E.H.H. Car Shipping, Franziusstraße 70a, 27568 Bremerhaven, Tel. 0471-48295675, Fax 4829550, www.blg.de, oder bei Cross Freight, Obenhauptstraße 12, 22335 Hamburg, Tel. 040-5939890, Fax 59398920, www.crossfreight.de). Windhoeks internationaler Flughafen Hosea Kutako wird mehrmals wöchentlich ab Frankfurt von Air Namibia direkt und von Lufthansa/South African Airways über Johannesburg angeflogen, die Preise für Hin- und Rückflug liegen um 1000 € (www.lufthansa.de, www.airnamibia.com). Eine weitere Direktverbindung hat Condor ab Frankfurt im Programm (zweimal die Woche, www.condor.de). Online-Reiseportale sind z.B.

www.travel-overland.de
www.ltur.de
www.opodo.de
www.start.de
www.lastminute.de
www.expedia.de
www.travelchannel.de
www.travelscout24.de
www.travel24.com

**Einreise**

Zur **Einreise** benötigen Deutsche, Österreicher und Schweizer einen gültigen Reisepass, auch Kinder müssen einen eigenen Ausweis besitzen (die Identitätspapiere müssen sechs Monate über das Wiederausreisedatum hinaus gültig sein und mindestens zwei freie Seiten haben). Ein Flughafenbus bringt ankommende Passagiere ins Windhoeker Stadtzentrum. Die Fahrt mit dem Taxi kostet um 20 €.

## Ausrüstung

**Kleidung**

Praktische, sportliche Kleidung, wie leichte Bauwollhosen und -hemden bzw. -blusen, warme (Fleece-) -Pullover oder Jacken und eine gute, wärmende Windjacke leisten im Schichtenprinzip übereinander getragen zu jeder Jahreszeit gute Dienste. Wer im Südwinterhalbjahr bzw. zwischen April und Oktober reist, sollte sich auf empfindlich kalte Abende und Nächte einstellen und die Kleidung entsprechend ergänzen. Shorts und Sandalen werden zwar von allen namibischen Farmern getragen, sind aber wegen des dornigen Buschwerks und der Schlangengefahr nicht unbedingt zu empfehlen. Lange Hosen und knöchelhohe, feste Schuhe bieten weit besseren Schutz. Ein Sonnenhut und eine gute Sonnenbrille gehören ebenso ins Gepäck wie Creme mit hohem Lichtschutzfaktor und ein guter Pflegestift für die Lippen, die in der trockenen Luft schnell rissig werden.

**Ausrüstung**

Eine Taschenlampe leistet nachts wertvolle Dienste, ein kleines Fernglas ermöglicht bessere Tierbeobachtung. Wer in Namibia zelten will, kann ein Fahrzeug mit Campingausrüstung mieten. Schlafsäcke, Iso-Matten, Campingkocher und -geschirr kann man auch selbst mitbringen. Wegen des Verbotes des Gaskartuschentransportes in Flugzeugen und wegen des Nachkaufes von Brennstoff vor Ort sind Flüssigbrennstoff-Kocher sinnvoll. Diese arbeiten je nach Ausführung mit Petroleum (englisch „paraffin oil"), mit Benzin oder Diesel oder auch als Vielstoff-Kocher – wie Modelle der Firma MSR – mit allen drei Brennstoffen. In den vielen Sport-, Jagd- bzw. Reiseausrüstungsläden in Windhoek und Swakopmund ist es überhaupt kein Problem, fehlende Ausrüstung zu ergänzen.

## Botschaften

**In Namibia**

**Deutsche Botschaft**
Sanlam Center, 6th Floor, Independence Avenue, Windhoek, Tel. 061-273100, Fax 222981, www.windhuk.diplo.de

**Generalkonsulat der Schweiz**
Independence Avenue 175, Gatheman Building, Windhoek, Tel. 061-223853

**Konsulat von Österreich**
Schaefer Street, Klein Windhoek, Tel. 061-222159, www.austrian-consulate.com

**In Deutschland**

**Botschaft der Rep. Namibia**
Reichsstr. 17, 14052 Berlin, Tel. 030-2540950, Fax 25409555, www.namibia-botschaft.de

**In Österreich**

Zuckerkandlgasse 1, 1190 Wien, Tel. 01-4029371, Fax 4029370, www.embnamibia.at

## Feiertage

Insgesamt gibt es in Namibia 12 nationale Feiertage. Der Unabhängigkeitstag erinnert an den 21. März 1990, die Gründung Namibias als souveräner Staat. Am 4. Mai 1978 bombardierten südafrikanische Streitkräfte auf angolanischem Boden bei Cassinga ein Lager der SWAPO. Der „Afrika-Tag" feiert die Gründung der Organisation der afrikanischen Einheit (OAU) in Addis Abeba. Am 26. August 1966 formierte sich die SWAPO zum ersten Mal zum bewaffneten Kampf gegen die Mandatsmacht Südafrika. Der 10. Dezember verweist auf das Jahr 1959, als ein altes, von Schwarzen bewohntes Wohngebiet Windhoeks aufgelöst wurde und die Bewohner nach Katutura zwangsumgesiedelt wurden.

| | |
|---|---|
| 01. Januar | Neujahr |
| 21. März | Unabhängigkeitstag |
| April | Karfreitag/Ostermontag |
| 01. Mai | Tag der Arbeit |
| 04. Mai | Cassinga-Tag |
| Mai | Christi Himmelfahrt |
| 25. Mai | Afrika-Tag |
| 26. August | Heldentag |
| 10. Dezember | Tag der Menschenrechte |
| 25. Dezember | 1. Weihnachtstag |
| 26. Dezember | 2. Weihnachtstag |

# Finanzen

Die namibische Währung ist der **Namibia Dollar** (N$) zu 100 Cent. Sein Kurs ist im Verhältnis 1:1 an den südafrikanischen Rand gebunden (**1 € entspricht 10–15 N$**). Aktueller Namibia-Dollar-Kurs auf Webseiten, wie z.B.

www.reisebank.de www.goyax.de
www.oanda.com www.xe.com/de u.a.

Es gibt Banknoten zu 10, 50 und 100 N$, Münzen zu 5, 10 und 50 Cent sowie 1 und 5 N$. Fast allerorten werden auch Südafrikanische Rand akzeptiert (nicht aber N$ in Südafrika). Ausländische Banknoten kann man in Banken sowie in den meisten Hotels, Gästefarmen und Lodges wechseln, wo der Kurs dann meist etwas schlechter ist. Travellerschecks lösen nur Banken ein.

### Kreditkarten

Kreditkarten werden vielerorts als Zahlungsmittel akzeptiert, am verbreitetsten sind **VISA** und **Master Card.** Nur einige Gästefarmen und generell die Tankstellen machen bei der Kreditkartenakzeptanz eine Ausnahme. Auch mit der **BankCard** Ihrer Hausbank mit dem **Maestro-Logo** sind an Geldautomaten (ATM = *Automatic Teller Machine*) Abhebungen möglich, und zwar zu erheblich geringeren Gebühren als mit einer Kreditkarte. An allen Geldautomaten mit dem VISA-Logo funktioniert auch die günstige „SparCard 3000 plus" der Postbank, bei der pro Jahr zehn Auslandsabhebungen gebührenfrei sind. Geheimzahl parat haben.

An Wochenenden funktionieren auf dem Lande die Geldautomaten häufig nicht bzw. sind leer. Teilweise gibt es in abgelegenen Gebieten an manchen Tankstellen ebenfalls die Möglichkeit mit der Maestro-Karte Bargeld zu erhalten (kleine Stationen mit Telefonabfrage).

**Kartenverlust** Bei **Verlust** oder Diebstahl kann man die Kreditkartenunternehmen unter folgenden Rufnummern in Windhoek erreichen: VISA (First National Bank),

Tel. 061-2992222 (Notruf 001-303-967-1096), MasterCard (Notruf 001-636-7227111) und Diners (Standard Bank), Tel. 061-2942143 (Notruf 0049-69-900150135). Nehmen Sie auch die diesbezügliche Telefonnummern Ihrer Kartenorganisation mit oder sperren Sie Ihre Karte übers Internet, z.B. bei www.mastercard.com oder bei www.visa.de. Die deutsche Telefonnummer des zentralen Sperr-Annahmedienstes für nahezu alle Karten ist 0049-116116. Bei www.kartensicherheit.de kann man einen SOS-Info-Pass runterladen, außerdem gibt es dort weitere Tipps zur Prävention, zu Schadensfällen und zur richtigen Kartensperrung.

## Fotografieren

Namibia ist ein Paradies für Fotografen: Die klare Luft, grandiose Landschaften und der Wildreichtum bieten unzählige Motive. Beim Fotografieren von Menschen sollte man wie überall zurückhaltend sein und um Erlaubnis fragen. Es empfiehlt sich ein Zoom-Objektiv mit langer Brennweite. Die Fotoausrüstung sollte staubdicht verpackt sein. Ausreichend Speicherchips im Gepäck sind sinnvoll, denn auch in den größeren Städten wird man keine Internet-Cafés finden, die Bilder auf CD/DVD brennen.

## Geschäftszeiten

Die meisten Geschäfte haben nur von 9 bis 17 Uhr geöffnet, einige große Supermärkte abends evtl. etwas länger. Am Samstag ist bereits um 12 Uhr Ladenschluss. Banken öffnen Mo–Fr 9–15.30, samstags von 9–11 Uhr. Postämter sind von 8.30–16.30 geöffnet. Die Öffnungszeiten von Museen sind sehr unterschiedlich, abhängig ob sie öffentlich oder privat getragen werden. Nationalparks sind meist von Sonnenauf- bis Sonnenuntergang für Tagesbesucher geöffnet. Wer dort eine Unterkunft gebucht hat, kann u.U. später anreisen (nicht in Etosha!), sollte dies aber auf jeden Fall vorab klären. Viele Lodges und die meisten Gästefarmen legen mittags eine Ruhepause ein, meist zwischen 13 und 15.30 Uhr. Man sollte seine Ankunft entsprechend planen.

## Gesundheit

Im Gegensatz zu vielen anderen afrikanischen Ländern bestehen in Namibia keine besonderen Gesundheitsrisiken. Nur die Malaria erfordert, je nach Jahreszeit und Region, besondere Prophylaxe. Generell sollten Impfungen wie Tetanus, Diphtherie und Hepatitis vor jeder Fernreise aufgefrischt werden. Kreislaufschwache Menschen können anfangs Probleme mit der Klimaumstellung, besonders mit der Höhe haben (Windhoek liegt 1700 m hoch). Welche individuelle, medizinische Vorsorge nötig ist, bespricht man am besten mit dem Hausarzt. Online-Infos erhält man z.B. bei www.tropenmedizin.de in Freiburg oder beim Zentrum für Reisemedizin, Düsseldorf, www.crm.de.

**Malaria**

Die nördliche Landeshälfte (und in Höhe der Landesmitte auch der Osten) ist Malariagebiet, je nach Jahreszeit können sogar in Windhoek Malariafälle auftreten. Normalerweise beschränkt sich die Verbreitung bis etwa auf Höhe des Waterberg-Plateaus und östlich davon. In der Trockenzeit, in den Monaten April/Mai bis Oktober/November, verschiebt sich die Linie nach Norden, in und nach der Regenzeit nach Süden. Die zuverlässigsten Informationen über das aktuelle Verbreitungsgebiet und die empfohlene Prophylaxe bekommt man bei den Tropeninstituten im Heimatland (Internetadressen ▸ s. Absatz oben). In Windhoek ist das Personal der *Luisen-Apotheke* in der Independence Avenue gut informiert.

Prophylaxe

Wer sich im Rahmen einer Rundreise nur kurze Zeit im Malariagebiet aufhält, wird normalerweise keine medikamentöse Prophylaxe einnehmen, es sei denn, die Malaria ist zu diesem Zeitpunkt gerade besonders verbreitet. Der beste Schutz vor Malaria ist, sich nicht stechen zu lassen. Zweckdienliche Kleidung in den Dämmerstunden morgens und abends sind lange Hosen und langärmelige Hemden/Blusen, zusätzlich hilft das Einreiben mit einem Mückenschutzmittel (Repellent), wie z.B. Autan. Nachts sollte man unter einem Moskitonetz schlafen oder zumindest darauf achten, dass Fenster mit Mückengitter verschlossen sind. Bei Fieber oder

Erkältungssymptomen ist umgehend ein Arzt aufzusuchen, um eine evtl. Malariaerkrankung abzuklären. Dies gilt auch, wenn man eine Malariaprophylaxe eingenommen hat, denn die Medikamente bieten keinen 100%igen Schutz. Auch nach der Rückkehr besteht noch bis zu sechs Monate die Gefahr eines Malaria-Ausbruchs; bei fiebrigen Erkrankungen sollte man stets auch an diese Möglichkeit denken und den Hausarzt über seine Reise informieren.

**Aids** Die Länder des südlichen Afrikas haben die weltweit höchsten Aids-Raten, in Namibia sind nach Schätzungen etwa 10–20% der sexuell aktiven Menschen HIV-positiv. Wer sexuelle Abenteuer sucht, sollte dies keinesfalls ohne den Schutz von Kondomen tun.

**Andere Erkrankungen** Essen und Trinkwasser werden meist gut vertragen, Durchfallerkrankungen kommen in Namibia deshalb relativ selten vor. In den nördlichen Landesteilen besteht teilweise Bilharziosegefahr, in Seen oder den träge fließenden Kanälen sollte man deshalb nicht baden oder sie barfuß durchqueren.

**Schlangenbiss** In Namibia gibt es sehr giftige Schlangenarten und Skorpione. Allerdings bekommt man die scheuen Tiere meist nicht zu Gesicht. Knöchelhohe, feste Schuhe und lange Hosen bieten einen gewissen Schutz. Wird man gebissen oder gestochen, sollte man sich so schnell wie möglich in medizinische Behandlung begeben und das verursachende Tier möglichst gut beschreiben können.

**Reiseapotheke** Neben Mittel gegen Durchfall, Fieber und Schmerzen gehören Augen- und Nasentropfen (wegen der großen Trockenheit) und Lutschbonbons bzw. -tabletten gegen Halsschmerzen und -entzündungen in die Reiseapotheke.

Wegen der oft extremen Temperaturunterschiede zwischen Tag und Nacht oder auch häufig sehr kalt eingestellten Klimaanlagen und Zugluft beim Autofahren erkältet man sich leicht. Elastische Binden, eine Salbe gegen Sportverletzungen und ein Hautdesinfektionsmittel sind ebenfalls sinnvoll.

## Krankenversicherung

**Auslandskrankenversicherung**

Eine Auslands-Krankenversicherung, wie sie z.B. der ADAC oder die Europäische anbieten, ist unbedingt empfehlenswert. Achten Sie darauf, dass auch die Kosten für einen evtl. nötigen Rücktransport übernommen werden. In Namibia sorgt z.B. Firma International SOS (Tel.-Alarmnummer (24 h): Südafrika 0027-11-5411300) für den Transport aus dem Busch in das nächste kompetente Krankenhaus, sei es mit Fahrzeug, Hubschrauber oder Flugzeug. Deutsche Krankenrücktransportversicherungen bezahlen die Kosten allerdings nur bis zu einer bestimmten Höhe.

## Information

**Fremdenverkehrsamt**

Das namibische Fremdenverkehrsamt in Frankfurt ist auch für alle anderen europäischen Länder (Ausnahme Großbritannien/Irland) zuständig und verschickt kostenlos Prospekte und Broschüren, u.a. den jährlich neu erscheinenden *Accommodation Guide* (Reise- und Beherbergungsführer) sowie eine gute Straßenkarte. Adresse:

**Namibia Tourism**
Schillerstraße 42–44, 60313 Frankfurt/Main,
Tel. 069-1337360, Fax 13373615,
www.namibia-tourism.com
info@namibia-tourism.com

In Namibia finden sich in fast jedem größeren Ort sowie in einigen Wildlife Resorts (Rastlager) der Nationalparks Informationsstellen. Die Adressen entnehmen Sie bitte der jeweiligen Ortsbeschreibung im Reiseteil.

## Internet

Namibia ist im Internet gut dokumentiert. Neben der Website des Fremdenverkehrsamtes findet man viele zusätzliche Infos und Wissenswertes u.a. auf folgenden Portalen:

- www.namibiatourism.com.na
  (englischsprachige und wesentlich ausführlichere Seite des Fremdenverkehrsamtes)
- www.namibia-info.net
  (virtueller Reiseführer)

- www.dngev.de
  (Deutsch-Namibische Gesellschaft mit aktuellen Infos zu den laufenden Hilfsprojekten, viele Links)
- www.natron.net
  (Unterkünfte, Nationalparks, Autovermietung etc.)
- www.az.com.na
  (Internet-Ausgabe der deutschsprachigen Allgemeinen Zeitung aus Windhoek)

## Jagd

Jagd dient allen Farmern zum zusätzlichen Nahrungserwerb, viele betreiben sie auch aus kommerziellen Gründen. Das Jagdwesen hat die wichtige Funktion der Wildhege. Überpopulation einer Wildart oder eine zu große Belastung des ökologischen Gleichgewichts werden mit Abschuss verhindert. Insofern verstehen sich namibische Jäger durchaus als Tierschützer. Die Motive von Trophäenjägern sind natürlich andere. Die meisten Lodges und Gästefarmen achten darauf, Jäger von den anderen Gästen zu trennen. Eine ausgesprochene Jagdfarm als Unterkunft ist Nicht-Jägern nicht zu empfehlen. Informationen von der Berufsjägervereinigung über www.napha-namibia.com.

## Karten

Die kostenlos beim Fremdenverkehrsamt in Frankfurt erhältliche Namibia-Karte ist ausreichend für eine erste Orientierung und Planung. Die Karte von Reise Know-How ist für die Orientierung vor Ort besonders zu empfehlen (1:1.250.000).

## Knigge

Auf übertriebene Etikette wie auch auf elegante Kleidung wird in Namibia kaum Wert gelegt. Der Umgang auf den Gästefarmen und Lodges ist leger. Bei Gesprächen ist es oft besser, brisante Themen wie Jagd und Tierschutz, die koloniale Vergangenheit oder die immer noch nicht gelöste Landfrage zu meiden oder sich zumindest zurückhaltend dazu zu äußern. Die einheimischen weißen Namibier sehen die Probleme ihres Landes naturgemäß anders als wir Fremde aus „Übersee" und empfinden kritische Äußerungen auch mal als besserwisserisch.

Obwohl über 90% der Bevölkerung schwarz oder farbig sind, haben Namibia-Reisende kaum persönlichen Kontakt zu dieser Mehrheit. Die Tourismusbranche ist noch fest in weißen Händen. Auf den Gästefarmen begegnet man Schwarzen fast nur als Dienstboten, Fahrern oder Wildhütern. Höflichkeit und Respekt sollten den Angestellten gegenüber selbstverständlich sein. Ein direktes Trinkgeld wird nicht erwartet, man wirft es in eine Tip-Box, deren Inhalt dann unter allen Beschäftigten des Betriebs aufgeteilt wird.

Bei Besuchen traditioneller Siedlungen, z.B. der Damara, Himba oder San sollten Sie unbedingt einen Führer dabeihaben, der darauf achtet, dass nicht unwissentlich religiöse oder soziale Tabus verletzt werden.

## Kriminalität

Taschendiebstähle kommen häufiger, Überfälle auf Touristen eher selten vor. Besonders in Städten wie Windhoek und Swakopmund ist angeraten, Wertsachen im Hotelsafe zu lassen und nach Einbruch der Dunkelheit nicht alleine durch leere Straßen zu flanieren. Bei Überlandfahrten sollten Sie es vermeiden, auf Parkplätzen anzuhalten, wenn dort bereits Fahrzeuge stehen.

## Kommunikation

**Telefon**

Telefonieren ist überall im Land von Direktwahltelefonen problemlos möglich. Für die Telefonzellen benötigen Sie eine Telefonkarte, die es zu Werten von N$ 10, 20 und 50 gibt. Einfacher ist es meist, vom Postamt aus zu telefonieren. Die Kosten liegen bei rund

10 N$/Minute für ein Gespräch nach Deutschland. Lodges, Hotels und Gästefarmen berechnen meist einen Aufschlag. Wenn Sie ihr Funktelefon (GSM-Standard) benützen möchten, sollte Sie vor Abreise klären, ob Ihr Provider ein Roaming-Abkommen mit einem der namibischen Anbieter hat. Die Roaming-Kosten sind sehr hoch, so dass es überlegenswert ist, eine Prepaid-Karte zu erwerben. Trotz der großen Entfernungen ist die GSM-Abdeckung in Namibia recht gut. Verbindung hat man in den Städten und Dörfern, auf den großen Fernstraßen und auch auf vielen Pisten.

| | |
|---|---|
| **Vorwahl für Namibia** | 00264 |
| Deutschland | 0049 |
| Österreich | 0043 |
| Schweiz | 0041 |

**Post**

Briefe und Postkarten nach Europa benötigen zwischen einer und zwei Wochen, das Porto für eine Postkarte beträgt nach Europa 6 N$, für einen Brief 7,30 N$ pro 10 g. Auf Post nach Namibia und auf Inlandssendungen muss stets die Nummer der Post Office Box (P.O. Box) und die Stadt angegeben werden, da es keine Briefträger gibt, vielmehr die Post ins Postfach gelegt und vom Empfänger abgeholt wird.

## Maßeinheiten

In Namibia gilt das metrische System, nur gelegentlich sind Entfernungen noch in englischen *Miles* angegeben.

## Naturschutz

Strenge Naturschutzgesetze sorgen für den Erhalt der namibischen Tier- und Pflanzenwelt. Man sollte die Vorschriften unbedingt beachten, nicht querfeldein fahren, kein unnötiges Feuerholz schlagen, keine Pflanzen ausreißen und natürlich auch keinen Müll in freier Natur zurücklassen.

## Notruf

▸ siehe Seite 28

# Reisen im Land

Namibia ist ein Land für Selbstfahrer. Öffentliche Verkehrsmittel sind rar oder ausschließlich auf die Reisegewohnheiten der Pendler ausgerichtet, d.h., sie verbinden Ovamboland mit den großen Städten, in denen die Menschen die meiste Zeit des Jahres leben und arbeiten. Individuelle Reisen mit dem Bus und der Bahn empfehlen sich nur, wenn man eine große Distanz überbrücken möchte, z.B. nach Victoria Falls, oder zwischen Windhoek und Swakopmund/Walvis Bay.

## Mit dem Auto

*Auch ein Geländewagen – 4x2 tut's ebenso*

Die meisten Reisenden entdecken Namibia mit dem Mietwagen. Für dessen Anmietung ist offiziell ein *internationaler Führerschein* notwendig, inoffiziell wird häufig auch der nationale akzeptiert. Die Zahl der Anbieter ist groß und steigt ständig. Von der geplanten Reiseroute hängt es ab, ob man einen normalen Pkw oder einen Geländewagen, evtl. sogar mit Campingausrüstung, anmietet. Generell schätzen Besucher aus Europa das Fahrvergnügen in einem Geländewagen natürlich als höher ein, doch ist die Verwendung eines Wagens mit Allradantrieb („4x4") nicht gleichbedeutend mit mehr Sicherheit auf Pisten. Ein Geländewagen verleitet zum einen zu riskanterem Fahrstil, zum anderen sorgt der höhere Schwerpunkt für eine generell schlechtere

Straßenlage im Vergleich zu einem Pkw. Achten Sie bei einem Pkw auf hohe Bodenfreiheit und mieten Sie lieber einen etwas größeren an als einen kleinen, der dann mit mehreren Personen und Gepäck überladen ist. Die Treibstoffversorgung ist fast überall gut; zu Engpässen kann es im Caprivi-Strip kommen, für Fahrten ins Kaokoveld oder Damaraland sind Reservekanister unabdinglich.

## Autovermieter

**Auswahl**

Da sich die Autovermieter in ihrem Angebot beispielsweise bei Kosten für den Ausschluss der Selbstbeteiligung, freie Kilometer, Zustellung zum Flughafen etc. stark unterscheiden und es teils schwierig ist dies zu überblicken, kann man sich auf dem Internet-Portal **www.billiger-mietwagen.de** eine klar strukturierte Vergleichsliste der Angebote alle Verleiher herunterladen und in Ruhe entscheiden.

- *Avis Rent a Car,* Tel. 061-233166, Fax 223072, www.avis.co.za
- *Camping Car Hire*, Tel. 061-237756, Fax 237757, www.camping-carhire.com
- *Caprivi/Kessler Car Hire,* Tel. 061-256323, Fax 232374, www.caprivicarhire.de
- *Europcar,* Tel. +27-11-4794000, www.europcar.co.za
- *Pegasus Car and Camper Hire,* Tel. 061-251451, Fax 254165, www.pegasuscar-namibia.com

Ein Vermieter für Südafrika und Namibia ist

- *AfriCamper,* Südafrika-Tel. +27(0)21 8545627, Fax 8548167, www.africamper.com

# Unfallursachen

In der Abenddämmerung läuft auf der Asphaltstraße eine Warzenschweinfamilie über die Straße – wenn man Glück hat. Unglücksfahrer werden von einer Antilope gerammt, die wegen ihrer hohen Sprünge meist direkt in der Windschutzscheibe und damit im Fahrgastraum landet. Wildunfälle kommen relativ häufig vor, aber noch häufiger verunglücken Touristen in Namibia ohne Fremdverschulden.

## Gefahrenpunkte:

- auf Pisten bilden sich einige Tage nach dem Abhobeln oder Schleifen durch *Scraper* wieder Spurrillen. Meist drei Stück, die mittlere wird von beiden Fahrtrichtungen gemeinsam genutzt. Zwischen den Spurrillen befindet sich weicherer Sand. Bei Gegenverkehr ist zumindest ein Fahrzeug gezwungen nach links (!) auszuweichen. Gerät man dann mit hoher Geschwindigkeit in den weichen Sand, bringt jede abrupte Lenkbewegung den Wagen zum Schleudern!
- auf Wellblech wiederum muss der Wagen auf eine Mindestgeschwindigkeit gebracht werden, um die Vibrationen auf ein erträgliches Maß zu reduzieren. Dann befindet man sich aber eher in einem Fluggerät als in einem Fahrzeug mit Bodenhaftung. Jedes Bremsen, jedes Lenken dauert weit länger als üblich. Gerät der Wagen auf den leicht erhöhten Seitenrand der Piste, besteht Schleudergefahr!
- in unwegsameren Regionen werden die Pisten, die *Pads,* immer wieder von Trockenflusstälern gekreuzt. Sie können sehr schmal sein, und wenn die Sonne blendet, kann man sie erst im letzten Moment erkennen. Die Einheimischen kennen ihre Strecken und wissen, wo die *Riviere* liegen. Daraus erklärt sich deren hohe Geschwindigkeit. Wer es ihnen gleich tut und die Strecke nicht kennt, kann sich gleich den Betonpfeiler einer Autobahnbrücke aussuchen.
- auch der Reifendruck spielt eine „tragende" Rolle. Bei zuwenig Luft kann der Reifen in Kurven von der Felge rutschen, bei zuviel ist der Reifen zu hart, er dämpft nicht richtig, bringt den Wagen zum Springen, oder platzt gar, weil er zu sehr überhitzt ist.
- auf Sandpisten entsteht hinter Fahrzeugen eine lange Staubwolke, die optisch nahezu undurchdringlich ist. Wer hier überholt, weil schon Stunden kein Fahrzeug entgegenkam, riskiert einen Frontalzusammenstoß.

## Verkehrsregeln

*Kein Spaß – die meisten Unfälle passieren auf unbefestigten Straßen*

In Namibia herrscht Linksverkehr. Es dauert einige Zeit, bis man sich vor allem beim Abbiegen sicher fühlt und automatisch auf die richtige Fahrbahn zuhält. Beachten Sie die Geschwindigkeitsbeschränkungen:

**Geschwindigkeitsbeschränkungen**

- in Städten 60 km/h
- auf Überlandstraßen 100/120 km/h
- nicht asphaltierte Überlandstraßen 80 km/h …

… dieses Pisten-Tempo ist allerdings für Unerfahrene ziemlich hoch! Spurrillen und Wellblech-Verformungen verringern die Bodenhaftung, das Fahrzeug ist bei hoher Geschwindigkeit nur noch schwer lenkbar, Ausweich- oder Bremsmanöver enden dann womöglich mit einem Überschlag!

Rechnen Sie auch stets mit überraschend querendem Wild und fahren Sie deshalb keinesfalls in der Dämmerung oder gar nachts. Die Zahl der Touristen, die in Namibia bei selbstverschuldeten Verkehrsunfällen ohne Beteiligung eines anderen Fahrzeuges zu Schaden kommen, ist erschreckend hoch! Um überhöhter Geschwindigkeit vorzubeugen, sind viele Autovermieter dazu übergegangen, ihre Fahrzeuge mit Fahrtenschreibern auszurüsten, die Zeit und Geschwindigkeit unlöschbar auf Chips protokollieren und bei 80 und 120 km/h akustisch ein Erinnerungssignal geben.

## Notruf

**10111**

**Polizei** landesweit **10111**. Bei Unfällen oder Pannen informiert man am besten auch gleich die

Mietwagenfirma, die dann den Abschleppdienst bzw. ein Ersatzfahrzeug organisiert. Mit einem Mobiltelefon kann man im Pannenfall Hilfe rufen – wenn man sich im Versorgungsbereich befindet.

## Motorradfahren

All das, was bezüglich der Fahrsicherheit auf das Autofahren zutrifft, gilt in verstärktem Maße auch für die Motorradfahrer. In praktisch allen Nationalparks und Reservaten sind Motorräder verboten. Der Reiseveranstalter *Explotours,* Pestalozzistraße 20, 80469 München, Tel. 08065-9150, Fax 9152, www.explo-tours.de, bietet organisierte Motorradreisen an. Die Enduromaschinen der Teilnehmer werden im Container nach Namibia verschifft. Ein Begleitfahrzeug ermöglicht den Besuch der für die Maschinen verbotenen Nationalparks.

## Fahrradfahren

An der Küste wird Fahrradfahren immer beliebter und es haben bereits einige Vermieter Geschäfte eröffnet. Es besteht Helmpflicht, und wer ihr nicht nachkommt zahlt eine empfindliche Strafe.

## Eisenbahn

Die Eisenbahngesellschaft *TransNamib* verbindet mit ihrem Star Line Passenger Service folgende Orte: Windhoek – Walvis Bay, Windhoek – Keetmanshoop und Keetmanshoop – Karasburg. Weitere Strecken werden mit Bussen bedient. Die Verbindungen sind nicht gerade schnell und auch

*In der Eisenbahn durch die Wüste – Desert Express*

nicht häufig, dafür aber preiswert. Fahrpläne und weitere Details auf www.transnamib.com.na. Der Touristen-Luxuszug **Desert Express** verkehrt zwischen Windhoek und Swakopmund, gelegentlich auch von Windhoek nach Etosha (Oshivelo) bzw. nach Lüderitz (▸ siehe www.transnamib.com.na).

## Bus

Fernverbindungen bedient der aus Südafrika kommende *Intercape Mainliner* (Keetmanshoop – Windhoek – Swakopmund – Walvis Bay; Windhoek – Victoria Falls/Livingstone). Fahrpläne und Buchung unter

▸ Tel. 061-227847, www.intercape.co.za

Der *Starline Passenger Service* bedient die innernamibischen Strecken Windhoek – Walvis Bay, Windhoek – Keetmanshoop und Keetmanshoop – Karasburg (Tel. 061-2982032, www.transnamib.com.na/starline.html). Die Preise sind durchweg günstig. Von Fahrten mit Sammeltaxis und Minibussen, die meist am Stadtrand in der Nähe der ehemaligen Townships starten, ist abzuraten.

## Flugzeug

Air Namibia (www.airnamibia.com) verbindet Windhoek/Eros mit Lüderitz und Oranjemund. In der Region sind vom internationalen Flughafen Windhoek Hosea Kutako folgende Städte angebunden: Kapstadt, Johannesburg, Luanda, Maun, Lusaka, Accra und Victoria Falls.

## Reiseveranstalter nach Namibia

Die „Arbeitsgemeinschaft südliches und östliches Afrika e.V.", kurz **ASA,** bietet mit **www.asa-africa.com** ein gutes Internetportal mit sehr vielen Reiseveranstaltern. Eine Auswahl:

- **AST, African Special Tours,** 61118 Bad Vilbel, Gronauer Weg 31, Tel. 06101-499000, Fax 499029, www.ast-reisen.de
- **Boomerang Reisen,** Biewerer Str. 15, D-54293 Trier, Tel. 0651-966800, Fax 9668060, www.afrika-reise.com
- **Cruising Reise GmbH,** Hauptstr. 28, 30974 Wennigsen, Tel. 05103-700014, Fax 700070, www.cruising-reise.de

- **Diamir Erlebnisreisen GmbH,** Loschwitzer Straße 58, Tel. 0351-312077, Fax 0351-312076, www.diamir.de
- **DSAR,** Deutsch-Südafrikanischer Reisedienst GmbH, Sandkaule 5–7, 53111 Bonn, Tel. 0228-652929, Fax 0228-658949, www.dsar.de
- **Jacana Tours,** Willibaldstr. 27, 80689 München, Tel. 089-5808041, Fax 5808504, www.jacana.de
- **Karawane Reisen,** Schorndorfer Str. 149, 71638 Ludwigsburg, Tel. 07141-284830, Fax 284838, www.karawane.de
- **Klipspringer-Tours,** Königsallee 57, 71638 Ludwigsburg, Tel. 07141-1477550, Fax 1477551, www.klipspringer-tours.de
- **Windrose Fernreisen GmbH,** Neue Grünstr. 28, 10179 Berlin, Tel. 030-2017210, Fax 20172117, www.windrose.de
- **Wikinger Reisen**, Tel. 02332- 904741, Fax 904704, www.wikinger-reisen.de
- **Schweiz: Private Safaris Pure Africa,** CH-8010 Zürich, Geroldstr. 20, Tel. +41(0)1-3864646, Fax +41(0)44-3864647, www.privatesafaris.ch
- **Österreich: Ruefa Reisen,** 1020 Wien, Lassallestraße 3, Tel. 0810-200400, www.ruefa.at

### Reiseveranstalter-Tipp:

Karawane Individuelles Reisen ist einer der traditionsreichsten Veranstalter für das südliche Afrika. Seit 1950 werden individuelle oder Gruppenreisen zusammengestellt, je nach Geldbeutel im unteren, mittleren oder auch oberen Preissegment. Und je nach Vorliebe lässt man sich die gesamte Reise organisieren (Flug-, Mietwagen und Unterkunfts buchungen) oder auch nur Teilbereiche.

## Reisezeit

Beste Reisezeit für die Wildbeobachtung sind die trockenen und kühlen Monate April bis Oktober. Allerdings wird es in dieser Zeit nachts empfindlich kühl. In der regenreicheren, warmen Jahreszeit überzieht sich das aride Land mit jungem Gras und Blüten; durch das dichtere Grün sind Wildtiere schwieriger zu beobachten, und da ihnen im allgemeinen ausreichend Wasser im Busch zur Verfügung steht, suchen sie nicht zwangsläufig die künstlichen Wasserstellen auf. Ein wichtiges Kriterium für die Wahl der Reisezeit sollten auch die namibischen und südafrikanischen Schulferienzeiten sein, da in diesen vor allem die Nationalpark-Rastlager überlaufen sind. Schulferien sind in der

Regel vier Wochen im Mai, sechs Wochen von Anfang Dezember bis Mitte Januar und zwei Wochen Ende August/Anfang September.

## Souvenirs

Beliebte Namibia-Souvenirs sind aus Holz geschnitzte Tierfiguren, die es in allen Formen und Größen zu kaufen gibt. Die größte Auswahl bietet der Holzmarkt von *Okahandja*. Wer Mineralien sammelt, wird in den Souvenirshops, vor allem aber im Henckert Center in *Karibib* und bei Namibia Gemstones in *Outjo*, fündig. Aus Straußeneiern werden Schmuck, Lampen und andere dekorative Gegenstände hergestellt. Moderne, schöne Souvenirs sind handgewebte Karakulteppiche, Tischwäsche und Kleidung mit zierlichen Nama-Stickereien, Handtaschen, Gürtel und Schuhe aus Straußenleder und ebenso sündhaft teure Karakul-Pelzmäntel und -jacken.

*Die Nuss der Makalani-Palme mit Schitzereien ist ein beliebtes Souvenir*

## Sprache

Landes- und Verkehrssprache ist Englisch, wenngleich das *Afrikaans* weitaus verbreiteter ist. Deutsch wird von vielen im Tourismus beschäftigten und auch von vielen Gästefarmern gesprochen. Wichtigste lokale Sprachen sind Ovambo, Herero und Damara sowie die miteinander verwandten Sprachen der Nama und der San.

## Strom

Die Netzspannung beträgt 220 V. Adapter für die dreipoligen Steckdosen (in die auch keine Euro-Flachstecker passen) bekommt man vor Ort. Oder man kauft sie bereits im Abflug-Flughafen.

## Taxi

Taxis gibt es nur in den größeren Orten. Am besten lässt man sich vom Hotel oder Restaurant einen vertrauenswürdigen Fahrer rufen und fragt vorher nach dem ungefähren Fahrpreis.

## Touranbieter

gibt es in Namibia wie Sand am Meer. Empfehlenswerte Unternehmen sind beispielsweise:

- *Cheetah Tours & Safaris,* P.O. Box 23075, Windhoek, Tel. 061-230287, Fax 061-230286, www.cheetahtours.com
- *Charly's Desert Tours,* P.O. Box 1400, Swakopmund, Tel. 064-404341, Fax 064-404821, www.charlysdeserttours.com
- *Living Desert Adventure,* P.O. Box 1953, Swakopmund, Tel. 064-405070, www.livingdesertnamibia.com
- *Pleasure Flights,* P.O. Box 537, Swakopmund, Tel. 064-404500, Fax 405284, www.pleasureflights.com.na
- *Skeleton Coast Safaris,* P.O. Box 2195, Windhoek, Tel. 061-224248, Fax 225713, www.skeletoncoastsafaris.com
- *SWA-Safaris,* P.O. Box 20373, Windhoek, Tel. 061-221193, Fax 061-225387, www.swasafaris.com

## Trekking

In einigen Nationalparks kann man mehrtägige Trekkingtouren unternehmen, so z.B. durch den Fish River Canyon (▸ s.S. 105, auf dem Waterberg Plateau (▸ s.S. 159) und im Naukluft Gebirge (▸ s.S. 133). Für die Touren gelten strenge Bestimmungen, die man unter www.nwr.com.na einsehen kann.

Kleinere Wanderungen sind auf fast jeder Lodge oder Gästefarm möglich. Landschaftlich besonders reizvoll sind Wanderungen auf dem Gebiet der Waterberg Wilderness Lodge am Waterberg und auf der BuellsPort-Gästefarm im Naukluft-Gebirge. Das Unternehmen Safaris Unlimited, Tel. 061-264521,

Fax 061-264389, www.trailhopper.com, organisiert mehrtägige Wanderungen, u.a. auch in den Nationalparks (so im Fish River Canyon); ideal für Alleinreisende und Leute, die keine eigene Gruppe zusammenbekommen.

## Unterkünfte

Hotels und Pensionen gibt es nur in den Städten. Unterwegs übernachtet man auf Gästefarmen, in Lodges, in einem Rastlager der Wildlife Resorts oder auf einem der zahlreichen Campingplätze. Für alle Unterkunftsmöglichkeiten gilt, dass es sinnvoll ist, den Aufenthalt rechtzeitig zu reservieren.

### Lodges und Gästefarmen

Der Standard reicht von einfacher Unterbringung bis zum Luxuszelt. Die meisten Farmen und Lodges haben nur wenige Zimmer und bieten ihren Gästen individuelle Betreuung. Bei gemeinsamen Abendessen und nächtlichen Gesprächen am Feuer erfährt man viel über Land und Leute und kommt mit den anderen Gästen in Kontakt. Viele der in jüngster Zeit eröffneten großen Lodges sind eher als „Hotels" zu bezeichnen, die individuelle Betreuung kommt hier häufig zu kurz. Wie erwähnt, sollte man von einer Beherbergung auf ausgewiesenen Jagdfarmen als Nicht-Jäger besser absehen.

*Mowani Mountain Camp*

## Where to stay

Die im ganzen südlichen Afrika aktive Buchungsfirma „Where to stay" bietet eine Auswahl an Unterkünften an, die akribisch ausgesucht wurden und deren Qualitätsstandards ständig überwacht werden. Es sind Betriebe, die immer etwas Besonderes aufzuweisen haben wie Lage, Ausstattung oder Ambiente. Wer sich nicht selbst mit Reservierungen belasten will, hat mit „Where to stay" eine sehr gute Alternative. Buchungen über Tel. 061-259293, www.wheretostay.na.

## Namibia Wildlife Resorts

Die sogenannten „Rastlager" in den Nationalparks haben verschiedene Unterkunftsangebote, vom Stellplatz auf dem Campinggelände über einfache Bungalows bis hin zu sehr komfortablen. Da sie die preisgünstigste Übernachtungsmöglichkeit in bzw. in der Nähe der Nationalparks darstellen, sind sie häufig lange im Voraus ausgebucht. Über das Angebot und Online-Buchungsmöglichkeit informiert www.nwr.com.na.

## Zeltplätze

Diese befinden sich meist auf dem Gelände von Gästefarmen und Lodges, die Besuchern zusätzlich Stellplätze zur Verfügung stellen. Qualität und Angebot der Zeltplätze sind sehr unterschiedlich. Vom Campieren auf städtischen Zeltplätzen sollte man besser absehen, denn dort wird häufig geklaut. In

*Campingplatz bei den Epupa-Fällen*

den kommunalen Gebieten, wie Damaraland und Kaokoveld, gibt es die Möglichkeit, auf von den Dorfgemeinschaften unterhaltenen Zeltplätzen zu nächtigen und dabei auch etwas über Kultur, Kunsthandwerk und Brauchtum der jeweiligen Volksgruppe zu erfahren.

## Zeitdifferenz

Da Namibia ebenfalls auf Sommerzeit umstellt, allerdings zu einem anderen Zeitpunkt, gilt folgendes, etwas kompliziertes System: Von April bis September minus 1 Stunde (Deutschland 12 Uhr, Namibia 11 Uhr). September/Oktober und 1 Woche Ende März/Anfang April: keine Zeitdifferenz. Ende Oktober bis Ende März plus 1 Stunde.

## Zoll

Für die Einfuhr aus Nicht-EU-Ländern nach Deutschland, Österreich und der Schweiz gelten folgende Mengen- und Wertgrenzen: 200 Zigaretten, 100 Zigarillos oder 50 Zigarren, 1 Liter Spirituosen mit mehr als 22% oder 2 Liter Wein, 50 g Parfum, Waren im Wert von insgesamt 175 €. Weitere Details auf www.zoll.de. Listen der geschützten Tiere und Pflanzen aus Namibia/*südliches Afrika, die* grundsätzlich nicht mitgebracht werden dürfen, stehen auf www.artenschutz-online.de. Besucher aus Übersee dürfen folgende Mengen zollfrei mitbringen: 400 Zigaretten oder 50 Zigarren, 2 Liter Wein, 1 Liter Spirituosen, 50 ml Parfum oder 250 ml Eau de Toilette.

# Land und Leute

## Zahlen und Fakten

Namibia hat eine Fläche von 824.292 Quadratkilometer und ist damit doppelt so groß wie Deutschland. 1500 Kilometer sind es vom Oranje im Süden bis zum Kunene im Norden, rund 600 Kilometer vom Atlantik im Westen bis zur botswanischen Grenze im Osten. Kernstück Namibias ist das **zentrale Hochland** mit einer durchschnittlichen Höhe von 1700 Meter. Höchster Berg ist der Königstein im Brandberg-Massiv mit 2574 Meter.

Namibias Einwohnerzahl etwas über zwei Millionen, und mit 2 Bewohnern pro Quadratkilometer ist es eines der am dünnsten besiedelten Länder der Erde. Die größte ethnische Gruppe bilden die Ovambo mit 47%, gefolgt von den Kavango mit 9%, den Herero und Damara (jeweils 7%), Nama (5%), Caprivianer (3,6%), San (2%) und Rehobother Baster (1,8%). Weiße stellen rund 6% der Bevölkerung, darunter etwa 20.000 deutschstämmige (knapp 1%). Über die Hälfte der Menschen lebt im relativ kleinen, fruchtbaren Gebiet des Ovambolandes nördlich der Etosha-Pfanne und östlich daran anschließend in den Regionen Kavango und Caprivi.

*Herero-Gedenktag in Qkahandja*

# Landesnatur

Namibia ist das „Land der wasserlosen Flüsse“: Die einzigen beiden ganzjährig Wasser führenden Flüsse sind die Grenzflüsse *Oranje* und *Kunene*. Im Caprivi-Strip kommen noch *Zambezi, Chobe, Cuando, Kavango* und *Linyanti* auf jeweils kurzen Abschnitten dazu. Die anderen Flussläufe, in Namibia **Riviere** genannt, liegen die meiste Zeit des Jahres trocken. Nach Regenfällen füllen sie sich – sie „kommen ab“ – und verwandeln sich für kurze Zeit in reißende Ströme. Das zentrale Hochland mit Höhen zwischen 1200 und 1800 Meter ist das wichtigste Farm- und Siedlungsgebiet, wenngleich es mit seinen ariden, von Dornbüschen und lichten Baumsavannen bestandenen Böden nicht als klassische Region für Viehzucht gelten kann.

Regenhäufigkeit und Fruchtbarkeit nehmen von Norden nach Süden ab. Während im nördlichen Hochland im Gebiet um Tsumeb Mais angepflanzt werden kann, leben die Farmer im Süden ausschließlich von der Zucht der überaus anspruchslosen und zähen Karakul-Schafe.

**Namib-Wüste**

Das Hochland ist von Wüstensenken umgeben: Im Westen fällt es in einem teils dramatischen Steilabbruch, dem **Escarpment,** zur Namib-Wüste ab, nach Osten und Norden senkt es sich sanfter und kaum merklich zum Becken der Kalahari. Die Namib bildet eine natürliche Barriere zwischen Hochland und Atlantikküste. Sie galt lange Zeit als unüberwindbar. Wasserstellen und Oasen gibt es nicht, nur entlang der Trockenflüsse wie des Swakop, die nach der Regenzeit Wasser aus dem Hochland durch die Wüste bis zum Atlantik transportieren, gedeihen lichte Galeriewälder. Die Landschaftsformen der Namib sind sehr vielfältig und reichen von den Sandmeeren im südlichen Teil über Kies- und Geröllwüste in der Zentralnamib bis zur Gebirgswüste des Kaokoveld.

**Kalahari**

Die **Kalahari** liegt wie ein Halbmond östlich und nördlich des Hochlandes. Als klassische Wüste ist sie nur im Osten wahrnehmbar, wo ihre hintereinander gestaffelten Sandrippen mit kargem Bewuchs bis an den Horizont reichen. In den Dünen-

**TIPP**

Namibias Landschaften sind nicht nur majestätisch schön, sondern erzählen demjenigen, der aus ihnen zu lesen vermag, die Entstehungsgeschichte der Kontinente. So sind z.B. Plateaus wie das des Gamsberg im Escarpement Reste der Landoberfläche, die sich nach dem Auseinanderbrechen des Urkontinents Gondwana gebildet haben, also vor etwa 100 Millionen Jahren, und an den Wänden des Fish River Canyon lassen sich die erdgeschichtlichen Entstehungs- und Verwitterungsprozesse Schicht für Schicht verfolgen. Wer sich für die Umgestaltungen interessiert, die Namibias Landschaftsformen durchliefen, findet im Bild-/Textband „Namibia – eine Landschaftskunde in Bildern" von Klaus Hüser einen spannenden Lesestoff (Edition Namibia).

tälern hingegen gedeiht üppiges Grün. Grund sind die *omiramba* genannten, unterirdischen Wasseradern, die mit dem **Okavango-Binnendelta** in Botswana in Verbindung stehen. Seit Ende Juni 2014 ist das weltweit größte Binnendelta um den Okavango in Botswana Unesco-Weltnaturerbe.

Ein typisches Landschaftsmerkmal der Kalahari sind die Salz-/Tonpfannen, die *pans*. Es sind Stellen, an denen der Boden weniger wasserdurchlässig ist, so dass sich nach Regenfällen Seen bilden. Wenn das Wasser verdunstet ist, bleiben die aus dem Boden gelösten Mineralien als Ablagerung zurück, ein wichtiger Nährstofflieferant für das Wild. Größte und berühmteste Pan Namibias ist die Etosha-Pfanne.

**Im Norden**

Im Norden, beispielsweise im Kaudom-Nationalpark und im Ovamboland, sind die Kalaharidünen durch häufigere Regenfälle dicht mit Buschwerk und Bäumen bewachsen und ist der sandige

*Salzpfanne in der Kalahari*

Untergrund kaum noch zu erkennen. Dies gilt auch für den Caprivi-Strip: Der 460 Kilometer lange und stellenweise nur wenige Kilometer schmale Streifen reicht zwischen Angola und Botswana weit nach Osten bis zur Grenze mit Zimbabwe und ist ebenfalls Teil des Kalahari-Beckens. Flüsse und Regenfälle sorgen für üppige, urwaldartige Vegetation.

## Geologie und Gesteine

Gesteine sind aufgebaut aus Mineralien, Bruchstücken von Gesteinen, Mineralien oder Organismenresten. Nach ihrer Entstehung unterscheidet man *magmatische, sedimentäre* und *metamorphe* Gesteine. Die meisten Erstarrungsgesteine (Magmatite) stammen in Namibia aus der Frühzeit der Erdgeschichte, als tektonische Bewegungen den halbflüssigen Gesteinsmassen aus dem Erdinneren immer neue Wege an oder bis unter die Erdoberfläche eröffneten. Sedimentgesteine *(Sedimentite)* gehören zu den späteren Phasen, in denen Meeresablagerungen die älteren Schichten überdeckten. Durch den Druck von Auffaltungen, durch chemische Prozesse im Erdinneren oder durch das Gewicht auflagernder Sedimente wurden diese ältesten Schichten zu metamorphen Gesteinen (den Zustand wandelnd) gepresst: aus Tonschiefer entstand Schiefer, aus Sandstein Quarzit und aus Graniten Gneise. Diese Gesteinsschichten sind besonders hart und erosionsresistent und enthalten wertvolle Mineralien.

**Sechs große gesteinsbildende Perioden kann man in Namibia unterscheiden:**

**Erdfrühzeit** Die in der Erdfrühzeit, dem älteren Präkambrium (bis etwa 900 Millionen Jahren vor unserer Zeit) gebildeten Gesteine wurden durch den Druck darauffolgender Schichten in metamorphes Gestein gewandelt. Es enthält Quarzite, Gneis, Lava- und Graniteinschlüsse.

**Präkambrium** Im jüngeren Präkambrium (bis etwa 570 Millionen Jahren) wurden die sogenannten Damara-Schichten gebildet. In ihnen lagern die meisten Erze, wie Kupfer, Eisen oder Zinn und auch Uran. Die Damara-Schichten bestehen aus Meeresablagerungen (Schlamm,

Sand) und vulkanischem Gestein, das wiederum eine Metamorphose durchlief. Neben Dolomiten entstand so auch Marmor und Gneis. Erdhebungen brachten diese Schicht vor etwa 450 Millionen Jahren an die Oberfläche. Alle wichtigen Erzlagerstätten Namibias liegen in den Damara-Schichten.

**Kambrium**

Im Kambrium (vor 470 Millionen Jahren), das in Namibia als Nama-Periode bezeichnet wird, waren große Teile des Landes wieder von Meer bedeckt. Erneut lagerten sich Sandstein und Schiefer ab. Sie werden Post-Damara-Schichten genannt. Eine Lücke von fast 300 Millionen Jahren liegt zwischen ihnen und der darauffolgenden

**Karoo-Formation**

Karoo-Formation, die vor etwa 180 Millionen Jahren (Mitte des Paläozoikums) durch erneute vulkanische Tätigkeit viele Teile des südlichen Afrika mit Lava bedeckte. Sie überlagerte als Basaltschild die älteren Gesteine und schützte sie dadurch vor weiterer Erosion. So wurden beispielsweise auch die Sandstein-„Hügel" der Nama-Zeit konserviert, der spätere „Unterbau" der Sanddünen. Über das geologische Geschehen zwischen Post-Damara und Karoo-Schichten ist nichts bekannt, die Gesteine sind wahrscheinlich von der Erosion wieder zerstört worden. In dieser Zeit haben auch die Dinosaurier ihre Fußspuren im Schlamm, der später zu Sandstein verbuk, hinterlassen.

*Dinosaurier-Abdruck aus grauer Vorzeit*

**Kreidezeit** In der Kreidezeit begann ein Prozess, der für die wirtschaftliche Entwicklung Namibias größte Bedeutung bekommen sollte: Der Oranje schwemmte, aus Südafrika kommend, Diamanten an die namibische Küste, die sich in seinem Bett und im Sand entlang der Küstenlinie ablagerten.

**Erdneuzeit** Erdneuzeit (Tertiär und Quartär) wird der jüngste geologische Zeitraum genannt. Es ist die Phase, in der die aufgebauten Gesteinsformationen von den Kräften der Erosion wieder abgetragen wurden: ausgewaschen durch Flüsse und Regen, abgeschliffen durch Sand und Wind, gespalten oder mit „Wüstenlack“ überzogen durch Hitze (und Kälte). So entstanden auf der Grundlage der Urdünen aus der Karoo-Zeit (▸ s.o.) die Wüsten Namib und Kalahari. Auf die Erhebungen wurde erodiertes Gestein, also Sand und Kiesel, geweht. Es lagerte sich ab und bildete im Laufe der Zeit die aus der Namib bekannten Dünenformationen.

*Landschaft am Oranje River im südlichen Namibia*

# Über den Regen

Alle Namibier, Alteingesessene wie Zugereiste und gleich welcher Hautfarbe, beschäftigen sich mit keinem anderen Thema so leidenschaftlich und ausführlich wie mit dem wichtigen Regen: Mal regnet es zu wenig, dann wieder zu viel. Mal am falschen Ort, dann zwar am richtigen, aber etwas zu lange. Oder ausreichend, aber zu heftig. Fremden erscheint die Frage des Regens stets wie eine geheime Wissenschaft, die sie nie verstehen werden, weil es womöglich gar keine rational fassbaren Regeln und Gesetzmäßigkeiten gibt. Es ist durchaus keine Seltenheit, dass ein Wolkenbruch am Ende einer sehr schlechten Regenzeit nicht als Segen, sondern als Katastrophe empfunden wird. Und dass der Regen zu früh im Jahreszyklus Sorgenfalten auf die ohnehin schon recht zerfurchten Gesichter der Farmer treibt ist auch klar. Umgekehrt kann ein ganz leichtes Nieseln mit großer Freude begrüßt werden – wenn es denn nur zur rechten Zeit und am richtigen Ort niedergeht.

Die meisten Namibier beobachten die Natur um sich herum sehr genau und interpretieren ihre Zeichen: Bricht hier die magere Bodenkrume auf; wuchert dort mehr Dornwerk als üblich; steht das Wasser im Flussbett oder fließt es; welches Wild wechselt über den Farmgrund, und ist womöglich ein Räuber aufgetaucht, der schwache Rinder schlägt? All diesen Spuren und Zeichen, dazu noch die Signale von Himmel, Wolken und Wind, verweben sich im Zusammenspiel mit dem Instinkt des Farmers und dessen Landarbeiter zu einem Wurzelwerk, aus dem dann die richtigen Entscheidungen erwachsen. Fehler bezahlt man sehr teuer, wenn man in einem so empfindlichen Naturraum lebt. Dann stirbt das Vieh weg oder muss notgeschlachtet werden, und die Familie, immerhin stolze Besitzer von bis zu 20.000 Hektar Grund, hat kaum genug, um das nächste Jahr zu überstehen.

*Seltenes Ereignis: Wasser in Sossusvlei*

# Tier- und Pflanzenwelt

## Wüste

**Wüstenangepasste Tiere**

Die Namib ist Lebensraum wüstenangepasster Tiere und Pflanzen, die mit wenig Feuchtigkeit auskommen und die extreme Temperaturunterschiede ertragen. Ein Paradebeispiel ist der **Gemsbok** (Oryx-Antilope): Das etwa pferdgroße Tier mit bis zu 120 Zentimeter langen, schräg nach hinten ragenden, pfeilspitzen Hörnern kann seine Körpertemperatur auf bis zu 42 °C anheben und verhindert damit Wasserverlust durch Transpiration. Fein verästelte Blutadern kühlen dabei das Gehirn und schützen es. Die Antilopen graben im Sand der Riviere bis zu ein Meter Tiefe nach Wasser, sie grasen meist nachts und profitieren dabei vom Nachttau, und an heißen Tagen findet man sie oft hoch oben auf den Dünenkämmen, wo sie sich vom Wind kühlen lassen und mit ihren Nüstern die vom Atlantik herangewehte Feuchtigkeit aufnehmen. Dem Vogel **Strauß** hilft das Federkleid bei der Wärmeregulierung. Wenn es ihm zu heiß wird, hält er seine Flügel wie Fächer vom Körper ab und wedelt sich damit Luft zu. Ein winziger Wüsten-Überlebenskünstler ist der **Tenebrio-Käfer,** der sich den häufig vom Atlantik landeinwärts ziehenden Nebelbänken im Kopfstand entgegenstellt. Der Nebel kondensiert an seinem Panzer und tropft ihm direkt ins Maul. Derart mit Feuchtigkeit aufgeladen, wird der Käfer oft Opfer von kleinen Jägern wie dem **Erdmännchen** oder dem **Goldmaulwurf,** die mit ihm ihren Wasserhaushalt aufbessern. Letzterer entgeht der Tageshitze, indem er unter der Sandoberfläche durch den deutlich kühleren Sand „schwimmt".

*Oryx-Antilope*

Zu den reichen Populationen der Spinnen, Skorpione und Schlangen gehören so eigenwillige Exemplare wie der **Wheelspider,** der sich zu einer Kugel zusammenrollt und die Dünen hinunterrollt, wenn Gefahr droht. Die namibische Schlangenwelt ist überaus vielfältig und teils sehr giftig. Besondere

*Köcherbaum*

Wüstenschlangen sind die **Zwergpuffottern,** die sich seitwärts windend über den Dünensand bewegen, und die **Sandrenn-Nattern,** die getarnt aussehen wie ein trockener Zweig und sich pfeilschnell auf ihre Opfer werfen können.

**Wüstenvegetation**

Zu den dekorativsten Vertretern der Wüstenvegetation zählt sicherlich der **Köcherbaum,** der felsigen Untergrund liebt und mit seiner symmetrischen Krone ein überaus beliebtes Fotomotiv ist. Die den Aloen zugerechnete Pflanze speichert Wasser in einem faserigen Gewebe in Stamm und Ästen. Überhaupt nicht hübsch sieht die Überlebenskünstlerin schlechthin aus, die **Welwitschia mirabilis.** Sie wirkt wie ein nachlässig zusammengekehrter Haufen trockener Blätter. Dass im Zentrum dieses Gewirres Blütenstände stehen, erkennt man erst auf den zweiten Blick. Die Unordnung macht Sinn: Der vom Atlantik landeinwärts ziehende Nebel kondensiert auf den Blättern und tropft auf den Wüstenboden, wo ein fein verzweigtes Wurzelwerk das Wasser aufnimmt.

*Weltwitschia mirabilis*

Mit dieser mageren Diät wird die Welwitschia bis zu mehrere hundert Jahre alt. Unscheinbar sind auch die **Flechten,** die ebenfalls im Einzugsgebiet des Küstennebels wachsen. Das vertrocknete Gespinst am Boden verwandelt sich mit etwas Wasser in ein farbenfrohes Blütenmeer. Viele Wuchsformen können Akazien, wie z.B. der **Kameldorn,** annehmen. In der Wüste sind sie eher klein und kommen meist als Büsche vor; mit spitzen Dornen schützen sie sich vor Wildverbiss.

## Küste

Die namibische Atlantikküste ist Lebensraum mehrerer Pelzrobbenkolonien, deren größte am Cape Cross bis zu 100.000 Tiere bevölkern. Zu den Küstenvögeln gehören Pelikane, Kormorane, Flamingos, Brillenpinguine und Damara-Seeschwalben. Im Atlantik leben Haie, Steinbrassen und Kabeljau.

### Lebensspender Nebel

Nebel entsteht an der Küste durch die extremen Temperaturunterschiede zwischen der tagsüber aufgeheizten Wüste und den kalten Luftmassen über dem Atlantik, der hier durch den antarktischen Benguela-Strom besonders eisig ist. Bis zu 20 Kilometer, manchmal sogar noch tiefer, ziehen die Nebelschwaden landeinwärts und kondensieren an Pflanzen und Tieren. Tenebrio-Käfer betätigen sich als Baumeister und ziehen Wassergräben im rechten Winkel zur „Nebelströmung", an denen sich Tropfen absetzen. Die Zwergpuffotter wiederum legt sich dem Nebel in den Weg und leckt das Wasser von ihrem Körper ab.

## Savanne

Der Lebensraum Savanne reicht im Hochland von den ariden Dornbuschsavannen des Südens bis zu den grünen Mopane-Savannen des Nordens. Ein großer Teil dieser Region ist eingezäuntes Farmland, auf dem Rinder, im Süden auch Schafe gehalten werden. Verschiedene Antilopen, Warzenschweine, Paviane, Schakale und gelegentlich auch **Geparde** leben im Farmland. Wenn die flinken Jäger früher

Geparde

Weiblicher Kudu

Nutzvieh rissen, machten die Farmer kurzen Prozess. Heute sind sie angehalten, Tierschutzorganisationen wie den *Cheetah Conservation Fund* zu informieren, die die Geparde einfangen um sie an anderer Stelle wieder auszusetzen (auswildern).

Am häufigsten sieht man **Kudus** und **Springböckchen** beim Queren einer Pad oder beim Sprung über die Farmzäune, **Paviane** am Straßenrand und gelegentlich sogar einen auf warmen Steinen ruhenden Waran. Meist nicht zu sehen sind die giftigen Bewohner von Erdhöhlen und -Spalten, Puffottern, Speikobras und Schwarze Mambas. Vor **Puffottern** sollte man sich besonders vorsehen, denn sie sind träge und fliehen im Gegensatz zu anderen Schlangenarten nicht, wenn Menschen sich nähern. Die charakteristischen, je nach Farbe des Erdreichs zwischen blassem Beige bis zu Orangerot leuchtenden **Termitenhügel** sind überall im Hochland verbreitet. Keinesfalls sollte man versuchen hineinzugreifen, denn oft sind aufgegebene Termitenbauten Lebensraum von Schlangen.

In den kommunalen Gebieten, wie z.B. dem Damaraland, das von Kleinbauern bewirtschaftet wird, hat das Wild einen größeren Bewegungsspielraum. Hier kann man in freier Natur auch auf Giraffen oder gar Elefanten treffen. Die besten Möglichkeiten der Wildbeobachtung bietet bietet der **Etosha-Nationalpark** mit seinen Dornbusch- und Baumsavannen rund um die Pan. Sie ist das Habitat von Kudu-, Oryx- und Eland-Antilopen, Gnus, Steppenzebras und Giraffen, großen Springbockherden sowie Nashörnern, Elefanten, Löwen und Hyänen. Marabus, Sekretäre, Riesentrappen, Frankoline, Tokos, Pelikane und Flamingos sind die augenfälligsten Vertreter der Avifauna.

Elefant

**Flora der Savanne**

Wie ein Zwerg-Baobab sieht der **Moringabaum** aus, den man im südlichen und zentralen Namibia häufig auf felsigem Untergrund sieht. Kahle Äste mit einigen wenigen, verhältnismäßig großen Blättern und ein gedrungener Stamm lassen ihn fast unheimlich erscheinen. Ein Moringawald wächst im Etosha-Nationalpark westlich von Okaukuejo. Ein den Herero heiliger Baum ist der **Ahnenbaum:** Je nachdem, wie viel Wasser er bekommt und auf welchem Untergrund er steht, kann er als verkrüppelter Busch oder mit stolzem Stamm wachsen. Die Blätter hängen an langen Rispen und sind ein probates Mittel gegen Erkältung. Elefanten lieben besonders die zarten, schmetterlingsförmigen Blätter des **Mopanebaumes,** der im nördlichen Hochland teils in dichten Wäldern gedeiht. Dattelpalmen gibt es in Namibia nur wenige, dafür wächst die **Makalani-Palme** mit ihren wie Fächer geformten Wedeln. Unter den Blütenpflanzen fällt besonders die Blutfrucht mit ihren roten Früchten auf.

*Wenn es geregnet hat, kommen die Blumen*

## Trockenwald

Trockenwald bedeckt die Sandböden der Kalahari und ähnelt mit seiner Tierwelt der Savanne. Nur kommt im Caprivi, wo ganzjährig Wasser führende Flüsse fließen und mit Überschwemmungen

*Kandelaber-Euphorbien*

*Baobab*

Sumpfgebiete nähren, weiteres Wild dazu: Flusspferde, Krokodile, Büffel und die sehr scheuen Sumpfantilopen *Lechwe* und *Sitatunga.* Die Vogelwelt entfaltet hier ihre ganze Vielfalt. Charakteristische Pflanze des Trockenwaldes ist der **Affenbrotbaum** oder Baobab mit seinen wie Wurzelwerk kahl in den Himmel ragenden Ästen und dem mächtigen Stamm. Papyrus wuchert in den Sümpfen des Linyanti-Flusses.

## Namibias Vogelwelt

Auffällig und überall zuhause sind Namibias **Webervögel,** die ihre Nester als „Einfamilienhaus" oder im Verband als riesige „Wohnblocks" in die Kronen der Bäume bauen und ihren Wirten damit fast die Luft zum Atmen nehmen. Putzige Gesellen sind die flinken Rosenpapageien, die man abends oft an Pfützen oder

Vogeltränken beim Baden beobachten kann. Das Geschrei des Graulärmvogels wird jedem Reisenden nach kurzer Zeit vertraut sein. Im Morgengrauen sorgt er dafür, dass niemand weiterschlafen kann. Auch die vielen Arten von Tokos mit ihren großen, bunten Schnäbeln wird man schnell unterscheiden lernen.

## Naturschutzgebiete

**Nationalparks** Nationalparks bedecken große Teile der namibischen Landesfläche. Sie stellen die vielfältigen Landschaftsformen und die jeweilige Tier- und Pflanzenwelt vor, bieten Möglichkeiten zu längeren Wanderungen oder Trekkingtouren und sind mit komfortablen, heute „Wildlife Resorts" genannten Rastlagern ausgestattet. Zu namibischen und südafrikanischen Ferienterminen (▸ s.o.) sollte man eine Unterkunft in den Resorts rechtzeitig reservieren (online unter www.nwr.com.na).

Für den **Besuch der Nationalparks werden Gebühren** erhoben: So kostet die Tagesgebühr für Etosha, den Waterberg-, Namib-Naukluft-, Skelettküstenpark und die heißen Quellen von Ai-Ais für ausländische Touristen 80 N$/Person. In den übrigen Naturschutzgebieten zahlen Ausländer 40 N$/Tag.

*Etosha-Elefanten*

# Geschichte

## Vor- und Frühgeschichte

| | |
|---|---|
| **13 Mio. Jahre v. Chr.** | Älteste Funde von Hominiden |
| **25.000–5000 v.Chr.** | Ureinwohner, wahrscheinlich San, hinterlassen bemalte Steinfragmente und Felsritzungen. |

## Entdeckung und Einwanderung

*Bartolomeu Diaz*

| | |
|---|---|
| **1486** | Der Portugiese *Diogo Cão* landet bei Cape Cross und errichtet ein Steinkreuz *(padrão)*. |
| **1487** | Bartolomeu Diaz erreicht *Angra Pequeña,* heute Lüderitzbucht. |
| **12.–16. Jh.** | Bantusprachige Völker aus dem Norden überschreiten den Kunene. Zu ihnen gehören *Ovambo* und *Herero.* |
| **18. Jh.** | Kartographen, Jäger und Händler aus Südafrika erkunden die Regionen nördlich des Oranje, ihnen folgen erste Siedler. |
| **1785** | Ankunft von Hererogruppen, die aus ihrem Nomadisierungsgebiet im Kaokoveld bis Okahandja gezogen sind. |
| **Ab 1800** | Die *Orlaam-Nama* wandern aus Südafrika in Namibias Süden ein. |

## Missionierung und Kolonisierung

| | |
|---|---|
| **1806–14** | Gründung der ersten Missionsstationen (Warmbad, Bethanie). |
| **1876** | England erklärt das Siedlungsgebiet der Nama und Herero zum Schutzgebiet, Walvis Bay folgt kurz darauf. |
| **12.05.1883** | Heinrich Vogelsang, Abgesandter von Adolf Lüderitz, erwirbt per Vertrag mit den Nama Land um Lüderitzbucht. |

*Historische Abbildung von Angra Pequeña (heute Lüderitzbucht)*

| | |
|---|---|
| **1884** | Bismarck erklärt Lüderitzland zum deutschen Einflussgebiet; 1889 kommen 21 Mann „Schutztruppe" an. |
| **1890** | Einigung über den Grenzverlauf zwischen deutschem und englischen Einflussgebiet; Tausch u.a. der deutschen Kolonie Wituland gegen den *Caprivi Strip* und Helgoland, was der Volksmund als Helgoland-Sansibar-Vertrag in die Geschichtsbücher schrieb; Gründung Windhoeks. |

| | |
|---|---|
| **1904** | Der drei Jahre dauernde Krieg der Deutschen gegen Herero und Nama beginnt. Er endet nach der Schlacht am Waterberg mit der Flucht der Herero in die Omaheke-Wüste, in der Abertausende von Menschen umkommen. |
| **1908** | Diamantenfunde in der Namib; Kolmanskop wird Boomtown. |
| **1914/15** | Der 1. Weltkrieg führt zur Invasion südafrikanischer Soldaten, Deutsch-Südwest kapituliert; die männliche deutschstämmige Bevölkerung wird größtenteils interniert. |

## Mandatszeit und Apartheid

| | |
|---|---|
| **1919** | Vertrag von Versailles: Südwestafrika wird südafrikanisches Mandatsgebiet. |
| **1939** | Der Beginn des 2. Weltkrieges führt zu erneuten Internierungen. |
| **1951** | Mit der Einführung der Apartheidgesetze wird die faktische Rechtlosigkeit der schwarzen und farbigen Bevölkerung zementiert. |
| **1958** | Beginn des Befreiungskampfs: Gründung der OPO (Ovamboland People's Organization), später SWAPO (South West Africa People's Organization). |
| **1964** | Mit dem Odendaal-Plan werden Homelands für die nicht weiße Bevölkerung geschaffen. |
| **1966** | Buschkrieg zwischen südafrikanischen Truppen und dem bewaffneten Arm der SWAPO, dem PLAN, der von Angola aus operiert. |

*Hist. Abb. der Rheinischen Herero-Missionsstation Otjikango (Gross Barmen), 1870*

**1973** Die UNO erkennt die SWAPO als offiziellen Vertreter Südwest-Afrikas an.

**1975** Mehrere gemäßigte politische Gruppierungen schließen sich zur „Turnhallen-Allianz" (DTA) zusammen.

**1978** Die „freien" Wahlen werden von der SWAPO boykottiert. Abschaffung der Apartheidgesetze durch die DTA-Regierung, die 1983 schließlich zurücktritt.

## Unabhängigkeit

**1988** Südafrika, Angola und Kuba einigen sich über die Unabhängigkeit Namibias und den Abzug der kubanischen Truppen aus Angola.

**1989** Die SWAPO gewinnt bei den ersten freien Wahlen die absolute Mehrheit.

**21.03.1990** Namibia wird offiziell **unabhängig,** Sam Nujoma Staatspräsident.

**1994** Die südafrikanische Enklave *Walvis Bay* fällt an Namibia.

**2004** Bei den Parlaments- und Präsidentenwahlen beteiligen sich 87% der Namibier; die SWAPO behält ihre Zweidrittelmehrheit.
An den Feierlichkeiten zum 100. Jahrestag der Schlacht am Waterberg nimmt die deutsche Entwicklungshilfeministerin Wiczorek-Zeul teil und entschuldigt sich – entgegen dem Rat des Außenamtes – für das, „was heute als Völkermord bezeichnet würde".

**2005** *Hifikepunye Pohamba* übernimmt das Amt des Staatspräsidenten von Sam Nujoma, der aus Verfassungs- und Altersgründen nicht mehr kandidiert.

**2006** Extrem ergiebige Regenfälle machen die Regenzeit zu einer der besten seit Jahrzehnten.

**2007** Anlässlich eines Staatsbesuches von Robert Mugabe im März in Windhoek schließt Namibia mit Simbabwe Verträge zur Lieferung von Strom aus dem Nachbarland ins chronisch unterversorgte Namibia.

**2009** Hifikepunye Pohamba wird wieder gewählt, die SWAPO bewahrt die Zweidrittelmehrheit.

**2012** In 200 m Tiefe wird bei Etosha ein riesiges natürliches Wasserreservoir entdeckt. Die 5 Mrd. Kubikmeter könnten die Versorgung des Nordens von Namibia für viele Jahre sicherstellen.

**2013** Kurz vor Weihnachten wird in einer Nacht- und Nebelaktion in Windhoek das Standbild des Deutschen Reiters als Symbol der Kolonialunterdrückung abgebaut, der historische Sockel geschliffen und die ungeliebte Bronzefigur in den Innenhof der Alten Feste gebracht.

# Namibias Völker

Welche Volksgruppen in Namibia ursprünglich lebten und damit als „Ureinwohner“ bezeichnet werden könnten, ist bis heute nicht zweifelsfrei geklärt. Allerdings gilt mit ziemlicher Sicherheit, dass Khoisan sprechende Völker, also die Vorfahren von *San* und *Nama,* zu den frühesten Bewohnern des südlichen Afrikas gehören. Bis zu 25.000 Jahre alte Felsbilder zeigen Menschen in ähnlicher Kleidung und Waffen, wie die San sie heute noch tragen. Alle anderen Völker wanderten im Lauf des zweiten Jahrtausends, also zwischen dem 12. und 19. Jahrhundert, ins heutige Namibia ein.

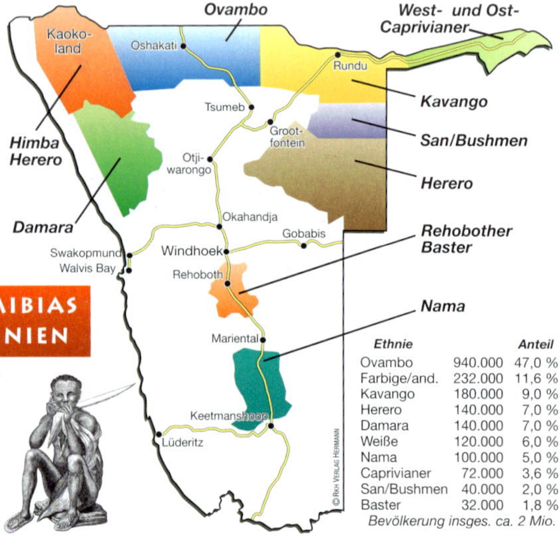


| *Ethnie* | | *Anteil* |
|---|---|---|
| Ovambo | 940.000 | 47,0 % |
| Farbige/and. | 232.000 | 11,6 % |
| Kavango | 180.000 | 9,0 % |
| Herero | 140.000 | 7,0 % |
| Damara | 140.000 | 7,0 % |
| Weiße | 120.000 | 6,0 % |
| Nama | 100.000 | 5,0 % |
| Caprivianer | 72.000 | 3,6 % |
| San/Bushmen | 40.000 | 2,0 % |
| Baster | 32.000 | 1,8 % |

*Bevölkerung insges. ca. 2 Mio.*

NAMIBIAS ETHNIEN

## San

Klein und zierlich im Körperwuchs, mit hohen Backenknochen, einer gelblich-hellen Haut und dem „Pfefferkornhaar“, das nicht gleichmäßig, sondern in Büscheln wächst, unterscheiden sich die San deutlich von allen anderen Volksgruppen Namibias. Ihre traditionelle Wirtschaftsform, das

San sind die eigentlichen Herren der Kalahari

Jagen und Sammeln, haben die meisten der derzeitig 40.000 namibischen San heute aufgegeben, weil ihr Lebensraum durch Landwirtschaft, Jagd und Einrichtung von Naturschutzgebieten immer weiter eingegrenzt wurde (sie bezeichnen sich übrigens selbst nicht als San, sondern nach ihrer jeweiligen regionalen Gruppe, z.B. als *Kung* oder *Heikom*).

Ihr Hauptsiedlungsgebiet ist der Nordosten Namibias, die ehemalige Region *Bushmanland* (heute Teil der Omaheke und Otjozondjupa Regionen) mit dem Kaudom-Nationalpark, in dem die San mit traditionellen Waffen, also Pfeil und Bogen, jagen dürfen. In der südlichen Kalahari gibt es ebenfalls San-Gemeinschaften. Einige Kleingruppen haben auf dem Gelände von Gästefarmen oder Lodges Unterkunft und Arbeit als Touristenguides gefunden.

Der Zerfall der traditionellen Gemeinschaften hat bei den San zu einem erschreckenden Verfall geführt: Alkoholismus und HIV-Infektionen grassieren. Alle Versuche, diese Entwicklung zu stoppen, scheinen zum Scheitern verurteilt, solange die Menschen Zugang zum Alkohol haben. Letztendlich führt dies dazu, dass Entwicklungshilfe- und auch private Projekte erfolgreiche Arbeit nur mittels strenger Verbote und Kontrollen leisten können und den Status der San dabei auf den von Abhängigen oder Kindern reduzieren. Die Regierung tut wenig, ihrer ärmsten Volksgruppe zu helfen. Zu tief sitzt der Groll gegen die ehemaligen „Kollaborateure" – Fährtenleser der San hatten im Unabhängigkeitskrieg für die Südafrikaner gearbeitet – und die Verachtung vor den „unzivilisierten" Menschen.

**Sprache**

Die **Sprache** der San besitzt, ebenso wie die der Nama, viele Klicklaute, für die das lateinische Alphabet aber keine Schriftzeichen kennt. Um diese Laute geschrieben darstellen zu können, werden Platzhalter wie der Schrägstrich (/) verwendet.

## Nama

Rund 100.000 Menschen, knapp 5% der Bevölkerung, gehören der im Süden beheimateten Volksgruppe der Nama an. Wie den San verleihen auch den Nama hohe Backenknochen und helle Haut ein beinahe asiatisches Aussehen. Anthropologen und Ethnologen gehen davon aus, dass die Nama wie die San zu den ersten Bewohnern Namibias gehören. Ihre Sprache, das *Khoikhoi,* ist mit jener der San verwandt, viele kulturelle Besonderheiten – ausgeprägte Hexen- und Totenfurcht, halbnomadische Lebensweise – sind ähnlich. Doch im Gegensatz zu den San züchteten die Nama Schafe und Rinder und zogen mit den Herden von Weide zu Weide. Die erste Erwähnung von Nama stammt aus dem 17. Jahrhundert: 1677 wurden holländische Seefahrer vor Sandwich Harbour von ihnen angegriffen, als diese versuchten, in der Bucht Anker zu werfen. Zu Beginn des 19. Jahrhunderts eroberten aus Südafrika stammende und gut bewaffnete Nama-Verbände, die *Orlaam,* die Weidegebiete der Alteingesessenen. Diese kriegerischen Nama gerieten schon bald in Konflikte mit den *Herero,* die

*Nama-Siedlung (hist. Abb. 19. Jh.)*

ebenfalls als Rindernomaden im Hochland lebten. Beide Gruppen leisteten erbitterten Widerstand gegen die koloniale Landnahme. Die christliche Mission war unter den Nama besonders erfolgreich, und die Farmer schätzten sie als gute und loyale Arbeitskräfte. Bis heute sind die meisten Nama auf Farmen beschäftigt.

## Rehobother Baster

Rund um das Städtchen Rehoboth, knapp 100 Kilometer südlich von Windhoek, lebt eine der eigenwilligsten Gemeinschaften im namibischen Völkerpotpourri: mit 32.000 Menschen stellen die aus Südafrika stammenden **Baster** 1,8% der Namibier. Sie führen ihre Herkunft auf Verbindungen zwischen Weißen und Nama-Frauen zurück. Die Familiennamen gehen auf die weißen Väter zurück. Diejenigen, die einer legalen Ehe entstammen, gelten als die angesehensten Baster-Familien. Man spricht von 37 Stammvätern, teils burischer, teils deutscher Nationalität. Es gibt sogar mehrere Baster-Familien malaiischer Herkunft. Gemeinsame Sprache der Baster ist das *Afrikaans.* Untereinander nennen sich die Baster *„Burger"*, also Bürger. Die Unabhängigkeit Namibias bereitete den Baster einiges Unbehagen, weil sie fürchten mussten, ihre von Südafrika zugestandene Selbstverwaltung zu verlieren. Bislang beherrscht der zähe Kampf der Baster um Teilautonomie die politischen Beziehungen zwischen der Gemeinde und der SWAPO-Regierung. Die Unabhängigkeit Namibias bereitete den Baster einiges Unbehagen, weil sie fürchten mussten, ihre von Südafrika zugestandene Selbstverwaltung zu verlieren. Bislang beherrscht der zähe Kampf der Baster um Teilautonomie die politischen Beziehungen zwischen der Gemeinde und der SWAPO-Regierung.

## Damara

Rund 7% der Bevölkerung, knapp 140.000 Menschen, zählen zu den Damara, deren Herkunft Ethnologen vor große Rätsel stellt. Mit tiefschwarzer Haut und anderen äußerlichen Merkmalen gehören sie eindeutig zur bantustämmigen Bevölkerung Namibias, die ab dem 12. Jahrhundert von Norden kommend einwanderte. Ihre kulturellen Merkmale und die Sprache haben sie aber unter den Einfluss der Nama gestellt. Da erste Siedler und

Berg-Damara (hist. Abb. 19 Jh.)

Missionare berichteten, Damara würden als „Sklaven" der Nama leben, wurde lange Zeit die Theorie von einer unterworfenen Volksgruppe favorisiert. Neuere Forschungen tendieren zu der Ansicht, dass die Damara womöglich mit San und Nama zu den Ureinwohnern gehören, aber einen anderen ethnischen Ursprung haben. Unter südafrikanischem Mandat wurde den Damara die karge und regenarme Gebirgsregion zwischen Spitzkoppe und Kaokoveld als „Homeland" zugewiesen und auch Gruppen aus Südafrika dorthin umgesiedelt (Bergsieg-de-Riet-Damara). Etwa ein Viertel der Damara führt hier heute noch ein ärmliches Leben als Kleinbauern, viele sind in den Industriebetrieben und auf Farmen beschäftigt.

## Herero

Wie die Damara stellen auch die Herero etwa 7% der Einwohner Namibias. Ihr Lebensraum ist die nördliche Landeshälfte, das ehemalige Homeland Hereroland mit den Hauptorten Okahandja und Omaruru. Sie gehören zu den bantustämmigen Völkern Namibias, die wohl aus dem östlichen Afrika kommend ab dem 13. Jahrhundert den Kunene überschritten und mit ihren Rinderherden zunächst im Kaokoveld nomadisierten. Später zogen die meisten Hereroverbände weiter nach Süden; die im Kaokoveld verbliebenen werden heute als Himba (▸ s. Kasten) bezeichnet.

Der Kleiderstil der Herero stammt aus viktorianischer Zeit

Ab dem 18. Jahrhundert leben Herero in der Region Okahandja, ab dem 19. Jahrhundert geraten sie immer wieder in kriegerische Auseinandersetzungen mit Nama um Weidegebiete. Im Mittelpunkt der traditionellen Kultur stehen die Rinder, die Statussymbol sind und zugleich auch sakrale Funktion haben. Bestimmte Tiere werden als Bindeglied zu den Ahnen gesehen und dürfen nicht getötet werden.

# Die Himba

Rinder sind der wichtigste Besitz eines Himba. Sie sind nicht nur Milch- und Fleischlieferanten, sondern ein Bindeglied zwischen den Menschen und den Göttern. Einige Tiere gelten als heilig, so der Ahnenbulle, der dem Häuptling gehört und nie geschlachtet werden darf. In ihm leben die Geister der Ahnen weiter und er wird respektvoll verehrt. Das Verhältnis eines Himba zu seinem Vieh ist von tiefer Zuneigung geprägt: Jedes Rind besitzt seinen Namen, seine besonderen Eigenschaften und seine ganz besondere Schönheit, der die Menschen nachzueifern suchen, indem sie ihre Haut mit glänzender Ockerpaste einreiben oder indem sie Frisuren und Kopfbedeckungen tragen, die Hörner imitieren. Wenn der Häuptling stirbt, wird er in eine Rinderhaut genäht und bestattet. Eisen- und Tongefäße dürfen nie mit Milch in Berührung kommen.

Im Gegensatz zu den meisten anderen Völkern Südafrikas besitzt ein Himba zwei Abstammungslinien: den Clan des Vaters, mit dem er in allen rituellen Dingen verbunden ist, und jenen der Mutter, die Heirat und Erbe regelt. Stirbt ein Mann, bekommt der Sohn seiner Schwester seinen Besitz, sein eigener Sohn erbt sein Amt. Wenn ein Himba heiratet, zieht seine Frau in die Siedlung des Mannes. Die über die mütterliche Linie miteinander Verbundenen leben folglich über ein großes Gebiet verstreut und knüpfen ein überregionales Netz von Verwandtschaftsbeziehungen über die örtlichen väterlichen Clane hinaus. Das *Heilige Feuer* jeder Siedlung, ein heiliger *Omumborombonga*-Baum, der Viehkraal, die Hütten der Männer und Frauen, die Frisuren der jungen Mädchen und die verheirateter Frauen – all dies hat seine feste, von der Tradition vorgegebene Ordnung. Auch der Lebenszyklus folgt noch weitgehend den alten Gesetzen, angefangen bei den geistervertreibenden Riten, die bei der Geburt eines Kindes vollzogen werden, über Zeremonien bei Initiation, Heirat und Tod.

*Himbamädchen im Schmuck*

Dem Ahnenkult kommt zentrale Bedeutung zu; er manifestiert sich in den heute noch aufwendig gefeierten Ahnengedenktagen. In ihrer unverfälschten Form lässt sich die Herero-Kultur am Beispiel der Himba studieren. Sie haben in ihrer geographischen Isolation Traditionen bewahrt, die bei den Herero unter Einfluss des Christentums verlorengegangen sind. Auffälliges Merkmal der Herero-Frauen ist die viktorianische Tracht; der dreieckige Kopfputz soll an Rinderhörner erinnern. Mit der Schlacht am Waterberg und der anschließenden Flucht (▸ s.S. 173) wurde dem Volk ein hoher Blutzoll abgefordert und die Herero in alle vier Himmelsrichtungen versprengt. Forderungen nach Wiedergutmachung werden von der deutschen Regierung mit Hinweis auf die hohen Zahlungen an Entwicklungshilfe für ganz Namibia abgelehnt.

## Ovambo

Die Ovambo sind die größte Volksgruppe Namibias, sie stellt etwa die Hälfte der Bevölkerung. Wie die Herero gehören sie zu den Bantuvölkern und wanderten ab dem 15. Jahrhundert in ihr Siedlungsgebiet nördlich der Etosha-Pfanne ein. Der Name *ovambo* ist ein Begriff aus dem Herero und soll „die Sesshaften" oder „die Reichen" bedeuten. Sie selbst benennen sich nach ihren sieben Untergruppen, deren bedeutendsten die *OvaKwanyama* (Kwanyama) und die *AaNdonga* (Ndonga) sind. Ovamboland wird saisonal von dem aus Angola kommenden Kuvelai-Fluss überschwemmt, ist also sehr fruchtbar. Ackerbau und Viehzucht sind die traditionellen Wirtschaftszweige der Ovambo, Hirse und Sorghum die wichtigsten Anbaugüter. Wenn nach der Überschwemmung in den sonst trockenen Flussbetten, die hier *oshana* genannt werden, Wasser steht, bereichern die darin gefangenen Fische die Speisekarte. Die Siedlungen aus Rundhütten liegen auf Anhöhen und damit geschützt vor den Fluten des Kuvelai. Sie sind von den Feldern der Familie umgeben, die die Frauen bewirtschaften, während sich die Männer um das Vieh kümmern. Ähnlich wie bei den Herero sind auch bei den Ovambo Rinder ein Prestigeobjekt, sie werden selten geschlachtet. Die Ovambo leben in einer traditionell mutterrechtlichen Gesellschaft, die durch den Einfluss der Missionen aber immer mehr zur patrilinearen Ordnung tendiert. Traditionelles Oberhaupt ist der König, zugleich Regenmacher. Da es bei den Ovambo keinen Grundbesitz gab und das Land nominell dem König gehörte, wird es den Bauern auf Lebenszeit zur Pacht überlassen.

In der Kolonialzeit lag Ovamboland zwar innerhalb der deutschen Grenzen, aber jenseits der sogenannten Polizeizone, dem befriedeten Gebiet mit Militärpräsenz. So blieben die Ovambo weitgehend unbehelligt von den Entwicklungen im Kernland. Als Wander- und Kontraktarbeiter wurden Ovambo bereits während der Kolonialzeit angeworben, um in den Diamanten- bzw. Kupferminen oder auf Farmen zu arbeiten. Unter dem Apartheidregime gründeten Ovambo-Arbeiter die Vorläuferorganisation der SWAPO; schließlich ging der bewaffnete Kampf um die Unabhängigkeit vom Ovamboland aus und wurde im Norden ausgefochten. Heute stellen Ovambo die Mehrheit der politischen Funktionäre und Regierungsmitglieder. Immer wieder werden Vorwürfe laut, die SWAPO-Regierung würde ihre Heimatregion mit Fördermitteln gegenüber anderen bevorzugen. Tatsächlich sind wirtschaftliche wie soziale Probleme im Ovamboland besonders drastisch. Es gibt nicht genug Ackerland, in den Städten nicht ausreichend Arbeitsplätze, die HIV-Rate ist besonders hoch.

## Kavango und Caprivianer

Auch diese Volksgruppen stammen von Bantu ab. Sie sind kulturell wie linguistisch ihren Nachbarn in Angola, Zambia und Zimbabwe näher als den Herero, besitzen mutterrechtliche Strukturen und ein sakrales Königtum. Ackerbau, Fischerei und etwas Viehzucht bilden den traditionellen Lebensunterhalt. Im Unabhängigkeitskrieg dienten der Kavango-Hauptort *Rundu* und das umliegende Gebiet als eine der großen südafrikanischen Militärbasen. Da auch hier die Arbeitsmöglichkeiten sehr eingeschränkt sind, ist die Landflucht groß. Viele

Holzschnitzer, die in Okahandja oder Windhoek ihre Skulpturen verkaufen, stammen aus Kavango und Caprivi. Gruppen aus dem Caprivi haben in den 1990er Jahren immer wieder für Schlagzeilen gesorgt, weil sie zum bewaffneten Kampf um die Unabhängigkeit ihrer Region aufriefen und hin und wieder, wohl unterstützt durch marodierende Rebellengruppen aus Angola, Polizeistationen und Lodges überfielen und plünderten. Die Reaktion der Staatsmacht war drastisch. Von willkürlichen Verhaftungen, Folter und Mord in Polizeigewahrsam wurde berichtet. 2004 wurden über 100 Mitglieder dieser *Caprivi Liberation Army* zu hohen Haftstrafen verurteilt.

## Die Weißen

Rund 120.000 Menschen und damit 6% der Namibier sind Weiße, die große Mehrzahl davon *Afrikaaner*, also burischer Herkunft, etwa 20.000 haben deutsche Wurzeln. Die Mehrheit der weißen Bevölkerung ist während und kurz nach der Kolonialzeit eingewandert, fühlt sich also ebenfalls als Alteingesessene. Weiße sind überproportional am Wirtschaftsleben beteiligt, so gehören von den 4000 kommerziellen Farmen 3000 weißen Eigentümern. Vor allem die deutschsprachige Gemeinde pflegt und bewahrt ihre Traditionen und ist besonders im Kulturleben aktiv.

## Die DDR-Kinder

Kinder sind sie heute zwar nicht mehr, aber als sie kurz vor dem Erlöschen der DDR aus dessen Kinderheimen plötzlich zurückkehren mussten in die Kraals ihrer Großfamilien, waren viele DDR-Namibier furchtbar geschockt. Im Unabhängigkeitskrieg hatte die DDR-Kinder hoher SWAPO-Funktionäre aufgenommen und in ihren Kinderheimen untergebracht. Die Flüchtlinge lernten Deutsch, genossen DDR-Schulbildung und waren zwischen 14 und 18 Jahren alt, als sie plötzlich zurückgeschickt wurden. Viele landeten im Ovamboland in traditionellen Siedlungen und hatten sich Regeln zu unterwerfen, die sie nicht kannten. Einige verstanden nicht einmal die Sprache. Deutschnamibier nahmen sich dieser DDR-Kinder an und sorgten dafür, dass sie ihre Ausbildung abschließen, teils sogar nach Deutschland zurückkehren konnten. Viele der sich selbstironisch „Ossis" nennenden namibischen Ex-DDRler sind heute im Tourismus beschäftigt. Der eindrucksvolle und unbedingt lesenswerte Erfahrungsbericht eines dieser DDR-Kinder, „Kind Nr. 95" von Lucia Engombe, ist als Ullstein-Taschenbuch erschienen.

*We are Namibia – alle in einem Boot …*

# Leben in Namibia

## Wirtschaftliche und soziale Lage

Namibias wirtschaftliche und soziale Situation ist von extremen Kontrasten geprägt. Das Land besitzt dank seiner Bodenschätze und der reichen Fischgründe hervorragende Wachstumsbedingungen, und doch ist die große Mehrheit seiner Menschen bitterarm. Namibia gehört zu den Ländern mit den größten Einkommensunterschieden. Nicht alle alten kolonialen bzw. Apartheidstrukturen konnten beseitigt werden, so z.B. die ungleiche Verteilung von Land und die nach wie vor schlechten Ausbildungsmöglichkeiten für die schwarze Bevölkerung. Ein Erbe der südafrikanischen Herrschaft ist auch der Mangel an Betrieben der verarbeitenden Industrie. Namibia war stets nur Rohstofflieferant, verarbeitet wurde in Südafrika. Noch heute kommt die Mehrzahl der in den Geschäften verkauften Lebensmittel aus dem Nachbarland. Der Staat versucht dies zu ändern, kann gegen die übermächtige Konkurrenz aber kaum bestehen. So kommt es, dass es trotz industrieller Entwicklung und Erschließung neuer Diamantenfelder sowie Erdgasvorkommen nicht genug Arbeitsplätze für das Heer der Jobsuchenden gibt. Die tatsächliche Arbeitslosenrate liegt bei etwas unter 30%, offizielle Stellen sprechen von einer Rate unter 10%.

*Trostloser Randbezirk*

## Die Landfrage

Angesichts der großen Armut wird immer wieder und oft auch sehr polemisch die Landfrage thematisiert. Dreiviertel der kommerziellen Farmen sind in weißer Hand. Bereits kurz nach der Unabhängigkeit stellte Präsident Sam Nujoma klar, dass es in Namibia keine Zwangsenteignungen geben werde, sondern die Farmen nach dem Prinzip *willing seller, willing buyer* aufgekauft werden sollten. Dies gilt bis heute, auch wenn in Namibia immer wieder das Gespenst der Farmbesetzungen nach dem Vorbild Zimbabwes beschworen wird. Tatsächlich hat die namibische Regierung der Vereinigung der Farmarbeiter solche gewaltsamen Aktionen explizit untersagt. Enteignet wird Land, wenn der Eigentümer es nicht nutzt, so Ländereien die brach liegen, weil deren Besitzer in Deutschland oder Südafrika residieren. Die Entschädigung erfolgt nach Marktwert. Zur Finanzierung dieser Landkäufe hat Namibia eine Farmsteuer eingeführt. Wie wirtschaftlich hilfreich die Enteignungen tatsächlich sind, ist allerdings umstritten. Denn das aride Land kann, auf Parzellen aufgeteilt, niemanden ernähren. Unerfahrene Kleinbauern bringen es durch zu hohe Bestockung mit Vieh zudem schnell an den Rand der ökologischen Verträglichkeit. Überweidung und Desertifikation sind die Folgen.

## Bodenschätze und Landnutzung

Kupfer- und andere Metallvorkommen rund um Tsumeb und Grootfontein, Diamantenfelder in der Namib und unterseeisch entlang der Atlantikküste, Uranlagerstätten in der Zentralnamib, Zink bei Rosh Pinah und eines der größten Erdgasfelder weltweit im Atlantik – Bodenschätze tragen mit 13% zum Bruttoinlandsprodukt bei, liefern aber nur 6000 Arbeitsplätze. Die Landwirtschaft wiederum bringt um 8% Wirtschaftsleistung und bietet 70% der Namibier einen mehr oder weniger kargen Lebensunterhalt. Etwa 40% der Landesfläche werden von kommerziellen Farmen genutzt, die Viehzucht für den heimischen Markt und den Export betreiben. Etwa die Hälfte der Landfläche, fast ausschließlich im Norden und Nordosten, werden von Kleinbauern in Subsistenzwirtschaft bestellt.

# Landwirtschaft und Fischerei

Der landwirtschaftliche Schwerpunkt liegt auf der **Viehzucht** – in Zentralnamibia Rinder, im Süden Schafe (Karakul- und Fleischschafe). 95% der landwirtschaftlich nutzbaren Fläche dienen als Weideland. Getreideanbau spielt nur im Nordosten und im sogenannten „Mais-Dreieck" Tsumeb – Otavi – Grootfontein eine Rolle. Den kommerziellen Viehfarmen im Süden und in Zentralnamibia, die fast alle von Weißen, besonders von Deutschstämmigen, geführt werden, stehen die auf die Subsistenz ausgerichteten kleinen Bauernhöfe der schwarzen Bevölkerung in den kommunalen Gebieten (ehemalige Homelands) gegenüber. Die meisten Familien hier besitzen nicht einmal genug Grund, um sich selbst zu ernähren, während die kommerziellen Farmen nicht selten zwischen 3000 und 5000 ha, im Süden sogar bis 20.000 ha groß sind. Doch die schiere Größe täuscht. Das Land ist so karg, dass ein Rind, abhängig von den jährlichen Regenfällen, zwischen 8 und 20 ha Weideland benötigt. Deshalb wäre es falsch, die Farmer für betuchte „Großgrundbesitzer" zu halten. Viele „krebsen", so gut es eben geht, am Existenzminimum dahin, und manche Familie kann nur durch die Einnahmen überleben, die ihr der Gästefarm-Tourismus einbringt. Zahlreiche Farmer setzen wieder verstärkt auf die Bestockung mit Wild, das sich als Fleischlieferant großer Beliebtheit erfreut (Kudu, Springbock, Oryx u.a.). Natürlich sind auch die Preise für den „Rohstoff Vieh" Schwankungen unterworfen. Als z.B. eine Dürre in den 1980er Jahren die südafrikanischen Farmer zu Notschlachtungen zwang, blieben die Namibier auf ihrem Rindfleisch sitzen, und als die Protestaktionen der Tierschützer gegen das Tragen von Pelzmänteln den Absatz von Karakulfellchen (Persianer) reduzierten, trieb der Preisverfall viele Karakul-Farmer auf Arbeitssuche in die Städte.
Auch die **Fischerei** leistet dank erheblicher Fischvorkommen vor der Küste einen wichtigen Anteil zur Wirtschaft. Ihre tatsächlichen

*Fischereiflotte in der Lüderitzbucht*

Kapazitäten hinken allerdings wegen der Überfischung des Meeres vor Namibia durch internationale Fangflotten weit hinter dem möglichen Ertrag hinterher. Der Benguela-Strom vor Namibias Küste sorgt nicht nur für das typisch nebelige Atlantikklima, er führt auch von Fischen geschätzte Nährstoffe mit, Plankton. Bis zur Unabhängigkeit 1990 zogen nicht nur die Fangschiffe Südafrikas berstend volle Netze an Bord, sondern auch die vieler anderer Nationen, allen voran Spanier, Portugiesen und Japaner. Die Folgen dieser systematischen Überfischung sind noch heute zu spüren, doch hat sich die Situation schon merklich gebessert, insbesondere durch die Ausweitung der Schutzzone auf 200 Meilen. Zentrum der Fischereiwirtschaft ist *Walvis Bay.* Auch im Städtchen Lüderitz hat man versucht, mit dem Aufbau von fischverarbeitender Industrie dem kränkelnden Ort eine Zukunftsperspektive zu geben.

## Tourismus

Der Tourismus ist eine stetig wachsende Wirtschaftssparte, kann allerdings wegen des empfindlichen Gleichgewichts der Natur nie zum Massentourismus werden und wird deshalb auch stets nur sehr eingeschränkt zur Wirtschaftsleistung beitragen. Die Tourismusbetriebe – Hotels, Farmen und Lodges – sind fast ausschließlich in weißer Hand. Die schwarze Bevölkerung profitiert durch die wachsende Zahl von Arbeitsplätzen. Einen lobenswerten Ansatz verfolgen die Projekte des Community Based Tourism: lokale Gemeinden werden ermuntert, touristische Strukturen wie Zeltplätze oder Museumsdörfer aufzubauen und so direkt von

*Tourismus schafft Arbeitsplätze*

den Touristen zu profitieren. Vor allem in den kommunalen Gebieten wie Damaraland, Kaokoveld und Ovamboland, aber auch in Windhoek-Katutura, kann man solche Projekte besuchen und die Menschen unterstützen.

## Multiethnische Gesellschaft

Präsident Sam Nujoma erklärte in seiner Antrittsrede nach der namibischen Unabhängigkeit, dass die neue Ära unter dem Motto „reconciliation", Versöhnung, stehen solle. Nicht Buren, Damara oder Ovambo, sondern Namibier sollten das Land gemeinsam aufbauen, ethnische Unterschiede keine Rolle mehr spielen. Diese Vision hat sich für einen kleinen Teil der städtischen Bevölkerung, die wirtschaftliche und intellektuelle Elite, verwirklicht. Die Führungsetagen von Unternehmen, Ministerien und Hochschulen sind heute Spiegelbild einer multiethnischen Gesellschaft aller Hautfarben, wie auch die Menschen in den Straßen von Windhoek oder Swakopmund. Namibia hat heute nicht so sehr ein Problem mit ethnisch begründeten Vorurteilen, sondern mit der tiefen sozialen Kluft zwischen einigen wenigen Privilegierten und der großen, in miserablen wirtschaftlichen Verhältnissen lebenden Mehrheit. Allerdings wird von vielen moniert, dass die von Ovambo dominierte Regierung ihre Volksgruppe bevorzugt und die meisten Investitionen ins Ovamboland fließen. Völker ohne Lobby, wie die San, bekämen hingegen kaum Hilfe.

*Buntes in Katutura – mit Farbe und Pinsel wird jede Wand verschönert*

# Kultur, Literatur und Kunst

## Felsbilder

Die ältesten kulturellen Zeugnisse sind an Felswänden, unter Überhängen und in Höhlen erhalten. Tierdarstellungen, abstrakte Symbole und Menschenabbilder wurden von den Urbewohnern, wahrscheinlich den Vorfahren der San, eingeritzt oder mit Farbe aufgetragen. Die zwischen 5000 und 25.000 Jahre alten Felsbilder zeigen große Wildherden, mit Pfeil, Bogen und Lanze bewaffnete Jäger und Tanzrituale. Die berühmtesten Fundstellen sind der Brandberg mit der „White Lady" (▸ s.S. 202), Twyfelfontein (▸ s.S. 196) sowie das Erongo-Gebirge („Weißer Elefant", ▸ s.S. 206). Neben diesen archaischen Felsbildern gibt es auch Gravuren jüngeren Datums, die wegen der Motive, wie z.B. der Bekleidung der Figuren, eindeutig den San zuzuschreiben sind und als „Buschmannzeichnungen" bezeichnet werden. Solche Felsgravuren finden sich vielerorts auf dem Gelände von Farmen und Lodges. Erstaunlich ist allerdings, dass die San selbst behaupten, die Felsbilder stammten keinesfalls von ihnen sondern von mythischen Gestalten.

*Felsbilder bei Twyfelfontein*

## Traditionelle Kunst und Handwerk

**Holzschnitzkunst**

Skulpturen und Möbel, die auf den großen Holzmärkten von Okahandja, Windhoek oder Swakopmund verkauft werden, sind keineswegs typisch für das Kunsthandwerk ganz Namibias. Die hier arbeitenden Schnitzer stammen fast alle aus der Kavango- und Caprivi-Region und aus Zimbabwe, wo es eine reiche Tradition in der **Holzschnitzkunst** gibt. Auch Flecht- und Töpferwaren werden dort sowie im Ovamboland hergestellt. Die meisten modernen Holzschnitzarbeiten sind von eher schlichter Qualität, was ihren dekorativen Charakter aber nicht schmälert. Wertvolle alte Stücke, wie z.B. einen Häuptlingsstab oder rituelle Skulpturen, wird man in der Region selbst kaum noch finden. Händler haben das meiste aufgekauft und bieten diese Schätze nun in den einschlägigen Geschäften wie „Bushman Art" in Windhoek an.

**Perlenschmuck**

**Perlenstickereien** und -schmuck sind typisch für das Kunsthandwerk der San. Ursprünglich verwendete man winzige Scheibchen von Straußeneierschalen, heute arbeiten die Frauen gerne auch mit dekorativen, bunten Plastikperlen und schmücken damit die traditionellen Tabaksbeutel aus Leder oder die Stirnbänder für die Männer. Für Touristen stellen sie Mobiles aus Naturmaterialien her, in denen Zähne von Warzenschweinen, Stacheln des

*Kunsthandwerk lockt die Touristen an*

Stachelschweins, Federn, Wurzeln und aus Stoff genähte Tiere hübsch kombiniert werden. Leder, Flechtbänder und Ringe bzw. Perlen aus Messing sind die wichtigsten Werkstoffe der Himba. Sie stellen daraus Halsketten, Vorratsbeutel, Arm- und Fußreifen her. Ein wichtiges Schmuckstück mit großer ritueller Bedeutung ist das Gehäuse der Ngoma-Schnecke.

**Stickerei**

Die Nama schließlich sind für ihre feinen Stickereien berühmt. Unternehmen wie „Anin" machen sich diese Kunst zunutze und schaffen zugleich Arbeitsplätze. Sie lassen Nama-Frauen ihre traditionellen, leicht modernisierten Motive auf Servietten, Tischdecken oder Handtücher sticken und verkaufen sie in Windhoeker und Swakopmunder Boutiquen.

## Karakulweberei

Aus Zentralasien stammende Persianer-Schafe wurden 1907 von der Leipziger Pelzhändlerfamilie Thorer nach Deutsch-Südwestafrika eingeführt und machten die an sich schon vermögende Familie so unverschämt reich, dass sie in Leipzig eine ganze Straße mit Villen für die Söhne und Töchter vollbaute.

In Südwest entstand über die Jahre durch weitere Züchtung eine sehr robuste, dem extremen Klima angepasste Variante des Karakulschafs. Dessen seidige Jungtier-Fellchen zeigen die gleiche Zeichnung wie die Breitschwanzfelle – die Haut der Föten, die früher, wenn auch ungleich teurer, verarbeitet wurden. Die Breitschwanzfelle waren wegen des extrem leichten Gewichtes und der kleinen und flachen Lockung hochbegehrt. Das Fell der damaligen Jungtiere hingegen – „Persianer" – galt als nicht so wertvoll. Die robuste Wolle der älteren Tiere wurde lange Zeit sogar überhaupt nicht geschätzt. Heute ist der Persianer aus Namibia wieder einer der begehrtesten Pelze auf dem Weltmarkt.

Die Nutzung der Wolle des Schafs begann erst 1952. Die Künstlerin Marianne Krafft auf Farm Ibenstein kam auf die Idee, aus Karakulwolle Teppiche zu weben und sie mit geographischen Mustern zu schmücken. Heute arbeiten in Namibia mehrere Webereien und beschäftigen rund 200 Mitarbeiter. Die meisten Teppiche zeigen Landschafts- und Tiermotive, aber es gibt auch Stücke mit abstraktem Muster oder mit Felsbildern-Szenen. Seltener findet man geknüpfte Teppiche, weil sie sehr schwer sind.

### Schmuck

Von afrikanischen Vorbildern inspiriert, haben sich mehrere Goldschmiede auf Schmuckarbeiten spezialisiert, die traditionelle Formen mit kostbaren Materialien und Steinen zu sehr eigenwilligen Kreationen vereinigen. Diesen meist sehr wuchtigen und ungemein dekorativen Schmuck können Sie in den Juwelierläden in Windhoek und Swakopmund bewundern – und im Falle eines Kaufs tief in die Tasche greifen. Diamanten sind in ihrem Herkunftsland Namibia nur unwesentlich billiger wie in Europa.

## Literatur

Ein Klassiker ist Henno Martins autobiographischer Bericht „Wenn es Krieg gibt, gehen wir in die Wüste" (Two Books), der über die Flucht und das Überleben zweier Geologen in der Namib erzählt, die so der drohenden Internierung entgehen konnten. Ebenfalls klassische Reiseliteratur ist Giselher W. Hoffmanns Kalahari-Roman „Die Erstgeborenen" (Unions Verlag). Das Thema des Herero-Aufstands hat der als Comic-Zeichner bekannte Gerhard Seyfried zu einem lesenswerten Roman mit dem Titel „Herero" (Aufbau TB) verwoben. Der Filmregisseur Uwe Timm widmet sich in „Morenga" ebenso kenntnisreich wie spannend dem Widerstand der Nama (DTV). Lucia Engombe ist „Kind Nr. 95" (Ullstein TB), also eines der in die DDR verbrachten Waisenkinder, die nach der Unabhängigkeit zurückkehren und in Namibia heimisch werden müssen. Die Geologin Nicole Grünert beschreibt in ihrem Sachbuch „Namibias faszinierende Geologie" jene so anschaulich, dass ihr Werk unbedingt ins Reisegepäck gehört (Verlag Klaus Hess).

# Malerei und bildende Kunst

Landschaftsmalerei ist das vorherrschende Thema in der weißen Kunstszene, inzwischen ergänzt durch Landschaftsfotografie, die sich zu einer eigenen Kunstform entwickelte und in Namibia natürlich unendlich viele Motive findet. Adolf Jentsch, Joachim Voigts und Fritz Krampe sind die prominentesten Maler, und unter den Fotografen hat sich vor allem Amy Schoemann einen Namen gemacht.

Schwarze Künstler finden erstmals in den 1970er Jahren Beachtung. *John Ndevasia Muafangejo* (1943–1987) wurde mit seinen graphischen Arbeiten über Namibias Grenzen hinaus berühmt. In dem nach ihm benannten Kunstzentrum in Windhoek-Katutura, an der Kunstschule in Rehoboth und bei vielen regionalen Workshops werden junge Künstler gefördert und deren Werke an der National Art Gallery in Windhoek sowie in den vielen privaten Galerien ausgestellt. Große Talente sind z.B. *Shya Karuseb* mit ihren holzschnittartigen Schwarz-Weiß-Figuren sowie *Fillemon Amalovu*, dessen Bilder vor Kraft und Bewegung strotzen. Eine Sonderrolle kommt der deutschstämmigen Bildhauerin *Dörte Berner* zu, die mit eigenwilligen Tier- und Menschenplastiken einen ganz besonderen künstlerischen Stil entwickelt hat, der europäische wie afrikanische Einflüsse erkennen lässt. Ihr wohl bekanntestes Werk ist der Bronzebrunnen in der Hepworth Arcade, der von den in Namibia so beliebten Perlhühnern (Guinea fowls) gekrönt wird. Ihr Atelier auf der Farm Peperkorell (▸ s.S. 280) kann man besuchen.

*„Lonley Man"*
*von John N. Muafangejo*

## Musik

Als besonders musikalisch gilt das Volk der Nama, deren wichtigstes traditionelles Instrument, die Rohrflöte, manchmal von Gesang begleitet wird. Trommeln und andere Perkussionsinstrumente spielen in den musikalischen Traditionen der nordnamibischen Völker wie der Ovambo und Kavango eine große Rolle. Die San wiederum pflegen die Kunst polyphoner, vom Klatschen akzentuierter Gesänge. *Kwela* (lit. „jump up") ist sozusagen die moderne Variante traditioneller Flötenmusik, ein Musikstil aus afrikanischen Rhythmen und amerikanischem Swing, nur wird er nicht mit der Rohrflöte, sondern mit metallenen *penny whistles* gespielt. Als Pennywhistle-Jive (gelegentlich auch von einer Mundharmonika begleitet), avancierte diese Musik in den 1960er Jahren zur beliebtesten Musikrichtung im ganzen südlichen Afrika. Beim Kwela-Jazz ersetzt das Saxophon die Penny whistle. Jonny Clegg, der aus Südafrika stammende weiße Star des Kwela-Jazz, ist auch in Namibia sehr beliebt.

*Afrikanisches „Fingerklavier"*

Unter den modernen Musikern Namibias ist *Jackson Kaujeua* ein Star. Seinen politischen Protestsongs, die er meist mit Gitarrenbegleitung vorträgt, verdankt er den Beinamen „namibischer Bob Dylan". Natürlich sind auch andere Stilrichtungen zu hören: So gibt es viele populäre Bands, die „Zaire-Style", also von spanischen und zentralafrikanischen Rhythmen beeinflusste Tanzmusik, spielen. Und auch der Rap hat Namibia erobert: Superstar *Shikoloko* dichtet in OshiVambo, der Sprache der Ovambo, und wird frenetisch gefeiert. Der 1983 geborene Deutsch-Namibier Eric „Ees" Sell ist mit seiner „NAM Flava Music" – namibisch beeinflusste Musik – im ganzen südlichen Afrika bekannt geworden und war 2010 bei den African Music Awards als bester Künstler des südlichen Afrika nominiert. Sein Musikstil verbindet Einflüsse von Hip-Hop, Reggae, Afri-Pop und Kwaito.

# Gastronomie

Kulinarische Raffinesse erlebt man als Reisender in Namibia nur selten. Die Küche ist bodenständig und wird von der Hauptnahrungsquelle Fleisch dominiert. Gemüse und Salate als Beilagen oder gar eigenständiger Gang sind Errungenschaften jüngerer Zeit. Trotz der „Fleischlastigkeit" ist das Essen nicht eintönig, denn Steaks und Braten schmecken unübertroffen aromatisch, stammen sie doch fast ausschließlich vom Wild. Oryx, Kudu und Springbock sowie Strauß, gelegentlich auch Gnu und seltener Rind, bilden die Basis der namibischen Küche. Das Fleisch wird gebraten oder zu Gulasch oder Rouladen verarbeitet. Gulasch und Eintöpfe werden häufig noch im *potje* gegart, einem gusseisernen Topf mit fest schließendem Deckel und drei Beinchen, mit denen er direkt in die Glut gestellt werden kann.

**Grillen**

Das Grillen, *braai,* ist eine nationale Leidenschaft. Kein Zeltplatz, Bungalow oder Apartment ohne privaten Grill, kein Laden, in dem nicht auch Grillholz verkauft wird. So wird der Gast auf Gästefarmen oft mit Gegrilltem verwöhnt. Auf dem Rost liegen nicht nur Steaks, sondern auch *Boerewors,* eine zur Spirale aufgerollte derbe Bratwurst. Bunter Salat aus dem Küchengarten und saisonale Gemüse wie Erbsen, Möhren oder Kartoffeln begleiten das Hauptgericht. Lecker schmeckt Kürbis, den die namibischen Köchinnen zu vielerlei Gerichten komponieren.

*Noch sind die Gäste unterwegs auf Safari – Okahirongo Elephant Lodge und River Camp*

**Fisch**

An der Küste spielt natürlich Fisch die Hauptrolle. Kabeljau, Brassen, Makrelen, Langusten, Hummer, gelegentlich sogar Hai, kommen in den Restaurants von Lüderitz, Walvis Bay und Swakopmund fangfrisch auf den Tisch. Hier sollte man unbedingt auch einmal Austern probieren.

Ausgefallenere Genüsse gibt es in einigen exklusiven Gourmetrestaurants, die traditionelle Speisen aus dem Kavango oder dem Buschmannland abwandeln und zeitgemäß präsentieren: Frittierte Mopanewürmer beispielsweise, oder Krokodil. Wem all dies zu exotisch ist, der kann in Namibia auch Wiener Schnitzel oder Sauerkraut mit Würsten und Kassler bekommen.

**Wasser und Wein**

Den Durst löscht nach deutschem Reinheitsgebot gebrautes *Windhoek Lager* oder *Tafel Lager.* Tafelwasser und Fruchtsäfte sind überall zu bekommen. Auch hervorragende, aus Südafrika stammende Weine, werden angeboten. Bei den Roten sind die Hauptsorten *Cabernet Sauvignon, Shiraz, Merlot* und *Pinot Noir.* Eine Spezialität des südlichen Afrika ist die *Pinotage-Traube,* eine Kreuzung aus Pinot Noir und Sinsault. Beliebte Weißweinsorte ist *Sauvignon Blanc.* Seit einigen Jahren sind aber auch Weine aus Namibia in den Kellern zu finden, wenn auch die Menge der jährlich abgefüllten Flaschen nur nach ein paar Tausend zählt. Die *Kristall Kellerei* bei Omaruru war der erste Weinproduzent, ihm folgte die *Neuras Winery* im Süden des Landes und als Dritter im Bunde stellt die Thonningi-Kellerei bei Otavi Wein aus der Shiraz-Traube her.

# REISETEIL
## Unterwegs in Namibia

# Windhoek

Mit dem Image einer Metropole tut sich Windhoek ein bisschen schwer. Die 350.000-Einwohner-Stadt auf 1700 Meter Höhe ist zwar außerordentlich hübsch und grün, aber doch provinziell. Ein paar Hochhäuser und Shopping Malls im Zentrum, dazwischen deutsch-koloniales Fachwerk, in den Außenbezirken viele Einfamilienhäuser in üppigen Gärten hinter hohen Gitterzäunen verborgen, einige kleine Industriegebiete, und rundherum die Gipfel des Khomas-Hochlandes und der Auas-Berge – so präsentiert sich die Hauptstadt Namibias. Die Stadtteile, in denen die meisten Farbigen und damit die Mehrheit der Hauptstädter leben, *Katutura* und *Khomasdal,* bekommen Reisende normalerweise nicht zu Gesicht. Tagsüber ist Windhoeks Zentrum geschäftig und belebt; doch wenn zwischen 17 und 18 Uhr die Geschäfte schließen, ist es bald still und menschenleer. Zu Fuß sind nur wenige Nachtschwärmer unterwegs; wer ausgeht, fährt mit dem Auto oder leistet sich ein Taxi.

## An windigem Ort

**Geschichte**

Gegründet wurde Windhoek 1840 von dem Nama-Führer *Jonker Afrikaaner,* der die Siedlung *Winterhoek* nannte. Der Ort mit seinen warmen Quellen war zuvor bereits ein beliebter Lagerplatz für die Nama und Herero und deshalb ein Ort, der zahlreiche Auseinandersetzungen zwischen den Volksgruppen sah. 1890 übernahmen die Kolonialtruppen die Quellen, und Kommandant **Curt von François** ließ den Grundstein für eine Festung, die jetzige Alte Feste, legen. Der heutige Name Windhoek bedeutet „windige Ecke" – eine etwas erstaunliche Bezeichnung, wenn man bedenkt, dass Windhoeks Mulde zwischen den Bergen ziemlich windgeschützt ist. Unter deutscher Kolonialherrschaft

*Curt v. François*

war Windhoek politischer wie strategischer Mittelpunkt und von allen Teilen der Kolonie gut zu erreichen. Auf dem *Ausspannplatz* parkten die Farmer ihre Ochsenwagen, um sich dann im „Tintenpalast" durch die Mühlen wilhelminischer Bürokratie zu quälen und anschließend in der „Krone" zu speisen. Nach den Diamantenfunden bei Lüderitzbucht 1908 erlebte die Kolonie einen Aufschwung und damit natürlich auch die Hauptstadt: Viel Neues wurde gebaut, so der Bahnhof, die Turnhalle und die Christuskirche. Einen zweiten Entwicklungsschub erhielt Windhoek Ende der 1950er Jahre mit den Apartheidgesetzen. Für die bislang im Stadtteil *Old Location* lebenden Menschen wurden die Townships *Khomasdal* (Farbige) und *Katutura* (Schwarze) aus dem Boden gestampft. In Windhoek selbst durften nur Weiße wohnen. Seit der Unabhängigkeit wurden zahlreiche neue Bauprojekte vollendet, so die postmoderne **Post Street Mall,** das Shopping-Center **Maerua Park** und der überaus umstrittene Prestigebau des Präsidentenpalastes (bei Auasblick), letzterer geschmackvoll mit Plastikkrönchen eingefriedet. Auch der Museumsneubau bei der Alten Feste in Windhoek empfindet nicht jeder als eine Glanzleistung an die Gegebenheiten angepasster Architektur.

## Stadtrundgang

Der Hochhausklotz des *Kalahari Sands Hotels* diagonal gegenüber dem kleinen Zoo-Park an der Ecke Independence Avenue/Fidel Castro Street ist Ausgangspunkt für die Besichtigung der Innenstadt. Auf der Castro Street am Zoo-Park erreicht man nach kurzem, steilem Anstieg Windhoeks markantestes Kolonialensemble an der Robert Mugabe Avenue: *Christuskirche, Alte Feste* und *Tintenpalast*. Ihm ist allerdings der Neubau des Independence Museum ein gewaltiger Kontrapunkt.

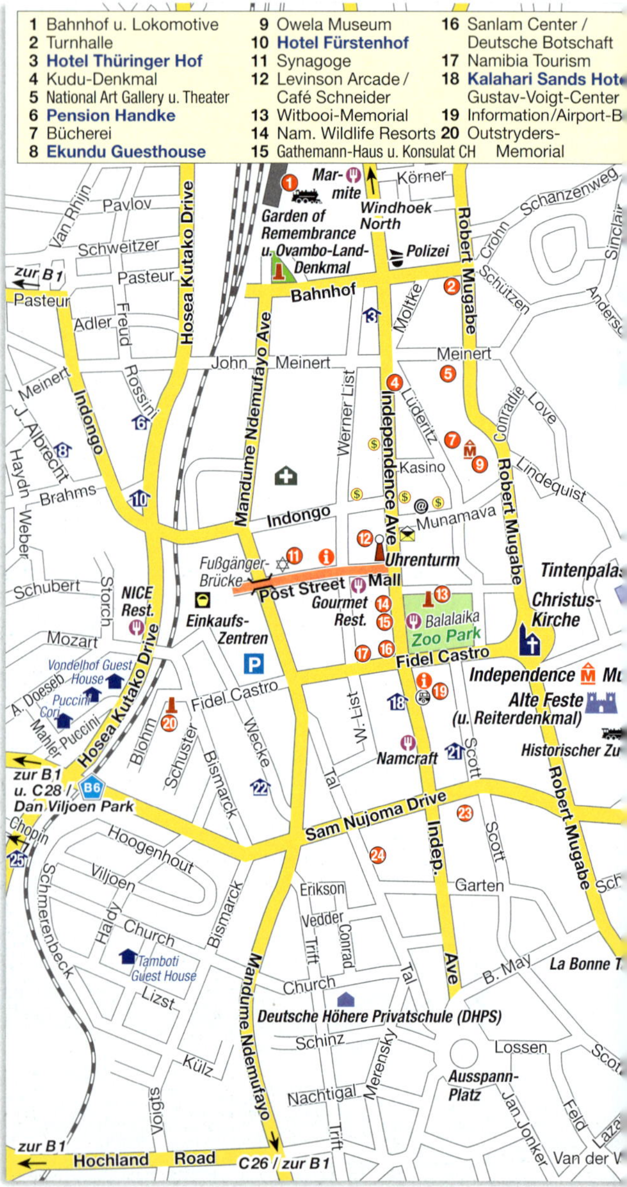
1 Bahnhof u. Lokomotive
2 Turnhalle
3 Hotel Thüringer Hof
4 Kudu-Denkmal
5 National Art Gallery u. Theater
6 Pension Handke
7 Bücherei
8 Ekundu Guesthouse
9 Owela Museum
10 Hotel Fürstenhof
11 Synagoge
12 Levinson Arcade / Café Schneider
13 Witbooi-Memorial
14 Nam. Wildlife Resorts
15 Gathemann-Haus u. Konsulat CH
16 Sanlam Center / Deutsche Botschaft
17 Namibia Tourism
19 Information/Airport-B
20 Outstryders-Memorial
Mar-mite
Körner
Windhoek North
Garden of Remembrance u. Ovambo-Land-Denkmal
Polizei
Pavlov
Van Rhijn
Schweitzer
Pasteur
zur B 1
Bahnhof
Hosea Kutako Drive
Robert Mugabe
Schanzenweg
Crohn
Schützen
Sinclair
Adler
Freud
Moltke
Mandume Ndemufayo Ave
John
Meinert
Rossini
Indongo
J. Albrecht
Haydn
Werner List
Independence Ave
Lüderitz
Conradie
Love
Kasino
Lindequist
Brahms
Weber
Munamava
Uhrenturm
Fußgänger-Brücke
Post Street Mall
Schubert
Storch
NICE Rest.
Einkaufs-Zentren
Gourmet Rest.
Balalaika
Zoo Park
Tintenpalast
Christus-Kirche
Mozart
Vondelhof Guest House
Puccini Cori
A. Doeseb
Mahler
Puccini
Fidel Castro
Independence
Alte Feste (u. Reiterdenkmal)
Historischer Zu
Blohm
Schuster
Wecke
Bismarck
W.-List
Tal
Namcraft
Scott
zur B 1 u. C 28 / Dan Viljoen Park
B6
Sam Nujoma Drive
Chopin
Hoogenhout
Viljoen
Schmerenbeck
Haldy
Church
Indep.
Garten
Erikson
Vedder
Trift
Conrad
Tambotí Guest House
Lizst
Ave
B. May
La Bonne T
Deutsche Höhere Privatschule (DHPS)
Schinz
Merensky
Lossen
Külz
Ausspann-Platz
Nachtigal
Voigts
Jan Jonker
Feld
Lazarett
Van der W
zur B 1
Hochland Road
C 26 / zur B 1

## Orientierung und Wohngebiete

Windhoeks Zentrum breitet sich entlang der **Independence Avenue** aus, die die Stadt von Nord nach Süd durchquert. Östlich der Independence Avenue säumen Hügelketten das Stadtzentrum, auf denen die exponierten Kolonialbauten *Alte Feste, Christuskirche, Tintenpalast* sowie die *Heinitz-, Sander- und Schwerinsburg* liegen. Weiter östlich erstreckt sich **Klein Windhoek,** eines der exklusivsten Wohnviertel der Stadt. Im Westen grenzt *Hochlandpark* an das Zentrum, heute ein gemischtes Industrie- und Wohngebiet, früher als *Old Location* Wohnsiedlung der Farbigen und Schwarzen. **Khomasdal** und **Katutura** liegen nordwestlich der Stadt, und noch weiter nach Norden, am Goreangab Damm, leben Flüchtlinge aus den Nachbarländern und Landflüchtige aus dem Norden Namibias in einer Elendssiedlung – auf Afrikaans *Blikkiesdorp* (Blechdorf), offiziell *Democratic Resettlement Community* (DRC) und von seinen Bewohnern sarkastisch „Democratic Republic of Congo“ genannt. Ein Besuch von Katutura gehört unbedingt zum Windhoek-Programm, sollte aber nur im Rahmen einer geführten Besichtigung stattfinden.

*Christuskirche*

**Christuskirche**

Der Architekt *Gottlied Redecker,* der in Namibia die meisten kolonialen Repräsentativbauten entwarf, errichtete die **Christuskirche** in neugotischem Stil. Zeitgleich mit ihren Schwesternkirchen in zwei weiteren deutschen Kolonien (Daressalam, Tsingtau) wurde sie 1910 gesegnet. Die Kirche ist zu Gottesdienstzeiten geöffnet, außerhalb dieser ist der Schlüssel bei der Evangelischen Gemeinde gleich unterhalb der Kirche (Fidel Castro Street, Haus Nr. 12, nur vormittags) gegen Pfandhinterlegung auszuleihen.

**Südwester Reiter**

Neben der Alten Feste beherrschte bis Ende 2013 ein martialisches Symbol der Kolonialherrschaft die akkurat gestutzte Rasenfläche: Der **Südwester Reiter** wurde am 27. Januar 1912 im Gedenken an die zwischen 1903 und 1907 in der Kolonie gefallenen Deutschen errichtet. Seit der Unabhängigkeit Namibias gab es Diskussionen darüber, was mit diesem Monument anzustellen sei. Eine Initiative sammelte Spenden, um daneben einen Gedenkstein für alle Opfer aller Kriege – also auch des Unabhängigkeitskampfes – zu errichten. Das Projekt wurde anfänglich von der Regierung unterstützt, 2004 aber die Genehmigung dann plötzlich verweigert. Dann musste der Reiter erst einmal dem Neubau des Unabhängigkeitsmuseums weichen und fand seinen Standort vor der Alten Feste – am 23. Dezember 2013 schließlich riss man ihm vom Sockel, schleifte diesen und brachte die Bronzefigur in den Innenhof der Alten Feste.

**Alte Feste**

Im Umgang mit der **Alten Feste,** dem ersten durch *Curt von François* in Auftrag gegebenen Fort, tut sich das unabhängige Namibia etwas leichter (vielleicht weil die Festung nie umkämpft war). Das im Fort eingerichtete **Museum** beleuchtet den Alltag der Siedler und Farmer, erläutert Namibias von der UN kontrollierten Übergang zur Unabhängigkeit.

Bei Drucklegung bis auf weiteres wegen Renovierung geschlossen.

Zahlreiche Exponate des zinnenbekrönten und mit vier Ecktürmen bewehrten Baus sind in das neue **Unabhängigkeitsmuseum** verbracht worden, das im März 2014 nach mehrjähriger

*Der Südwester Reiter auf seinem alten Sockel*

**Unabhängigkeitsmuseum** Bauzeit und mit vierjähriger Verspätung eröffnet wurde – ein zwischen drei Säulen gehängter Zylinder. Da das Museum die Meinung und das Geschichtsverständnis der in der Kolonialzeit kujonierten schwarzen Bevölkerung spiegelt, blieben die Anwürfe seitens der Weißen nicht aus. Die Kolonialgeschichte und die Ereignisse seien verdreht oder verkürzt dargestellt, zahlreiche inhaltliche Fehler vorhanden. Jeder Besucher sollte sich selbst ein Bild davon machen (tgl. 9–17 Uhr).

**Tintenpalast** Nordöstlich von Museum, Feste und Kirche beherrscht die durch Säulen gegliederte, weiße Fassade des Tintenpalastes eine hübsche Parkanlage. Gottlieb Redecker war auch hier Baumeister und führte mit dem 1913 fertiggestellten **Verwaltungsgebäude** ein neues Architekturelement ein, das typisch werden sollte für Südwestafrika: den Verandastil. Um die Zimmer bzw. in diesem Fall die Beamtenstuben und deren Köpfe kühl zu halten, errichtete man rund um den Zentralbau eine tiefe, von Säulen getragene Veranda. Die Mauern waren dadurch vor direkter Sonneneinstrahlung geschützt und konnten sich nicht aufheizen. Wo früher Beamte mit Verordnungen den Farmern das Leben schwer machten, beschließt heute das namibische Parlament Gesetze.

**Owela Museum und National Art Gallery** Die Robert Mugabe Avenue nach Norden und die John Meinert Street ein Stück bergab liegt linker Hand das **Owela Museum** (Mo–Fr 9–18 Uhr, Sa/So 10–12.30 u. 15–17 Uhr). Die verschiedenen namibischen Völker werden darin vorgestellt, ebenso die Geologie und die Tierwelt des Landes. Gleich neben-

*Das Unabhängigkeitsmuseum mit Alter Feste und Südwester Reiter im Hintergrund*

an kann man sich in der **National Art Gallery** (Di–Fr 8–17 Uhr, www.nagn.org.na) einen Überblick über das moderne Kunstschaffen machen. Anfang 2005 hat der bekannte namibische Künstler John Madisia die Leitung des Museums übernommen. Der „Gallery Shop" verkauft Kunsthandwerk, Drucke und Musik auf CDs.

## Architektur der Kolonialzeit

Neugotische Schlösschen auf Windhoeker Hügeln, Jugendstilvillen auf schwarzem Fels in Lüderitzbucht, zinnenbekrönte Forts als Rastlager oder Museen – deutsche Architekten verpflanzten in die afrikanische Kolonie heimatliche Baustile und hinterließen so ein reiches, in der afrikanischen Landschaft teils erhaben, teils bizarr wirkendes Erbe. Neben allen dekorativen Vorstellungen und Bedürfnissen der Bauherren bestimmten bei den Bauten der Kolonialzeit aber auch landestypische und klimatische Gegebenheiten Konstruktion und Struktur. Die Fertighäuser, die man in den Anfangsjahren von Deutsch-Südwestafrika im Versand aus heimatlichen Katalogen bestellen konnte, erwiesen sich als völlig ungeeignet. Sie isolierten schlecht und hielten den Angriffen gefräßiger Termiten nicht lange stand. Besondere Fundamente aus Bruchstein sorgten später dafür, dass die Bauten nicht Opfer der Insekten wurden. Schließlich entwikkelten die Baumeister sogar einen besonders widerstandsfähigen Kunstsandstein, mit dessen Hilfe man sogar mehrstöckig bauen und das Innere dennoch angenehm kühl halten konnte.

Als wirksamster Schutz vor der heißen Sonnenstrahlung wurde der verandaähnliche Vorbau erdacht, dessen Schatten die Mauern und der daran vorbeistreichende Wind auch die Räume kühlten. An älteren Farmhäusern kann man diese Verandakonstruktion auch heute noch sehen und ihren Schatten genießen. Weitere Methoden waren die Ost-West-Ausrichtung der Gebäudelängsachse, um der Sonneneinstrahlung möglichst wenig Fläche zu bieten sowie die Hinterlüftung der Dächer.

Als charakteristische Merkmale erhielten die Festungsanlagen, in denen Soldaten kaserniert waren und die im Angriffsfall Zivilpersonen schützen sollten, Zinnen und Wehrtürme. Typische Beispiele sind die Alte Feste in Windhoek und Fort Namutoni am Ostrand der Etosha-Pfanne. In vielen Siedlungen baute man auch Wach- und Wehrtürme (Omaruru, Otjimbingwe), in denen Munition und Lebensmittel gebunkert wurden und die Zuflucht bei Angriffen boten. Namibias prägender Architekt war der in Südwest geborene *Gottlieb Redecker*, der den „südwestafrikanischen Verandenstil" zur Vollkommenheit entwickelte. Sein prachtvollster Bau ist der Windhoeker Tintenpalast von 1913, der diesen Konstruktionstypus hervorragend veranschaulicht.

**Kudu-Denkmal und Kaiserliche Landvermessung**

Nun ist wieder die Independence Avenue erreicht. Das bronzene **Kudu-Denkmal**, 1960 eingeweiht, erinnert an eine Rinderpest-Seuche 1896, die aber nicht nur Rinder, sondern auch Wild dahinraffte. Die **Kaiserliche Landvermessung** ist ein hübsches Kolonialgebäude von 1902/3, ursprünglich als Backsteinbau ausgeführt und erst später mit Putz und Farbe versehen, heute der Sitz der Zollbehörde Südliches Afrika.

**Turnhalle**

Wer sich für die jüngere Geschichte Namibias interessiert, sollte einen kurzen Abstecher zur **Turnhalle** machen, Ecke Mugabe/Bahnhof Street. Der 1909 errichtete Bau wurde weltberühmt, weil in ihm 1975 die ersten Schritte hin auf ein Ende der Apartheid unternommen wurden. Die „Turnhallen-Konferenz" vereinte die oppositionellen Kräfte mit dem Ziel, eine Verfassung auszuarbeiten. Die SWAPO nahm an der Konferenz allerdings nicht teil, ebenso wenig wie an den anschließend abgehaltenen Wahlen.

**Bahnhof**

Vorbei am Ovamboland-Denkmal, das an einen Feldzug der Südafrikaner gegen aufständische Ovambo 1916/17 erinnert, erreicht man Windhoeks 1902 in Betrieb genommenen **Bahnhof.** Das hübsche, im Jugendstil gehaltene Empfangsgebäude erhielt die Stadt allerdings erst 10 Jahre später. Davor demonstriert ein putzig wirkendes Schmalspurbähnchen, wie damals Waren und Passagiere durchs Land transportiert wurden. Eisenbahnfans sei der Besuch des Museums im 1. Stock des Bahnhofs empfohlen (Mo–Fr 8–13 u. 14–17 Uhr).

**Post Street Mall**

Zu Windhoeks hübscher und überaus lebhafter Fußgängerzone in der Post Street Mall gelangt man durch die Independence Avenue nach Süden: Die **Mall** mit ihren Verkaufsständen zwischen pastellfarbener, postmoderner Architektur und den Bruchstücken des Gibeon-Meteoriten (▶ s.S. 96), die hier einen Brunnen schmücken, bietet ein weitaus bunteres Bild als die Independence Avenue. Restaurants unter Palmen wie im „Kaiserkrone"-Komplex oder ehrwürdige Cafés wie das „Schneider" in der angrenzenden **Levinson Arcade** servieren deutsche Spezialitäten. In der Levinson Arcade steht auch der berühmte *Guinea-Fowls-Brunnen* der deutsch-namibischen Bildhauerin Dörte Berner.

**Gatherman Ensemble**

Letzte Station im Stadtzentrum sind die drei etwas verloren zwischen Hochhäusern eingeklemmten Fachwerkhäuschen an der Independence Avenue, entworfen von Wilhelm Sander und 1913 erbaut. Dieses nach dem mittleren Haus benannteВатheman-Ensemble beherbergt heute drei wichtige Windhoeker Institutionen: Die *Luisen-Apotheke,* in der Reisende stets bestens beraten werden, den Laden *Bushman Art* mit einem hervorragenden Sortiment hübscher, preiswerter, aber auch antiker und teurer Souvenirs, und das *Gathemann's,* eines der beliebtesten Restaurants.

**Heinitzburg**

Zum nachmittäglichen Kaffee und Kuchen, oder zum Sundowner, empfiehlt sich der Spaziergang den Sam Nujoma Drive hinauf zu Windhoeks „Burgberg": Wilhelm Sander erbaute hier drei Villen im Stil romantischer Burgen, die Sander-, Schwerins- und die **Heinitzburg.** Letztere ist heute ein Luxushotel mit exzellentem Restaurant und einem hübschen Garten, in dem man nicht nur kulinarisch schwelgen, sondern auch das Panorama Windhoeks vor der Kulisse des Khomas-Hochlandes genießen kann.

**National Botanical Garden**

Der National Botanical Garden (Mo–Fr 8–17 Uhr, jeden 1. Sa/Monat 8–11 Uhr) geht auf 1990 zurück, als ein Naturreservat in Stadtnähe der Universität zur Schaffung eines Botanischen Gartens übergeben wurde. Heute zeigt er schön gepflegt die ganze

Bandbreite der Pflanzenwelt Namibias. Viele Gewächse sind mit Schildern versehen (am Eingang gibt es eine Pflanzen- und eine Vogelliste) und die Wege führen u.a. an Köcher- und Flaschenbäumen vorbei. Im Desert House wachsen Pflanzen aus der Namib.

## Shopping in Windhoek

Eine der eleganten Adressen ist der Souvenir-Shopping-Komplex **NamCraft** (Independence Ave 117). In der Parsifal Street verkauft *Leather Connections* alles aus Leder.

Ein älteres und dennoch sehr vitales Zentrum für Künstler, Handwerker und die Theater- und Musikszene ist das **Namibian Craft Center** in der Old Brewery (Tal Street 48). Hier stellen vor allem kleinere Unternehmen aus. Die Fluktuation ist groß, dafür wird aber auch immer wieder Neues geboten. Sogar junge namibische Mode wird im Craft Center verkauft. Ein Besuch bei **Penduka** (Goreangab Dam, Tel. 061-257210) lässt sich gut mit einer geführten Tour durch Katutura (▶ s.S. 86) verbinden. Bei Penduka arbeiten vor allem behinderte Frauen. Sie stellen Kleidung, Flechtarbeiten, Tonwaren und viele andere farbenfrohe, hübsche Souvenirs her. Wer in Namibia – genauer in Omaruru – hergestellte **Pralinés** verkosten will, fährt nach Klein Windhoek und kann am Sam Nujoma Drive bei *Transkalahari Meat & Biltong Supplies* die handgemachten Schokoladenüberraschungen direkt aus dem Kühlschrank naschen oder mit nach Hause ins Flugzeug nehmen. Weitere gute Adressen für Africana und Souvenirs sind *Rogl Souvenirs* und *Bushman Art,* beide in der Independence Avenue.

# Service Windhoek

## Information

- **Windhoek Tourism Information Office Service,** Post Street Mall, Tel. 061-2902092, Fax 061-2902203, www.windhoekcc.org.na. Informations-Kiosk gegenüber dem Hotel Kalahari Sands.
- **Namibia Tourism,** Sanlam Centre, Fidel Castro St, Tel. 061-2906000, Fax 254848, info@namibiatourism.com.na www.namibiatourism.com.na
- **Namibia Wildlife Resorts Ltd.,** Head Office, Private Bag 13378, Windhoek, Independence Avenue, Windhoek, Tel. 061-2857200, Fax 224900, reservations@nwr.com.na, www.nwr.com.na. Geöffnet Mo–Fr 8–13 Uhr und 14–15 Uhr, nach 15 bis 17 Uhr sind nur noch Informationen erhältlich.

## Stadtführungen

**Face To Face Tours** organisiert Führungen durch **Katutura** inklusiv Besuch des Marktes; Essen in einem typischen Restaurant, abschließend evtl. ein Stopp bei Penduka (s.o.), Tel. 061-265446.

## Apotheke

**Luisen-Apotheke,** 181 Independence Ave, Tel. 061-236302. Gute Beratung, auch zu Fragen der Malariaprophylaxe.

## Unterkunft

- **Hotel Heinitzburg,** Heinitzburg St, Windhoek, Tel. 061-249597, Fax 061-249598, www.heinitzburg.com. Luxuriös logieren in einer romantischen Burg. 30 Betten, Schwimmbad, exzellentes Restaurant. Teuer.
- **Hilton Hotel,** Reverend Scott Street, Tel. 061-2962929, www.hilton.com. Zentral gelegene Standardgroßunterkunft mit allen Annehmlichkeiten eines Luxushotels. Teuer.
- **Olive Grove Guesthouse,** 20 Promenaden Rd, Windhoek, Tel. 061-239199, Fax 061-234971, www.olivegrove.com.na, DZ/F um 1400 N$. Das neue, sehr elegante Guest House besitzt geschmackvoll eingerichtete Zimmer mit großer Veranda, Pool und Jacuzzi. Teuer.
- **Hotel-Pension Onganga,** 11 Schuckmann St, Klein Windhoek, Tel. 061-241701, Fax 061-41676, www.onganga.com. Das sympathische, von Familie Heussen geführte Hotel steht im Bungalowstil an einem Hang mit Sicht über Klein Windhoek, hat ein ausgezeichnetes Restaurant und ein Schwimmbad. Am nahen Avis-Staudamm lässt sich vorzüglich

spazierengehen. Onganga schneidert auch maßgerechte Touren für individuell Reisende. Mittel.

- **Moni Hotel Pension,** 7 Rieks van der Walt Street, Tel. 061-228350, www.monihotel.com, angenehme Frühstückpension mit 10 Zimmer, Schwimmbad und Parkplatz. Günstig.
- **Steiner Hotel-Pension,** Wecke Street, Tel. 061-414400, Fax 224234, http://hotelpensionsteiner.com. Relativ zentral gelegene Frühstückspension mit 16 Zimmer, Schwimmbad und Parkplatz. Mittel.

## Unterhaltung

- **Kiepies,** 52 Marconi St, Southern Industrial Area, Tel. 061-256957. Buren unter sich bei Billard, Bier und beautiful babes („white, for sure"). Geöffnet Mo–Sa, eigentlich immer drangvolle Enge.
- **Joe's Beer House,** 160 Nelson Mandela Ave, Tel. 061-232457. Biergarten mit Restaurant, am Wochenende Disco, teilweise Livemusik, vornehmlich deutsch. Mo–Do 17–24 Uhr, Fr–So 11 bis open end.
- **Chez 'N' Temba VIP,** Mandume Ndemufayo Avenue, Tel. 085-6025452. Angesagter Club mit vornehmlich schwarzem und farbigem, aber auch weißem Publikum und drei Publikum und drei Dance floors; viel Security und damit sicher.
- **Dylan's,** 17 Joule Street. Ab 5 Uhr gibt's das erste Bier für die Verschworenen, die Musik spielt ab etwa 21 Uhr live und die Stimmung tobt bis spät in die Nacht.

## Essen & Trinken

- **Nice,** Mozart Street Ecke Hoseo Kutako Street, Tel. 061-230616. Das Namibia Institute for Culinary Education ist der leuchtende Diamant am Gastronomiehimmel Windhoeks. Elegant und großzügig eingerichtet hat es den Platzhirschen bei Eröffnung umgehend den Rang abgelaufen. Küche Mi-So 12–14 und 18–22 Uhr, Bar 16–24 Uhr.
- **Balalaika,** Zoo Park, Independence Ave, Tel. 061-223479. Einer der schönsten Plätze zum Sitzen, Blick auf den Zoo-Park, kühle Windbrise und feine Gerichte (leider nur tagsüber), und natürlich Kuchen. Mo–Sa 8–18 Uhr.
- **Cicada Café,** Wilde End Nursery, 10 Uhland St, Klein Windhoek, Tel. 061-272632. Tages-Café mit leichten und ausgezeichneten Mahlzeiten in einer Gärtnerei; man sitzt im Freien unter Bäumen und verspeist frische Salate. Mo–Fr 8–17 Uhr, Sa 8–13 Uhr, So 9–13 Uhr.
- **O'Portuga,** 312 Sam Nujoma Ave, Tel. 061-272900. Der beliebte Portugiese sorgt für etwas Abwechslung von den namibischen Fleischtöpfen.
- **Gathemann's,** Independence Ave, Gathemann Haus, Tel. 061-223853. Fisch, Wild, Austern; Spezialitäten der

namibischen und internationalen Küche. Große Terrasse, mitten im Herzen der Stadt. Mo–So 10–14.30 und 18–23 Uhr.

- **Kaiserkrone/The Gourmet,** Post Street Mall, Tel. 061-230141. Kolonialatmosphäre rund um einen schattigen Innenhof, viel Wild, etwas Pasta und Pizza. Mo–So 8–23 Uhr. Der feine Ableger heißt *The Gourmet,* gibt sich klimatisiert und edel, bietet mit die beste Küche Windhoeks und Preise „im gehobenen Bereich".
- **Sardinia Blue Olive,** Sam Nujoma Drive/Ecke Nelson Mandela Ave, Tel. 061-225600. Preiswerter, immerwährender und auch bester Italiener Namibias. Mo–Do 9–22.30 Uhr, Fr–So 9–23.30 Uhr.
- **Am Weinberg,** 13, Jan Jonkers Rd, Klein Windhoek, Tel. 061-236050. Gourmet-Restaurant mit exzellenter Küche, wobei die Gerichte edel und übersichtlich auf dem Teller drapiert sind. Bestens sortierter Weinkeller. Montag Ruhetag.

## Die „Allgemeine Zeitung"

Die einzige deutschsprachige Tageszeitung Afrikas wurde 1916 in Windhoek gegründet. In ihrem langen Bestehen hat die „AZ" mehrmals den Namen wie auch die inhaltliche Orientierung geändert. Vom deutschnationalen „Kriegsboten" der Kaiserzeit wurde sie im Zweiten Weltkrieg zum „Deutschen Beobachter", dem Pendant zum „Völkischen" in der Heimat. Die südafrikanische Besatzungszeit konnte die Allgemeine Zeitung weiterhin mit stramm konservativer Grundhaltung überdauern, doch die Unabhängigkeit stellte die Blattmacher vor neue Aufgaben, nämlich einer multiethnischen Gesellschaft gerecht zu werden. Bis heute herrscht ein konservativer Grundton vor, doch die Themen sind vielfältiger geworden und auf prinzipiellem Herumgehacke auf der SWAPO-Regierung wird weitestgehend verzichtet. 1999 wurde mit Andreas Shiyoo der erste schwarze Redakteur eingestellt. Als einer der DDR-Namibier (▶ s.S. 61) ist er besser im Deutschen bewandert als viele deutschsprachige Namibier und deshalb prädestiniert für die Arbeit bei der AZ. Die Redaktion besteht aus 12 Redakteuren, die Auflage schwankt zwischen 5200 und 6300 Exemplaren, ab und an liegt der Zeitung eine umfangreiche Tourismusbeilage bei. Ausgewählte Themen aus Namibia präsentiert die AZ in ihrer Online-Ausgabe unter www.az.com.na.

# Windhoek – Sehenswertes in der Umgebung

**Heroe's Acre** Im Süden Windhoeks stößt man nach 10 km, direkt an der B1 linker Hand gelegen, auf den *Heroes' Acre.* Ein Obelisk und ein acht Meter hoher Unbekannter Soldat wachen über Ewige Flamme und die Gräber von 174 Freiheitskämpfern, die im Unabhängigkeitskrieg gefallen sind. Ein streng von Militär bewachtes Tor sichert die Zufahrt, nach Eintragung in ein Buch darf man zum Parkplatz fahren und schließlich die letzten Meter zu Fuß bis zu den Sitzterrassen für 5000 ab und zu die Unabhängigkeit Feiernde wandeln.

**Avis Staudamm** An Klein Windhoek schließt östlich der Avis-Damm an, am Wochenende das Ziel zahlreicher Hundebesitzer, die über zwei bis drei Stunden ihre Lieblinge und sich selbst am Ufer entlang spazieren führen. Unter der Woche ist es ruhiger, je nach Wasserstand sind Abkürzungen und je nach Kondition Verlängerungen auf die umgebenden Hügel möglich. Die Sicht ist schön, und man kann erste Bekanntschaft mit der Fauna Namibias machen. Auch Vogelbeobachter kommen auf ihre Kosten: Pelikane und Kormorane, Flamingos, Blaureiher und Fischadler geben sich ein Stelldichein. Ab und zu sichtet man Kudus, Stachelschweine, Springböcke und natürlich Paviane. Gespeist wird der Stausee vom Michaelis Rivier, das auf der Farm Hoffnung 30 km östlich entspringt. Der Ablauf heißt Klein Windhoek Rivier.

**Daan Viljoen Wildpark** 25 km westlich von Windhoek, an der C28 in Richtung Bosua-Pass, liegt eines der beliebtesten Wochenend-Ausflugsziele der Hauptstädter. Spazierwege und eine 6,5 km lange Pkw-Rundtour führen durch das 40 km$^2$ große hügelige Areal mit mehreren Stauseen, die vor allem Vögel anziehen. Daneben können Hartmannsche Bergzebras, Gnus, Oryx und Kudus gesichtet werden. Die Unterkünfte sind privatisiert und modernisiert bzw. neu gebaut und werden über Sun Karros gebucht (Tel. 061-232393, http://sunkarros.com, Restaurant, Chalet teuer).

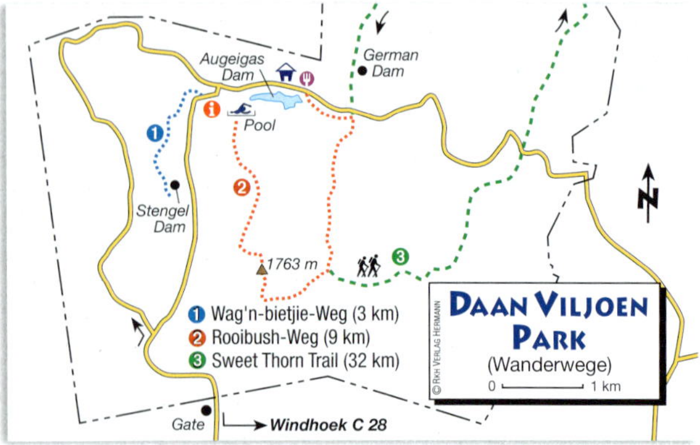


Wag'n-bietjie-Wanderweg

Der **Wag'n-bietjie-Wanderweg** („Wart'-ein-bisschen" – ein Busch, der den Wanderer nicht mehr so schnell aus seinen mit Widerhaken bewehrten Ästen entlässt) führt 1,5 km an einem baum- und buschbestandenen Flussbett entlang zu einem Aussichtspunkt über dem Stengeldamm. Wenn der Stausee gefüllt ist, tummeln sich Hammerköpfe, Stelzenläufer und Zwergtaucher an seinen Ufern. Manchmal kommt auch Wild zur Tränke. Zurück dann auf gleichem Weg.

Rooibos-Wanderweg

Der anspruchsvollere **Rooibos-Wanderweg** über 9 km dauert etwa 2,5 Stunden und führt über eine hügelige Hochebene zum Aussichtspunkt in 1763 m Höhe, von wo man über das Khomas-Hochland bis nach Windhoek sehen kann. Auf dem Rückweg folgt er dem Lauf des Choub-Rivier.

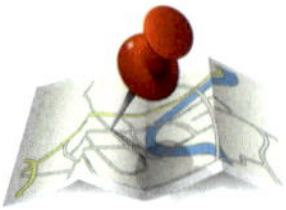

Bitte schreiben oder mailen Sie (verlag@rkh-reisefuehrer.de), wenn sich in Namibia Dinge verändert haben oder Sie Neues wissen. Wir beantworten jede Zuschrift. Danke!

1

# Route 1: Höhepunkte in Namibias Süden

Zwei Wüsten, die Namib und die Kalahari, prägen die Landschaften Südnamibias. Spektakulär sind auch Naukluft-Gebirge, die hier im Süden schroffe Abbruchkante des Great Escarpement und die tiefe Schlucht des Fish River. Spuren der deutschen Kolonialzeit findet man in ländlichen Siedlungen wie Maltahöhe ebenso wie in den Küstenstädten Lüderitz und Swakopmund.

Nachfolgende Rundfahrt berührt alle landschaftlichen und kulturellen Höhepunkte im südlichen Namibia. Für die beschriebene Strecke sollte man mindestens 10, besser 14 Tage einplanen. Durch Auslassen der Abstecher (in Klammern) und den südlichen Teil bis Keetmanshoop, Lüderitz und zum Fish River Canyon ist die Tour auch in einer Woche zu bewältigen.



**Routenführung**

Windhoek → Rehoboth → Mariental (Abstecher Kalahari) → Tses (Abstecher Brukkaros-Krater) → Keetmanshoop → (Abstecher Fish River Canyon) → Seeheim → Goageb → Lüderitz → Goageb → Helmeringhausen (Abstecher Duwisib) → Maltahöhe → Naukluft-Gebirge → Sesriem und Sossusvlei → Kuiseb Canyon → Walvis Bay → Swakopmund → Bosua-Pass → Windhoek

## Genehmigungspflichtige Strecken/ Camp-Reservierung

Genehmigungen bzw. Reservierungen der **Namibia Wildlife Resorts NWR** in Windhoek und Swakopmund bzw. des **MET** (Ministry of Environment and Tourism) in Swakopmund oder Walvis Bay sind für folgende Strecke/Unterkunft erforderlich:

- Camps der Wildlife Resorts in Hardap Dam, Ai-Ais, Hobas, Haifischinsel/Lüderitz, Sesriem, Naukluft (NWR).
- Abzweigung von der C14 in der Namib in die Gegend der Wüstenforschungsstation Gobabeb, die selbst nicht zu besuchen ist (MET).
- Abzweigungen von der C28, z.B. Welwitschia Drive, zur Blutkuppe, Groot Tinkas (MET).
- Namib-Zeltplätze, so z.B. Kuiseb Canyon, Homeb, Kriess se Rus, Vogelfederberg etc. (MET).

Die B1 verlässt Windhoek nach Süden und führt durch gebirgige Landschaft, fast unmerklich auf 1400 m Höhe bergab. Nach rund 80 km passiert sie Rehoboth.

## Rehoboth

Pauluskirche in Rehoboth

Die staubige Atmosphäre einer verlassenen Westernstadt liegt über dem 1844 als Missionsstation gegründeten Rehoboth. 1870 besiedelten die Baster den Ort. Die Volksgruppe führt ihre Abstammung auf weiße Väter und Nama-Mütter zurück, ist streng protestantisch und betreibt Viehzucht und etwas Landwirtschaft. Die Geschichte der Baster und deren führender Familien (deren Ursprung auf legale Verbindungen ihrer Urahnen zurückgehen), dokumentiert ein kleines **Museum** (Mo–Fr 9–12 u. 14–16 Uhr, Sa 9–12 Uhr).

**TIPP**

Wer mehr vom Alltag der Baster mitbekommen möchte, kann in dem von ihnen betriebenen Rastlager *Garies Restcamp* unterkommen (www.gariesrestcamp.com, s.u. „Service Naukluft/Unterkunft").

Die zweite Attraktion von Rehoboth ist sein Thermalbad *Rehoboth Spa* (derzeit geschlossen; es wurde 2008 an private Investoren verpachtet, wegen Insolvenz ist es ohne Renovierung 2012 an den Staat zurückgefallen und weiteres Vorgehen ist seitdem noch nicht beschlossen worden).

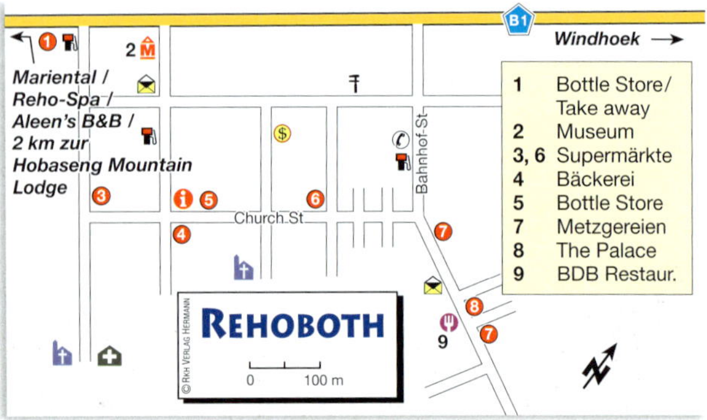

13 km hinter Rehoboth passiert man den südlichen Wendekreis bzw. Wendekreis des Steinbocks. Je näher man Kalkrand kommt, desto zahlreicher werden die Verkaufsstände an der Straße, an denen Nama Springbockfellchen und daraus gefertigte Taschen und Teppiche anbieten.

## Kalkrand/Abstecher Kalahari

Bereits bei der Anfahrt nach Kalkrand sieht man im Osten die ersten Dünenriegel der Kalahari. Wer in dem kleinen Farmerort auf die C21 nach Osten abbiegt, bekommt bald eine Vorstellung von der Bodenstruktur der Kalahari. Wie in der Achterbahn geht's schnurgerade über die hintereinander gestaffelten Dünenrücken steil bergauf, über die Kuppe und wieder steil bergab. Mehrere Lodges bieten sich als Zwischenstopp in an. Game Drives und von San begleitete Wanderungen gehören zum Standardprogramm.



### Unterkunft

- **Intu Afrika Kalahari Game Reserve,** P.O. Box 3127, Windhoek, Tel. 063-683218, Fax 683219, www.leadinglodges.com. Anfahrt: Kalkrand – C21 (42 km) – D1268 (20 km) – Farmstraße (5 km). Auf dem Gelände befinden sich mehrere luxuriöse Lodges, ein Luxus-Tented-Camp sowie einfachere Campmöglichkeiten, die allerdings viele Reisende als überteuert empfinden.
- **Kalahari Anib Lodge/Gondwana Collection,** P.O. Box 80205, Windhoek, Tel. 061-230066, Fax 061-251863, www.gondwana-collection.com. Anfahrt: Mariental – B1 nach N (10 km) – C20 (20 km) – Stichstraße (3,5 km). Mittlere Preisklasse, Campingmöglichkeit. Die schöne Anib Lodge gehört zur Gondwana-Gruppe, die durch ihre Lodges am Fish River Canyon bekannt geworden ist und heute zahlreiche Unterkünfte im ganzen Land

*Oryx-Antilopen in den letzten Strahlen der Kalahari-Sonne*

betreibt. Umweltangepasste Nutzung und Wiedereinführung früher heimischen Wildes sind ein besonderes Anliegen dieses Unternehmens.

- **Red Dune Camp,** Farm Tranendal, an der C15, rund 35 km südlich von Gochas (2 km von der C35), Tel. 063-250164, www.reddunecamp.com. Günstige Preisklasse. Eine exklusive, ungewöhnliche und preiswerte Alternative zu den Lodges. Ehepaar Liebenberg hat einen Zeltplatz auf einer Kalahari-Düne eingerichtet. Nachts ist man allein unter einem grandiosen Sternenhimmel. Besser zeitig reservieren, da sehr begehrt und nur immer eine Gruppe von maximal sechs Personen Platz findet.

## Kalahari

Im Gegensatz zu den Dünen der Namib sind die Sandberge der Kalahari verfestigt. Über hunderte von Kilometern verlaufen sie von Südost nach Nordwest parallel zueinander. In den Dünentälern wachsen Akazien, Gras und Buschwerk. Sie finden in den oberflächennahen Wasseradern der teils unterirdisch fließenden *Omiramba* ausreichend Feuchtigkeit. Zu der typischen Kalahari-Fauna gehören Oryx-Antilopen, Springböcke, aber auch Kudus und Giraffen. Nachts gehen Löffelhunde, Hyänen, Geparde und Leoparden auf Jagd. Die Kalahari war Lebensraum mehrerer San-Gruppen, die jedoch auch hier durch Farmerei abgedrängt wurden. Heute werden den nördlichen San-Gruppen Schutzgebiete um den Kaudom-Nationalpark zugestanden. Die noch im Süden lebenden San sind auf private Initiativen angewiesen, die ihnen Siedlungsraum zur Verfügung stellen. Als Gegenleistung verdingen sich die San z.B. als Touristenführer, so im Intu Afrika Kalahari Game Reserve.

## Mariental/Hardap Dam

Im Kolonial- und Farmerstädtchen Mariental kann man Vorräte auffüllen und die wenigen noch erhaltenen Kolonialhäuschen bewundern. Lange Zeit war die Karakulzucht Marientals wirtschaftliches Standbein, heute haben Strauße die Schafe abgelöst: Mariental besitzt die größte Schlachterei in Südnamibia. Von hier wird Straußenfleisch nach Südafrika und Europa exportiert.

**Hardap Dam**

Nicht weit entfernt liegt der **Hardap Dam,** Namibias größtes Wasserreservoir. Der Stausee und das um-

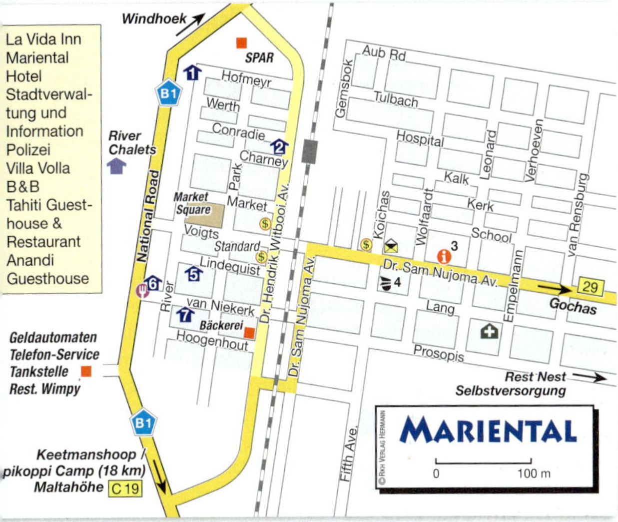




liegende Land stehen unter Naturschutz, das einst beliebte, dann aber zunehmend verfallene Rastlager ist derzeit wegen Renovierung geschlossen. Die Wiedereröffnung ist für Ende 2014 geplant.

## Routenvarianten

Wer auf den großen Bogen in den Süden Namibias verzichten möchte, folgt in Mariental der C19 in Richtung Maltahöhe (90 km) und weiter nach Sesriem/Sossusvlei. Beschreibung ab Maltahöhe ▸ s.S. 126

*Anfahrt auf Maltahöhe*

## Über Gibeon nach Tses

60 km auf der B1 weiter nach Süden erreicht man die Abzweigung nach Gibeon. Die kleine Nama-Siedlung wurde weltbekannt, weil man in ihrer Umgebung Bruchstücke eines Meteoritenschauers fand. Das bislang größte Fundstück wog 650 kg und ist in einem Museum in Kapstadt ausgestellt. In Windhoeks Post Street Mall schmücken die Meteoritenteile einen modernen Brunnen.

Die B1 führt durch weite, wüstenartige Landschaft. Wie Strohhauben wirken die Nester der Siedelweber, die Strommasten krönen und das Geäst der wenigen Bäume wie Geschwüre umfangen. Die Farmzäune erscheinen irreal. Nur Karakulschafe und einige Ziegen sind genügsam genug, in dieser Unwirtlichkeit zu überleben. Wissenswertes über Karakulschafe ▸ s.S. 69.

## Brukkaros

Knapp 90 km weiter zweigt in Tses die Pad 98 nach Westen in Richtung Berseba ab, und nach 40 km auf der Staubstraße biegt man in die D3904 zum Brukkaros ein. Der wuchtige, hufeisenförmige Bergklotz ist das Ergebnis vulkanischer Tätigkeit aus der Urzeit der Erde: Vulkanisches Magma drang ringförmig in das Gestein ein und bildete damit die Grundlage für den heutigen, 2 km weiten „Krater“.

*In der Senke des Brukkaros ist man immer alleine*

Das nichtvulkanische Gestein wurde von der Erosion im Laufe der Jahrmillionen abgetragen, und übrig blieb der harte „Ring". So sieht der Brukkaros heute aus wie ein Vulkan, er ist aber keiner. Für die Besteigung des 650 Meter über das Bodenniveau ragenden Berges (Höhe üNN 1580 m) sollte man etwa eine Stunde einplanen. Am Campingplatz *Brukkaros Campsite* gibt es Stellplätze, Buschtoiletten und -Duschen sowie Grillplätze (keine Buchung möglich, wegen Schwierigkeiten in der Community ist der Platz ‚mal bewirtschaftet, mal nicht, kann aber gleichwohl genutzt werden; alles mitbringen!).

## Keetmanshoop und seine Köcherbaumwälder

Weiter auf der B1 nach Süden beginnt das Land der Köcherbäume. Vereinzelte Exemplare dieser den Aloen zugerechneten Pflanze sieht man in vielen wüstenhaften, steinigen Regionen Namibias, einen „Wald" aber bilden die Bäume nur in der Region um Keetmanshoop. Auf der Farm *Garas,* 60 km ab Tses, ist man besonders stolz auf die Ansammlung der dekorativen Bäume und hat unweit des Wäldchens einen einfachen Campingplatz eingerichtet.

1

**Quiver Tree Forest**

Zum eigentlichen Nationalmonument **Quiver Tree Forest,** dem berühmten Köcherbaumwald auf Farm Gariganus, führt die Pad 29 kurz vor Keetmanshoop 15 km nach Nordosten, am Farmgebäude wird Eintritt verlangt; hier befindet sich auch ein einfaches Rastlager.

**Giants Playground**

Rund 5 km entfernt liegt **Giants Playground,** ein Labyrinth tonnenschwerer Doleritbrocken, die wild durcheinandergewürfelt in der Landschaft aufeinander balancieren (Eintritt ebenfalls beim Farmhaus entrichten). Im Gegensatz zum Granit, das ja ebenfalls magmatisches Gestein ist, entstand Dolerit durch das Eindringen von Magma in unterirdische Gesteinsschichten, wo es erstarrte. Den Witterungskräften gegenüber robuster als die umliegenden Gesteine wurde es schließlich freigelegt und trotzt nun den Erosionskräften von Klima und Wind. Dabei zeigt es ähnliche Verwitterungsformen wie Granit: Man kann auch hier runde Riesenmurmeln

## Der Köcherbaum

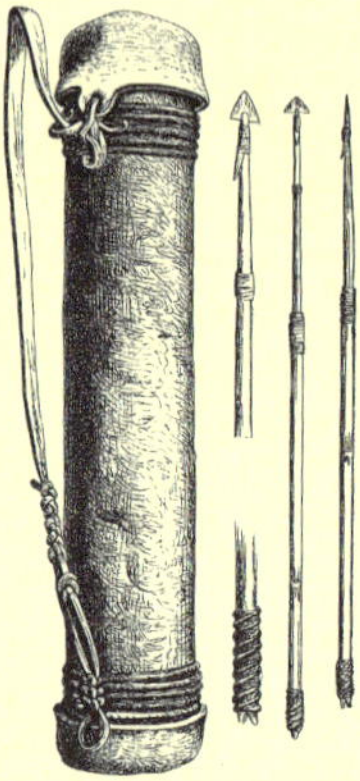

Ein Köcher aus Aloerinde und Leder

Ungemein malerisch sieht die *Aloe dichotoma*, der Köcherbaum, aus. Als *Kookerboom* wurde er bereits 1685 in einem Rapport erwähnt, den der Gouverneur der Kapkolonie, *Simon van der Stel*, abgefasst hatte. Darin berichtete er, dass die Buschmänner aus den Ästen und der Rinde des Baumes Pfeilköcher herstellten. Auf Felsbildern der San ist er dank seiner charakteristischen Gestalt eindeutig zu erkennen. Die Pflanze ist im südlichen Afrika endemisch und ein typischer namibischer Überlebenskünstler: Das schwammartige Gewebe in Stamm und Ästen speichert Wasser, das den Baum durch die trockenen Monate rettet. Seine Rinde ist hauchdünn wie Papier, die dunkelgrünen, im Alter gelblich werdenden Blätter, fleischig. Wenn die Aloe im Juni und Juli gelb blüht, umschwirren Bienen und Vögel ihre Krone. Der süße Nektar lockt sogar Paviane auf den Baum. Köcherbäume bevorzugen felsigen Untergrund und stehen meist alleine – die bei Keetmanshoop wachsenden Köcherbaumwälder sind also ungewöhnlich. Oft nisten in seiner Krone Siedelwebervögel, so dass der Baum aussieht, als trüge er einen Heuhaufen. Die Nama benutzen seine abgestorbenen Äste und Stämme, um darin Lebensmittel und Wasser kühl zu lagern. Die Wurzeln dienen als Mittel gegen Asthma. Kudus fressen das Laub, um sich vor Parasiten zu schützen.

(Wollsackerosion) finden und Gestein, das in dünnen Schichten aufplatzt und abblättert.

Noch weiter auf der C17 nach Osten (40 km von Keetmanshoop) findet sich links und rechts der Pad der größte **Köcherbaumwald** des Landes – mit etwa 5000 Bäumen ist er um ein Vielfaches größer als alle anderen und breitet sich malerisch über eine Doleritlandschaft aus. Auf der Farm sind auch noch Schutztruppengräber und Versteinerungen einer Saurier-Spezies zu finden, die dem dort befindlichen Restcamp den Namen gab: Mesosaurus. Auf einer geführten Tour können die Gäste neben den Aloen die Fossilienfundstätten besichtigen, wo sich die Abdrücke von Mesosauren, eines reptilienähnlichen Tieres, das wahrscheinlich im Wasser lebte und nur zur Eiablage an Land kam, hervorragend erhalten haben. Wer lieber auf eigene Faust unterwegs ist, findet sicherlich an den beiden 3 und 10 km langen Wanderwegen Gefallen:



- **Garas Quivertree Campsite,** P.O. Box 106, Tel. 063-223217, Fax 063-223876, www.facebook.com/GarasparkRestcamp. Anfahrt: Keetmannshoop – B1 nach N (22 km) – Stichstraße (4 km). Günstige Preisklasse.
- **Quivertree Forest Rastlager,** P.O. Box 262, Keetmanshoop, Tel. 063-222835, Fax 063-223963, www.quivertreeforest.com. Anfahrt: Straße 29 (15 km). Günstige Preisklasse. 16 Betten in Iglus und Bungalows, Zeltmöglichkeit, Restaurant.
- **Mesosaurus Park & Camp,** Farm Spitzkoppe-Ost, P.O. Box 270, Keetmanshoop, Tel. 063-225050, Fax 063-222990, www.mesosaurus.com. Anfahrt: Von Keetmanshoop für 1 km auf die C16, dann 39 km auf der C17. Vier Chalets zur Selbstversorgung (Dinner bei Vorbestellung möglich) sowie 6 Zeltplätze und ein Bush-Camp (günstige Preisklasse) im größten Köcherbaumwald. Wanderungen auf markierten Wegen, geführte Tour zu den Versteinerungen, 4x4 Trail, Schutztruppengräber und Versteinerungen.

## Keetmanshoop

Nach der langen Anfahrt durch kaum besiedeltes Gebiet wirkt das schmucke Städtchen **Keetmanshoop** richtig einladend. Es wurde 1866 von der Rheinischen Missionsgesellschaft unweit einer Nama-Siedlung gegründet. Der deutsche Bankier Johann Keetman hatte der Gesellschaft sein Vermögen überschrieben, um

*Keetmanshoop, ehemaliges Postamt*

damit eine Missionsstation zu gründen. „Keetman's Hope" ist heute eine richtige kleine Stadt mit einigen Gebäuden im deutschen Kolonialstil. Besuchenswert ist das **Museum** in der 1895 aus Bruchsteinen errichteten Kirche, das sich der Gründungsgeschichte der Stadt und den Nama-Gruppen der Region widmet (Kaiser Street, Tel. 063-221256, Mo–Fr 7.30–12.30, 13.30–16.30 Uhr, Fr bis 16 Uhr) und das **Kaiserliche Postamt,** wo heute die Touristeninformation residiert. Sehenswert ist auch das **Bahnhofsgebäude,** die Bahnlinie nach Lüderitz wurde 1908 eröffnet, 1912 war der Anschluss nach Windhoek fertig. Der Bahnverkehr nach Lüderitz an die Küste soll wieder aufgenommen werden, dazu werden seit mehreren Jahren die Gleisanlagen befestigt.

## Service Keetmanshoop

**Information** Informationsstelle im ehemaligen Kaiserlichen Postamt, Southern Tourist Forum, P.B. 2125, Hampie Pflichta Drive, Keetmanshoop, Tel. 063-221266, Fax 063-223955.

# An den Oranje

Die B1 von Keetmanshoop über Grünau zum Grenzort *Noordoewer* (gesprochen Nord-Uwer) am Oranje ist eine vielbefahrene Schnellstraße mit vielen Lkw. Alternativ fährt man abwechslungsreicher, wenn auch etwas länger, über die C12, C37 und C10 nach Noordoewer. Der Weg, der von Noordoewer über weite Strecken dem Flusslauf folgt, ist mit eine der schönsten Routen in Namibia. Ein Großteil der Strecke bis Rosh Pinah ist aus Asphalt mit Abschnitten aus harter Piste. Man passiert zunächst die Camps der Reiseunternehmen, die auf dem Oranje mehrtägige Kanufahrten unternehmen, so das von *Felix Unite* (Felix Unite River Adventures CC, 100 Capricorn Drive, Capricorn Park, Muizenberg 7945, Südafrika Tel. 0027-87-3540578, www.felixunite.com). Als Nichtteilnehmer kann man einen Bungalow mieten, darf aber kein Zelt aufschlagen. Die Gegend am Fluss ist relativ fruchtbar, ins Gebirge hinein wird die Landschaft aber sofort karg. Einige Bewässerungsprojekte erlauben Weinanbau.

Nach 60 km passiert man Stromschnellen, für die Kanufahrer ein Riesenspaß. Nun beginnt ein in der Regenzeit u.U. problematischer Streckenabschnitt, die Pad wird von Rivieren gekreuzt, die tief ausgewaschen sein können. 38 km weiter kündigt sich die Farm *Bo-Plaas* mit großen Schildern an: ein Campsite direkt am Oranje. 7 km weiter überquert man den Fish River auf einer Brücke (in der Regenzeit kann es durchaus vorkommen, dass die Auffahrtrampen weggespült sind und kein Durchkommen mehr ist). Nach 39 km kommt eine kleine Ortschaft mit Pumpstation und adretten Häuschen. Hier geht es nun gerade nach Norden und unmerklich, aber stetig, von 150 m üNN eine schräge Ebene hinauf auf 22 km zur Bergarbeiterstadt **Rosh Pinah**, Boomtown des Südens mit Zinkmine, entsprechend vielen Arbeitern und Angestellten und Infrastruktur. Die C13 führt weiter nach Norden und bergan Richtung Aus. Nach Erklimmen einer Höhe von 1150 m üNN geht es bergab und 2 km vor Aus (▸ s.S. 110) stößt man auf die Piste, die in die Siedlung führt.

1

*Piste zwischen Fish River Canyon und Oranje*

Ai-Ais / Richtersveld Transfrontier Park / Richtersveld National Park (Südafrika)
© Reise Know-How Verlag Hermann
0 20 km
ca. 35 km n. Goageb / B4
D459
ca. 20 km nach Vogelstrauss-kluft / Abzweig D462 / B4
D463
Huns
Aus / B4 Keetmanshoop – Lüderitz
C 13
Witputs
Canyon Nature Park
Hunsberge
Fish River Canyon Park
Start der Fish River-Wanderung
Hauptaussichts-Punkt
s. Karte S. 106
Fish River Canyon
Fish River
C 37
Ai-Ais Hot Springs
Ai-Ais / Richtersveld Transfrontier Park
Rosh Pinah
Diamanten-Sperrgebiet
Fähre
Potjiespram
Sendelingsdrift (Camp u. Park-Hauptquartier)
Oranje
Sandberg
De Hoop
Ai-Ais / Fish River Canyon Park
D316
D212
nur 4x4 Wagen!
nur 4x4
Koeroe-gab Plains
De Koei
Richtersberg
beide Nationalparks zusammen bilden den Ai-Ais / Richtersveld Transfrontier Park
Kokerboomkloof
Die Toon
Helskloof Gate
Springbokvlakte
Aussen-kehr
Oranjemund
Bloeddrift Petroglyphen
Oranje / Orange River
Ganakoeriep
Hiking Trails Camp
Landestreifen
Sanddrift
Kuboes
Richtersveld National Park
Brandkaros
Rosyntjieberg 1329 m
Alexander Bay (SA) Oranjemund
Richtersveld lokales Schutzgebiet (in Planung)
SÜDAFRIKA
Camp von Felix Unite
B1
Noordoewer
Modder-drif Suid
Vioolsdrif
N7
Eksteenfontein
Rooiberg 931 m
Helskloof Pass

**Unterkunft**

- **Central Lodge,** Middle St, Tel./Fax 063-225850, www.central-lodge.com. Mittel.
- **Bird's Nest,** B&B, 16 Pastorie St, Tel. 063-222906, Fax 222261, www.birds accommodation.com. Günstig.
- **Camping** s. Köcherbaumwald.

**Essen**

**Essen** kann man in einem der einfachen Restaurants im Stadtzentrum. Bei der Stadtausfahrt an der B1 Richtung Norden in Höhe des Hospitals hat sich ein kleiner **Holzschnitzermarkt** etabliert und verkauft Souvenirs.

## Weiterfahrt nach Süden

**Fish River Canyon**

Dem Fischfluss oder Fish River sind wir auf dieser Route bereits am Hardap Dam begegnet, dort wird sein Wasser gestaut und damit u.a. die Trinkwasserversorgung Windhoeks sichergestellt. Ganz im Süden Namibias hat dieser Fluss in früheren,

wasserreicheren Zeiten eine tiefe Schlucht eingegraben, den **Fish River Canyon.**

Für seinen Besuch sollte man mindestens einen ganzen Tag einplanen, nach Möglichkeit mit einer Übernachtung in einer der Lodges oder der Rastlager. Wer es eilig hat an die Küste zu kommen, verlässt Keetmanshoop auf der B4 in Richtung Seeheim.

Eine reizvolle und selten befahrene Route führt ab Noordoewer an der südafrikanischen Grenze auf der C13 am Oranje entlang bis Rosh Pinah und schließlich wieder nach Norden nach Aus (▸ s.S. 101).

## Abstecher zum Fish River Canyon

Wer von Keetmanshoop zum Fish River Canyon will, nimmt die B1 nach Süden, überquert bei Grünau (Km 160) die Eisenbahnlinie Keetmanshoop – Upington, biegt 30 km weiter auf die Piste C10 nach Westen ab und kommt schließlich nach 50 km an die Grenze des Fish River Canyon-Nationalparks. Den beeindruckenden **Canyon-Aussichtspunkt** erreicht man, indem man hier nach Norden fährt: Weiter nach Westen geht es auf 23 km serpentinenreich bergab zum Rastlager **Ai-Ais,** das zwischen steil emporragenden Felswänden liegt.

**Hinweis**

Die landschaftlich reizvollere Strecke von Keetmanshoop zum Fish River Canyon führt über Seeheim und die C12 bzw. – wenn der Fischfluss nach Regenfällen abgekommen ist – 12 km vor Seeheim über die D545 am Naute-Stausee vorbei und unterhalb des oder über dessen Staudamm auf die C12 und schließlich auf die C37 und C10 hinunter nach Ai-Ais.

*Am Naute-Damm*

# Fish River Canyon

Die 161 km lange Schlucht des Fish River entstand vor über 500 Millionen Jahren durch Erdkrustenrisse. An den Wänden des von Nord nach Süd verlaufenden Canyons sind die aufeinanderfolgenden Gesteinsschichten aus der Kinderstube der Erde deutlich zu erkennen. Ein kompliziertes Zusammenspiel von Erdbewegung und Vulkanismus formte ihn. Seine Geschichte begann im Präkambrium, vor zwei Milliarden Jahren, als Sandstein und Tonschiefer durch Erdverwerfungen einer Metamorphose unterzogen wurden: Quarzit und Schiefer bildeten sich unter dem extremen Druck und der Hitze, der die Gesteine ausgesetzt waren. In Risse und Lücken zwischen diesen Lagen drang Magma ein, erhärtete und bildete schwarze Linien im hellen Grund, die Doleriten. Noch war kein Canyon zu sehen, ein See bedeckte den Süden Namibias und stapelte Sedimente auf das metamorphe Gestein. Dann brach die Erdkruste vor 500 Millionen Jahren, und ein erstes, von Nord nach Süd gerichtetes Tal entstand, durch das sich 200 Millionen Jahre später Gletscher wälzten, es abschliffen und verbreiterten. Erneut senkte sich der Grund, und schließlich, vor 50 Millionen Jahren, begann der Fish River die Schlucht zu vertiefen. Heute ist sie zwischen 450 und 550 Meter tief und mit all ihren Kurven und Schlingen 160 Kilometer lang. Köcherbäume und andere trockenheitsresistente Pflanzen wurzeln an den Felswänden, in der Schlucht leben Hartmannsche Bergzebras, Paviane, Leoparden und Kudus, zahlreiche Vögel und eine große Vielfalt unterschiedlich giftiger Schlangen.

## Wanderung durch den Fish River Canyon

Der Abstieg zu der fünftägigen Wanderung über insgesamt 86 km nach Ai-Ais beginnt am nördlichen Aussichtspunkt, 10 km vom Camp Hobas entfernt. Alles was die Wanderer brauchen muss mitgeschleppt werden – Schlafsack, Taschenlampe, Kleidung, Essen und sogar Wasser! Denn der Fish River ist hier, im letzten Abschnitt seines Laufes durch Namibia, in der Saison für die Wanderungen nur noch ein Rinnsal, das schlammige Teiche und Gumpen bildet – das Wasser bleibt im Hardap Dam. Der 500 m tiefe Abstieg auf einem schmalen, gelegentlich durch Ketten gesicherten Zickzack-Pfad erfordert zwei Stunden. Der zunächst weiche, sandige Grund geht schließlich in Geröll über, das Springen von Fels zu Fels belastet die Gelenke. Dennoch lassen die meisten Wanderer den ersten Notausstieg nach 15 km links liegen. Kurz danach kommt das erste Etappenziel Palm Springs mit seiner schwefelgesättigten, warmen Quelle. Das zweite Nachtlager am folgenden Tag wird im Schatten eines Tafelberges aufgeschlagen. „Four Finger Rock" heißt das Ziel der dritten Etappe nach 28 km Tagesstrecke. Hohes Schilfgras säumt den Flusslauf, Entengeschnatter tönt heraus, und an den „Three Sisters" vorbei, deren eigenartige Gestalt sich hoch am Canyonrand scharf gegen den Himmel abhebt, erreichen die Wanderer das dritte Nachtlager am Grab des jungen Leutnants von Thilo von Trotha, 1905 im Namakrieg gefallen. Am folgenden Tag gibt's bei Km 68, am „Causeway", die letzte Chance, das Unternehmen abzubrechen. Doch am zweiten Notausstieg ist ja eigentlich das Schlimmste schon geschafft. Was noch kommt, ist ein 18 km langer Spaziergang. Jetzt, wo sogar ein Weg zu erkennen ist, ist das Ziel Ai-Ais nicht mehr weit.

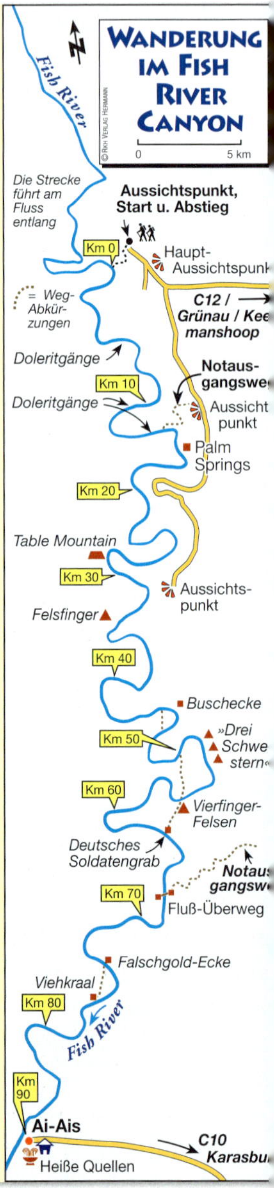

## Ai-Ais

Ai-Ais, in der Sprache der Nama „kochend heiß", ist eine Thermalquelle am Südausgang der Fish-River-Schlucht. Das Rastlager der Wildlife Resorts besteht aus Zeltplätzen, Bungalows und einem Hotel, das in das Thermalbad integriert ist. In Innen- und Außenbecken kann man ein kühles und erfrischendes (oder warmes und heilendes) Bad nehmen, sich nach der langen Wüstenfahrt am Grün in der Schlucht erfreuen und den Pavianen bei ihren Klettertouren in den Felswänden zusehen (Reservierung der Übernachtung bei Namibia Wildlife Resorts).

Zurück auf der Hochebene zweigt – wie oben beschrieben – bei Km 23 ab Ai-Ais die C37 nach Norden in Richtung *Hobas* ab. Sie folgt fast parallel dem Canyon, der aber als Einschnitt in das Plateau nach wie vor nicht sichtbar ist.

Kurz vor Hobas passiert man die Zufahrt zur Canyon Lodge (s.u.). Schließlich gelangt man linksabbiegend zum Hobas-Zeltplatz, der wie Ai-Ais zu Namibia Wildlife Resorts gehört und dort reserviert werden muss. Wer den Eintritt zum Nationalpark nicht in Ai-Ais bezahlt hat, muss hier ein Ticket lösen. 10 km weiter auf ruppiger Piste ist der **Aussichtspunkt** über den Fish River Canyon erreicht. Zu Füßen liegt die angeblich zweitgrößte Schlucht der Welt, 500 Meter tief fallen die steilen Felswände hier ab, und vom Grund des Canyon glitzert das Wasser des Fischflusses herauf.

Der Fish River Canyon und die westlich davon liegenden Hunsberge sind seit 1969 bzw. 1988 Nationalpark. Zusammen mit dem südafrikanischen *Richtersveld National Park* bildet er den grenzüberschreitenden **Ai-Ais/Richtersveld Transfrontier Park.** Allerdings gibt es, abgesehen von den beiden Rastlagern, bislang noch keine touristische Infrastruktur in dem großen Areal. Per Fähre geht es bei Sendelingsdrif über den Oranje, ein Grenzübertritt als Besucher des Nationalparks im jeweiligen Nachbarland ist ohne große Grenzformalitäten möglich.

## Service Fish River Canyon

**Wanderung** Der Wanderweg durch den Canyon ist nur zwischen 15. April und 15. September geöffnet. Er darf nur von Gruppen mit mindestens drei und maximal 40 Personen begangen werden. Die dafür nötige Kondition muss durch ein ärztliches Attest bescheinigt werden. Alle benötigte Ausrüstung ist mitzuführen, Müll wieder mitzunehmen. Notausstiege gibt es nur bei Km 15 und Km 68. Da die Wanderung sehr beliebt ist, sollte man rechtzeitig bei Namibia Wildlife Resorts in Windhoek buchen. Wer selbst keine Gruppe zusammenkriegt, kann sich an Safaris Unlimited, Tel. 061-264521, Fax 061-264389, www.trailhopper.com, wenden. Das Unternehmen stellt Gruppen zusammen und kümmert sich um die gesamte Organisation.

**Unterkunft** Rastlager **Ai-Ais** und **Camp Hobas.** In Ai-Ais Bungalows, Hotel und Camping, in Hobas nur Zeltplatz; beide zu buchen bei Namibia Wildlife Resorts (NWR).

**Fish River Lodge** Lodge in einem privaten Naturschutzgebiet nördlich des Nationalparks. Zu den angebotenen Aktivitäten gehören Wandern, Mountainbike- und 4x4-Touren im Canyon. Teuer. Zufahrt über D463 oder D459 von Norden; Tel. 061-228104, www.fishriverlodge-namibia.com.

**Gondwana Canyon Park** Dieses ebenfalls von privaten Investoren aufgebaute Naturschutzgebiet liegt östlich der Schlucht. Mit *Canyon Roadhouse, Canyon Mountain Camp, Canyon Lodge* und *Canyon Village* bietet es Unterkünfte in verschiedenen Preisklassen. Anfahrt über C37. Das Sportangebot umfasst Wandern, Reiten und Game Drives. Als Besonderheit produziert Gondwana in einer landwirtschaftlichen Abteilung zahlreiche Nahrungsmittel selbst, vom Gemüse über Butter bis zum Schinken. B&B mittel bis teuer, Campmöglichkeit (günstig), Restaurant, Schwimmbad. Buchung über Tel. 061-230066, Fax 061-251863, www.gondwana-collection.com.

*Die Cañon Lodge ist perfekt der Landschaft angepasst*

## Weiterfahrt nach Lüderitz

Vom Hauptaussichtspunkt führt die C37 in knapp 30 km zur C12, auf der man links und schnurgerade nach Norden fahrend nach 75 km **Seeheim** und die B4 erreicht (hier Fortsetzung der Hauptroute für diejenigen, die auf den Abstecher zum Fish River Canyon verzichtet haben). Wenn der Löwenfluss nach Regenfällen abkommt, kann diese Strecke eventuell unpassierbar sein – am besten erkundigt man sich vor der Weiterfahrt. Richtung Lüderitz fahrend, zweigt 28 km hinter Seeheim von der B4 die D463 nach Süden ab, auf der man nach 25 km das Gelände von *Vogelstraussskluft* erreicht, ein Tourismusprojekt im Bereich des Fish River Canyons mit einer Lodge und Buschcamps (Vogelstraussskluft Lodge, Tel. 063-683086, www.vogelstraussskluft.com, teuer, Campingmöglichkeit).

**Seeheim**

**Seeheim** hat wenig mehr zu bieten als einen einsamen Bahnhof und ein kleines Hotel. Kaum vorstellbar, dass dieser verschlafene Ort einst ein bedeutender Eisenbahnknotenpunkt mit Anschluss nach Lüderitzbucht, Keetmanshoop und Karasburg war. 1908 wurde die Bahn hier in Betrieb genommen, aber bereits 1896 hatten deutsche Schutztruppler ein massiv gebautes Quartier errichtet, aus dem später das Hotel Seeheim (www.seeheimhotel.com, günstige Preisklasse) hervorging. Die Ortschaft wuchs und verfiel mit der Bedeutung und dem Niedergang der Eisenbahn. Von der Wiedereröffnung der Bahnlinie nach Lüderitz verspricht man sich hier deshalb auch eine Belebung der Wirtschaft.



## Bethanie

65 km von Seeheim liegt Goageb, ein gottverlassener Weiler, den auch die Menschen nach und nach zu entkommen suchen. Auf einem 22 km langen Abstecher nach Norden kommt man nach **Bethanie.** Nur das restaurierte Haus des Missionars Schmelen erinnert daran, dass dem Ort bei der Missionierung der Nama große Bedeutung zukam. 1814 erbaute Schmelen das Haus, in dem er mit seiner Nama-Frau bis 1822 lebte. Die 1859 errichtete Missionskirche wurde erst vor einigen Jahren

*Joseph Fredericks*

aufwendig und mit Originalmaterialien restauriert. Ebenfalls instand gesetzt wurde das Haus des **Joseph Fredericks**, der 1883 als Kapitän der hier lebenden Nama die Bucht *Angra Pequeña* und weiteres Land an *Heinrich Vogelsang*, den Abgesandten von *Adolf Lüderitz*, verkaufte und damit den unbeabsichtigten Startschuss gab für die Kolonisierung Südwestafrikas. Im gleichen Haus schloss ein Jahr später der deutsche Reichskommissar Gustav Nachtigal den Schutzvertrag mit Fredericks.

## Aus

Über 100 km durch nun völlig wüstenhafte Landschaft, entlang einer Salzpfanne und begleitet von den Eisenbahnschienen, sind es bis **Aus,** einem weiteren Farmerstädtchen, das wie die anderen auch unter Abwanderung und Arbeitslosigkeit leidet. Der Tourismus soll helfen, weshalb Aus nach und nach mit Hilfe von Investoren in eine Museumsstadt umgewandelt wird. Ein paar Kolonialhäuser sind noch erhalten und hübsch restauriert. Etwas außerhalb erinnern ein paar rostige Töpfe und Eimer und ein Denkmal daran, dass sich bei Aus eines der beiden südafrikanischen Internierungslager befand, in denen deutsche Armee- und Polizeiangehörige nach der Kapitulation im Ersten Weltkrieg festgehalten wurden. Die 1500 Männer verwandelten die Zeltstadt binnen weniger Jahre in ein gemauertes Camp mit Versorgungseisenbahn. 1919 wurde es aufgelöst.

*Die Kirche von Aus*

Die Straße führt schnurgerade weiter nach Westen und senkt sich allmählich hinunter zum Meer. Nördlich des Asphaltbandes erstreckt sich der *Namib-Naukluft Park,* südlich das **Sperrgebiet Nr. 1,** das zum Nationalpark erklärt wurde. Das Verlassen der Straße ist sowohl nach Norden wie nach Süden verboten.

## Vom Diamanten-Sperrgebiet zum Nationalpark

In dem 26.000 qkm großen Areal begann Namibias Diamantenabbau. Ausgehend von Kolmanskop (s.u.) wurde die *Diamond Area 1*, begrenzt durch die Küste im Westen, den Oranje im Süden und die Straße B4 im Norden auf einer Breite von rund 100 km nach Osten zum Sperrgebiet erklärt. Nur die Angestellten der Minengesellschaft De Beers bzw. der NamDeb durften das Areal betreten, das wegen der erstaunlichen Vielfalt angepasster Flora und Fauna zu einer der artenreichsten Wüstenregionen der Welt gehört. Die Diamantensuche riss natürlich tiefe Wunden in das empfindliche Ökosystem der Namib. Seit die Schürfer weitergezogen sind und in erster Linie auf offenem Meer entlang der Küste fündig werden, hat die Natur die von den Menschen verursachten Schäden zum Teil wieder geheilt. Die Deklaration des Sperrgebietes zum Nationalpark ist ein weiteres Puzzlestück auf dem Weg zum ehrgeizigen Ziel, möglichst die gesamte Namib unter Naturschutz zu stellen und in Verbindung mit dem *Ai-Ais / Richtersveld Transfrontier Park* im Süden sowie dem projektierten Transfrontier-Park *Skelettküste-Iona* (Angola) das größte, wegen der Siedlungseinschnitte aber nur mehr oder weniger zusammenhängende Schutzgebiet Afrikas zu schaffen.

## Garub und die Namib-Pferde

Das einsame, im Kolonialstil erhaltene Bahnhofsgebäude von **Garub** dient als Orientierung bei der Suche nach den Namib-Pferden. Nördlich der Straße sind die Pferde nämlich meist zu finden, denn hier wurde mit deutschen Spendengeldern eine Wasserstelle für die Tiere errichtet.

Woher die Pferde tatsächlich stammen, scheinen jüngere Forschungen nun endlich ans Licht gebracht zu haben. Der namibische Journalist Sven-Eric Kanzler fasste die Geschichte der Pferde zusammen:

Die Vorfahren dieser Tiere sind wohl 1915 bei einem deutschen Luftangriff auf ein südafrikanisches Militärlager entflohen. Sie überlebten auf wundersame Weise in dem ariden Land, entwickelten besondere Überlebensmechanismen und vermehrten sich. Die Zahl der Pferde schwankt zwischen 250 und 80. Nachdem ihr Lebensraum, das ehemalige Diamantensperrgebiet Nr. 2, in den Namib-Naukluft Park eingegliedert worden war, ließ das Umweltministerium rund 100 Tiere einfangen und verkaufte sie an Farmen, weil man die Pferde als artfremd in dem Ökosystem der Namib ansah. Inzwischen aber sind sie, nicht zuletzt dank des großen touristischen Interesses, akzeptiert und werden in Notzeiten von der Nationalparkverwaltung sogar mit Futter versorgt.

*Auch nach kräftigen Regenfällen ist die Weide spärlich*

## Nach Lüderitz

Je näher man der Küste kommt, desto häufiger blockieren Sandverwehungen die Straße. Vom küstenparallelen Dünengürtel der Namib wehen die hier fast immer sehr heftigen Winde Sand auf die Straße. Zwar wird regelmäßig geräumt, aber vorsichtiges Fahren ist angebracht! 9 km vor Lüderitz liegen links die Ruinen des Diamantenstädtchens **Kolmanskop.**

## Kolmanskop

Für den Besuch müssen Sie im Büro von Lüderitzbucht Safaris & Tours oder vor Ort ein Ticket lösen. Geführte Besichtigung Mo–Sa 9.30 und 11 Uhr, Treffpunkt in Kolmanskop.

Bestes Baumaterial, viel Geld und damit gute Handwerker und das trockene Klima haben das Diamantenstädtchen bestens konserviert. Der Eisenbahnarbeiter *Zacharias Lewala* entdeckte im Jahr 1908 bei Grasplatz, der vorletzten Bahnstation vor Lüderitz, den ersten Diamanten. Sein Vorgesetzter *August Stauch* sicherte sich sofort die Schürfrechte in dem Gebiet, und bald setzte rund um Kolmanskop ein regelrechtes Diamantenfieber ein. Um 1950 war der Spuk vorbei, die CDM, mittlerweile Inhaberin der Claims, zog weiter nach Oranjemund und Kolmanskop wurde von der Wüste zurückerobert.

Als Geisterstadt machte es eine zweite Karriere als Touristenmagnet: Das Casino wurde wieder hergerichtet, man kann die Kegelbahn besichtigen und das Theater, das außerhalb der Spielzeit als Turnhalle mit Pferd und Barren genutzt wurde. Nebenan serviert ein kleines Restaurant Frühstück und Mittagessen, ein Curio-Laden bietet Souvenirs an (u.a. Sandrosen in ganz ungewöhnlichen Farben), und in einem eigenen Laden lassen sich kleine und größere Diamanten mit Zertifikat zur Erinnerung erstehen. Ein Museum mit vielen Fotografien dokumentiert die Geschichte des Ortes und den Abbau der Diamanten.

Hinter Kolmanskop überwindet die Straße zwischen Felsen hindurch die letzten Höhenstufen hinab zur Küste. Es grüßen die pastellfarbigen Kolonialhäuschen von Lüderitz vor einer meist unruhigen See. Der Bay Road folgend erreicht man das Stadtzentrum an der Kreuzung mit der Bismarck Street. Nach rechts geht es zum Hafen und zur Restaurant- und Shoppingmeile *Waterfront,* entlang der Diaz Street nach links findet man das Museum und den Fischereihafen. Geradeaus führt die Insel Street auf *Shark Island,* eine felsige Landzunge, auf der sich Lüderitz' Rastlager mit Stellplätzen befindet.

# Lüderitz

Die erste deutsche Handelsniederlassung Namibias durchlebte eine sehr wechselhafte Geschichte (▶ s. Kasten). Auch die Diamantenfunde 1908 blieben nur ein Intermezzo, denn in den 1950er Jahren waren die Lagerstätten erschöpft und Lüderitz musste wieder vom Fischfang leben. Mit der Unabhängigkeit Namibias gab's einen Aufschwung, denn solange Walvis Bay noch südafrikanisch blieb, war Lüderitz Namibias einziger Hochseehafen.

1994 war mit der Rückgabe Walvis Bays auch diese Episode vorbei. Nun setzte man auf Tourismus. Die Jugendstilvillen und die Felsenkirche wurden renoviert, neue Projekte wie „Waterfront" und „Market Square" initiiert und das Freizeitangebot durch Wellness-Center und abenteuerliche Wüstentouren ins Sperrgebiet verbreitert. Eine Idee der Tourismusplaner war z.B. eine einwöchige Kreuzfahrt von Lüderitz nach St. Helena. Übrigens sind die Diamantenschürfer zurückgekehrt: NamDeb fördert wieder bei der Geisterstadt Elizabeth Bay und in den küstennahen Gewässern, und es gibt auch private Küstenclaims, die mit Fischerbooten angefahren und von Tauchern abgesucht werden.

## Spaziergang durch Lüderitz

**Museum**

Wichtigste Adresse ist das Büro von *Lüderitzbucht Safaris & Tours* in der Bismarck Street, wo die Besichtigung von Kolmanskop und alle anderen Aktivitäten in der Stadt und um sie herum gebucht werden. Hier gibt es auch allerlei Souvenirs und

*Vorbereitungsarbeiten für das Abendessen*

Informationen aus erster Hand. Dann geht's nach links in die Diaz Street zum **Museum** (Mo–Fr 15.30–17 Uhr, Sonderzeiten unter Tel. 063-202346 verabreden). Friedrich Eberlanz vermachte seine private Sammlung 1960 der Stadtverwaltung. Fotos und Erinnerungsstücke dokumentieren die geschichtliche Entwicklung der Stadt und ihrer Region. In der archäologischen und völkerkundlichen Abteilung sind Waffen und Schmuck ausgestellt. Ein Modell erklärt den Diamantenabbau, und Schauschränke zeigen Pflanzen der Region und allerlei Kriechgetier. Das Museum ist mit viel Liebe eingerichtet, eine Spende über den Eintrittspreis hinaus wird dankbar entgegengenommen.

**Felsenkirche**

Danach geht's an die Erkundung des kolonialen Lüderitz. Nach Renovierung ist hier eine Fassade schöner als die andere – auf über 80 Häuser aus der Kolonialepoche summiert sich die deutsche Vergangenheit. Die Diaz Street weiter nach Süden und die Hohe Street bergauf wird die **Felsenkirche** erreicht, Lüderitz' Wahrzeichen. Am 4. August 1912 wurde sie eingeweiht, der neugotische Baustil und das rote Ziegelwerk wecken Erinnerungen an norddeutsche Sakralarchitektur. Sehenswert ist das große, in Buntglas ausgeführte dreiteilige Lanzettfenster (Besichtigung sommers Mo–Sa 17–18 Uhr, winters 16–17 Uhr, Spende wird gerne gesehen).

**Goerke Haus**

Schräg dahinter erhebt sich das **Goerke Haus** an der Diamantberg Street (Besichtigungen Mo–Fr 14–16 Uhr, Sa/So 16–17 Uhr). Hans Goerke, der 1909 seinen Dienst als Leutnant quittierte und Geschäfts-

*Die Felsenkirche ist das Wahrzeichen der Stadt*

Hotels
1 Zum Sperrgebiet Seaview
2 Bay View Hotel
3 Diamond Reef Hotel
4 Kratzplatz B&B / Barrels Restaurant
5 Backpacker's Lodge
6 Hotel »Haus Sandrose«
7 Kapps Hotel
8 NamibNest
9 Nest Hotel
10 Krabbenhöft Guesthouse
11 Obelix Guesthouse
Lüderitz Gedenk-Monument und Campingplatz
Shark Island
Island Cottage
Robert Harbour
n. Nautilus u. Agate Beach / zum Hospital
Hafen
Boat Trips
Jetty
Troost
Customs Office
Ritzis Restaurant
Woermann House
Waterfront u. Coastways Tours
Lüderitz Harbour
Insel Street
Shearwater Oyster Bar
Hafen Street
Bahnhof
Vogelsang
Woermann
Stettiner
Göring
zum Waterkant Guesthouse
Cons
Bistro d'Café
Moltke Street
Str.
Museum
Lüderitz Safari & Tours
Ring
François
Bahnhof und Bus
von Lindequist
Bibliothek
Fishing Harbour
Diaz
Nachtigall
Schinz
Ufer
Ring
Bismarck Street
Baiweg
Mabel
Woermann
Vogelsang
Hohe
Berg
Diamantberg
Bogenfels Restaurant
Brücken
Lessing
Zeppelin
Felsenkirche
Goerke Haus u. Ghost Town Tours
Kirch St
Bülow
Stauch
Wissmann
Old Bay Rd
LÜDERITZ
0 100 m
© RKH Verlag Hermann
B4
Estorff
Werft
n. Diaz Point
Keetmanshoop

1

*Goerke Haus*

führer bei der Emilienthal-Diamantengesellschaft wurde, bezog das Haus 1910. 1920 kaufte es die CDM *(Consolidated Diamond Mine)* und veräußerte es 1944, bei Verlegung der Administration nach Oranjemund, an den Staat. Heute wird es gelegentlich als VIP-Unterkunft für Geschäftsfreunde der Diamantengesellschaft *NamDeb* genutzt. Reizvoll sind die Buntglasfenster mit ihren eleganten Jugendstilmotiven. Rund um das Goerke Haus findet sich um Berg- und Diamantbergs Street eine ganze Reihe hübscher Kolonialbauten.

**Bahnhof**

Die Bülow Street bringt uns zurück auf die Bismarck Street, wo Ecke Bay Road der Bahnhof von 1914 im Augenblick noch etwas nutzlos herumsteht – aber dies soll sich nach Fertigstellung der Bahnlinie ja wieder ändern.

**Woermann Haus**

Schinz- und Ring Street nach Nordosten führen zum **Woermann Haus,** der repräsentativen Niederlassung jener Reederei, die Deutsch-Südwestafrika mit Nachschub, Waffen, Truppen und Siedlern versorgte. 1906 erbaut, ist es eines der ältesten Häuser von Lüderitz.

**Waterfront**

Jüngste Investition des Städtchens ist die **Waterfront.** Der Büro-, Laden- und Restaurantkomplex in maritimer Architektur ist modernes, aber geschmackvolles Kontrastprogramm zum kolonialen Baustil und findet regen Zuspruch.

**Shark Island**

*Shark Island* ist der letzte Besichtigungspunkt in Lüderitz: Hier erinnert eine Bronzeplatte mit seinem Konterfei an den verschollenen Stadtgründer Adolf Lüderitz. An das Internierungslager auf der Haifischinsel, in dem nach dem Krieg 1904 gefangene Herero und Nama in notdürftiger Kleidung, mit mangelhafter Verpflegung und ohne medizinische Versorgung dem ungewohnten Klima an der Küste überlassen wurden, und an die vielen Toten dieser Maßnahme, wird bislang nicht erinnert.

## Guano, Kolonisatoren und Diamanten

Die erste historisch belegte Landung eines Europäers an diesem Teil der namibischen Küste gelang 1487 dem Portugiesen *Bartolomeu Diaz* mit seiner kleinen Flotte von drei Karavellen, mit der er nach dem südlichsten Punkt Afrikas suchte. Nach seiner Rückkehr vom heutigen Kap der Guten Hoffnung warf er im Juli des folgenden Jahres erneut Anker und errichtete auf der Diaz-Spitze ein Steinkreuz (▶ s.u., „Diaz Kreuz"). Doch erst Mitte des 19. Jahrhunderts wurde der Landstrich für den Handel interessant, als man auf den Inseln vor der Küste Guano – den weltbesten Dünger – entdeckte. Sofort annektierte England die der Südwestküste vorgelagerten Inseln. Deutschland trat Ende des 19.Jahrhunderts eher unfreiwillig auf den Plan: Am 1. Mai 1883 landete *Dr. Heinrich Vogelsang* als Abgesandter des Kaufmanns **Adolf Lüderitz** an und handelte dem Nama-Kapitän *Joseph Fredericks* das Land um die Bucht in einem Umkreis von fünf Meilen ab. Später kam weiteres Land hinzu, und schließlich gehörte Lüderitz ein 20 Meilen breiter Küstenlandstreifen von der Mündung des Oranje bis etwa 90 km nördlich seiner Landebucht. Den von Lüderitz erbetenen militärischen Schutz lehnte Reichskanzler Bismarck zunächst ab, ließ sich aber schließlich überzeugen. Der englischen Regierung wurde der feste Wille des Deutschen Reiches, die Gebiete zu schützen, durch die Abkommandierung dreier Kriegsschiffe klargemacht, die an mehreren Stellen an der Küste die Reichsflagge hissten. Ohne es zu wollen, hatte Deutschland durch die geschickten Winkelzüge eines Kaufmanns eine weitere Kolonie in Afrika. Schon bald gab es Dispute über den Inhalt der Kaufverträge – die Nama rechneten mit englischen Meilen, Lüderitz mit geographischen –, sie unterschieden sich um

*Adolf Lüderitz*

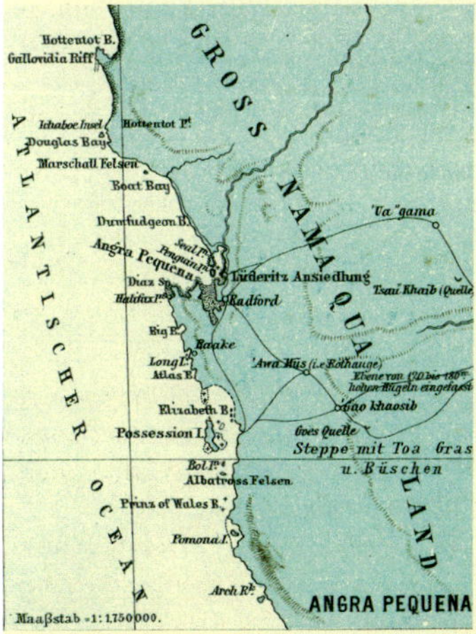

den Faktor fünf! Auch der Begriff „Verkauf" stiftete Verwirrung: Lüderitz verstand darunter den endgültigen Grundbesitz, dass er darauf siedeln, von Durchreisenden Zoll erheben und Missliebige davon verweisen konnte. Nach Ansicht der Nama, denen Privatbesitz an Grund und Boden unbekannt war, hatten die Weißen mit den Verträgen aber nur ein Duldungsrecht erworben, zeitlich begrenzt und jederzeit kündbar.

Lüderitz' Erwerb stand unter keinem guten Stern. Der Handel lief nicht so recht an und es gab zu wenig Wasser. Am 22. Oktober 1886 bestieg der Kaufmann ein kleines Faltboot, um von der Mündung des Oranje auf dem Seeweg nach Angra Pequeña zurükzukehren. Er kam nie an, und die Deutsche Kolonialgesellschaft verlegte ihre Aktivitäten nach Norden, nach Swakopmund. Erst die Diamantenfunde 1908 brachten Geld in die Stadt.

## Service Lüderitz

**Information**

*Lüderitzbucht Foundation,* im Museum, Diaz Street, Tel./Fax 063-202532. – *Lüderitzbucht Safaris & Tours,* Bismarck Street, P.O. Box 76, Tel. 063-202719, Fax 063-202863, ludsaf@africaonline.com.na. Informationen zur Stadt und Umgebung, Buchungen von Ausflügen, Permit für Kolmanskop. – *Namibia Wildlife Resorts,* im Alten Postamt, Schinz St, Tel. 063-202752, Fax 063-203213, Mo–Fr 7.30–13 und 14–16 Uhr (Buchungen der Nationalparks werden offiziell über Windhoek vorgenommen).

**Unterkunft**

- **Lüderitz Nest Hotel,** Diaz St, Tel. 063-204000, Fax 063-204001, www.nesthotel.com. 140 Betten, teuer. Das Luxushotel direkt am Meer verwöhnt seine Gäste mit einem Wellness-Center mit Thalasso-Anwendungen.

*Im Nest Hotel murmeln die Wellen beruhigend durch die Fenster*

- **Zum Sperrgebiet Sea-View Protea Hotel,** Ecke Woermann/Stettiner St, Tel. 063-203411, Fax 063-203414, www.proteahotels.com. Teuer. Das Hotel mit schönem Blick über Lüderitz besitzt ein gutes Restaurant, 19 Zimmer und Schwimmbad/Sauna.
- **Haus Sandrose,** 15 Bismarck St, Tel. 063-202630, Fax 063- 202365, www.haussandrose.com. Günstig, nur Selbstversorgung.
- **Kratzplatz,** B&B, 5 Nachtigall St, P.O. Box 885, Tel./Fax 063-202458, günstig.

**Restaurants**

Die beiden Restaurants im Nest Hotel und im Zum Sperrgebiet Sea-View Hotel gehören mit zu den besten Adressen der Stadt. Spezialitäten sind Langusten, Fisch und Austern.

- **Ritzi's,** Waterfront, Tel. 063-202818. Sehr gute Fischgerichte, bei den Einheimischen beliebt, man sitzt im 1. Stock drinnen oder auf der Terrasse mit Blick auf die Bay.
- **Barrels,** Nachtigall St, ist das Restaurant der Pension Kratzplatz (s.o.) und wird ebenfalls für seine Fischgerichte empfohlen (und für sein Eisbein).
- **Bistro d'Café,** Moltke St, Tel. 081-2727670. Ganztägig geöffnetes Bistro mit vollwertiger Speisekarte mit Fleisch und Fisch.
- **Shearwater Oyster Bar,** Hafengelände. Mo bis Do von 9 bis 18 Uhr und freitags bis 19 Uhr gibt es Austern satt und am Freitag dazu noch Tapas.

**Einkaufen**

*Lüderitzbucht Safaris & Tours,* Bismarck St, Tel. 063-202719, hat auch eine Auswahl hübscher Souvenirs. In Kolmanskop hat im historischen Kasino ein *Curio Shop* seine Pforten
geöffnet (nur 8.30–12 Uhr), eine eigene Abteilung ist dort dem Erwerb von Diamanten vorbehalten, die etwa 5–10% billiger als auf dem Weltmarkt sein sollen.

## Lüderitz Umgebung

**Agate Beach**

Am Strand nordöstlich von Lüderitz soll man Achate finden können. Auf dem Weg hinaus passiert man das ehemalige Township *Nautilus,* in dem natürlich heute noch ausschließlich schwarze Lüderitzer leben.

**Halifax Islands**

Mit dem Katamaran „Zeepard" geht es zum Diaz Point und, wenn das Wetter es zulässt, weiter zur Halifax-Insel, wo man eine Pinguin-Kolonie sehen kann. Die Tour dauert etwa 2–3 Stunden. Abfahrt ist im Haupthafen an der Beton-Jetty, Buchungen einen Tag vorher über Lüderitzbucht Safaris & Tours.

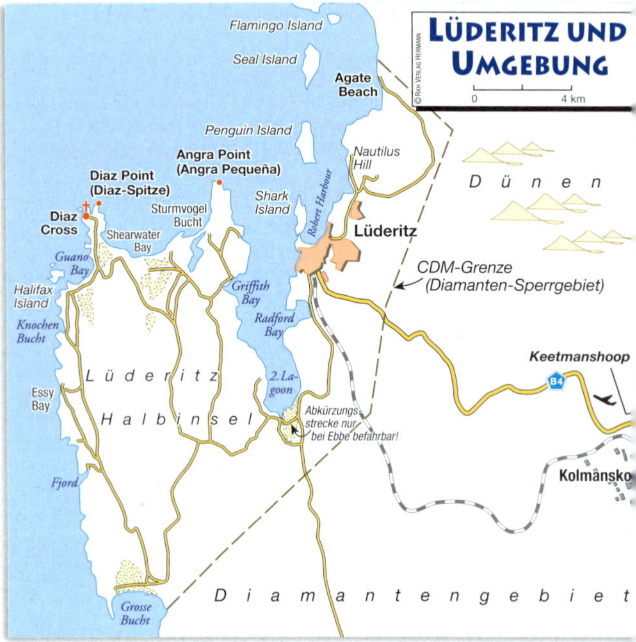


**Diaz Point** Zum Diaz Point, entlang an Lagunen und Buchten, sind es 22 km (mit der Möglichkeit, immer wieder Abstecher an die Küste zu machen). Hier errichtete Bartolomeu Diaz 1488 ein Steinkreuz als Symbol der portugiesischen Landnahme. Ein 1911/12 gebauter Holzsteg führt einen kleinen Felsvorsprung hinauf. 1855 wurde das Originalkreuz nach Kapstadt gebracht, 1929 ein symbolisches Kreuz aufgestellt, das dem ursprünglichen allerdings nicht ähnelte. Zur 500-Jahr-Feier wurde schließlich ein Replikat des *Padraõ* am ursprünglichen Standort enthüllt.

**Elizabeth Bay** Diese Halbtages-Tour führt in das Diamanten-Sperrgebiet nach Süden in die Geisterstadt. Gefahren wird mit einem VW-Bus. Mindestens vier Personen müssen eine Gruppe bilden. Die Tour dauert einen halben Tag und kann mit dem Besuch von Kolmanskop kombiniert werden. Buchungen über Lüderitzbucht Safaris & Tours, ludsaf@africa online.com.na.

**Bogenfels**

Eine Ganztagestour geht durchs Sperrgebiet zum Bogenfels, einem dekorativ über dem Meer zum Bogen erodierten Felsen. Buchungen über *Coastways Tours,* Waterfront, Lüderitz, Tel. 063-202002, Fax 063-202003, www.coastways.com.na. Auf dem Weg zu dem gewaltigen Bogen mit über 50 Meter Höhe wird in der Minenstadt *Pomona* zum Lunch Halt gemacht. Auf Pomona fand man zwischen 1908 und 1931 10,6 Millionen Karat! Wegen des offiziellen Permits Buchung mindestens 14 Tage im Voraus.

## Von Lüderitz nach Sesriem/Sossusvlei

Bis Aus sind es auf gleicher Strecke zurück 123 km. Dann folgt man der C13 nach Norden durch die Ausläufer des *Rooirand,* der südlichen Abbruchkante des zentralnamibischen Hochplateaus. Nach 57 km besteht die Möglichkeit, bei Neisip nach Westen auf die unbefestigte Pad D707 abzubiegen, die 120 km am Rande des Namib-Naukluft Parks durch durch eine der landschaftlich schönsten Szenerien Namibias führt.

1

*Wenn plötzlich Nebel aufkommt, wird der Rückweg vom Diaz Point schwierig!*

## Tiras Conservancy und Namtib Biosphärenreservat

Dünenfelder und Inselberge wechseln sich westlich der D707 ab, und im Osten begleiten die Gipfel des Tiras-Gebirges die Route. Auf dem Weg durchquert man die 125.000 ha große *Tiras Mountains Conservancy,* ein privat gemanagtes Naturschutzgebiet, zu dem sich mehrere Gästefarmen zusammengeschlossen haben. In der weiten, von den roten Namib-Dünen geprägten Landschaft, bieten die Gästefarmer naturkundliche Wanderungen, Pferde-Trekking, Freeclimbing und auch einen anspruchsvollen 4x4-Parcours an.

Unterkunft gibt es in verschiedenen Preisklassen, vom einfachen Camping bis hin zu komfortablen Chalets (Farmen *Tiras, Gunsbewys, Koiimasis, Numis* und *Landsberg,* Infos unter www.tirasberge.de). Auf halber Strecke trifft man auf eine weitere Gästefarm, deren Besitzer sich ebenfalls intensiv mit dem ökologischen Gleichgewicht der Halbwüstenlandschaft auseinandersetzen und ihr Wissen auch überaus interessant und spannend weitergeben: *Farm Namtib Biosphärenreservat* (Tel./Fax 063-683055, www.namtib.net, mittel, Campingmöglichkeit). Auch hier werden naturkundliche Wanderungen und Rundfahrten angeboten. Man übernachtet auf der Gästefarm oder auf dem Zeltplatz *Little Hunter's Rest.*

## Helmeringhausen

Wer auf der Hauptroute C14 weitergefahren ist, erreicht knapp 100 km ab Aus die Einmündung der C27, auf der es dann weiter nach Nordwesten geht. Zuvor lohnt ein kurzer Abstecher (4 km) nach Osten zum Farmerort Helmeringhausen mit seinem landwirtschaftlichen Open-air-Museum und dem Helmeringhausen Hotel, in dem man eine schattige Mittagsrast einlegen kann (hier auch Schlüssel zum Museums-Areal). Das Hotel wurde ansprechend renoviert und ein Campingplatz ist hinzugekommen, der mitten im Ort gelegen dennoch Privatheit garantiert (Helmeringhausen Hotel, Tel. 063-283307, Fax 063-283308, www.helmeringhausen.com, mittel). Auch die Küche wird als ausgezeichnet gelobt. Auf der den Ort umgebenden Farm Helmeringhausen (10.700 ha) kann man Wandern und Reiten.

Auf der C27 weiterfahrend mündet nach 74 km von links die D707 ein, und nach weiteren 23 km zweigt die D826 nach Osten ab zum Schloss Duwisib (23 km).

## Duwisib

Die Burg, errichtet aus rötlichem Stein, liegt in einem idyllischen Tal zwischen Palmen und alten Akazien. Zinnenbekrönt und an den vier Ecken mit Wachttürmen verstärkt ist das Schloss eine perfekte Kopie mittelalterlicher Burgarchitektur. Sein Besitzer, Hauptmann a.D. Hannsheinrich von Wolff, ließ es 1908/09 von Wilhelm Sander erbauen. Der wehrhafte Charakter mag durch die unsichere Situation im südlichen Namibia begründet gewesen sein, insgesamt aber scheint es doch, als hätte von Wolff das Projekt mit einem gewissen Größenwahn vorangetrieben. 20 Ochsenwagen waren zwei Jahre lang beschäftigt, das Material anzufahren. Wolff züchtete auf seinem Anwesen Pferde (die man lange Zeit für die Vorfahren der Namib-Pferde hielt), musste aber bereits 1914 alles aufgeben, weil er zum Fronteinsatz nach Deutschland zurückbeordert wurde. Im gleichen Jahr fiel er in der Schlacht an der Somme. Seine amerikanische Ehefrau, für die er das Schloss angeblich gebaut hatte, setzte nie wieder einen Fuß auf namibischen Boden. Duwisib fiel an den Staat und wurde schließlich mit Originalmobiliar und wertvollen antiken Waffen zum Museum ausstaffiert (tgl. 8–17 Uhr).

*Wahn und Wille haben ein Kuriosum zustande gebracht*

1

## Service Duwisib/Unterkunft

- **Staatlicher Zeltplatz,** schattige Stellplätze, Braai-Grill, Buchung bei Namibia Wildlife Resorts.
- **Farm Duwisib,** Buchung unter Tel./Fax 063-293344, www.farmduwisib.com, mittel, Campingmöglichkeit.

## Routenvariante Mariental → Maltahöhe → Sesriem

Wer auf den großen Bogen nach Süden verzichtet hat, findet hier nun den Anschluss an seine Route ab Mariental (▸ s.S. 94). Über den Ort **Maltahöhe** geht's auf der C19 weiter nach Westen. Nach rund 70 km überwindet man den Abbruch der Randstufe auf dem steilen *Zarishoogte Pass* und folgt der Pad nordwärts am Fuß der Tirasberge entlang, bis 155 km ab Maltahöhe das Eingangstor zum *Camp Sesriem* und damit zum Namib-Naukluft Park erreicht ist. Die Ortschaft Maltahöhe ist eigentlich nur ein kleiner Fleck, besitzt aber mehrere Unterkünfte, ein Kunsthandwerkszentrum und ein Museum. Wer im Januar/Februar vorbeikommt, sollte unbedingt nach dem Lilienfest fragen, das sich in einem 800 ha großen Vlei 20 km außerhalb abspielt. Sobald dort das Wasser 15 cm hoch steht, erblühen die Pflanzen in lila-rosaweiß über die ganze Fläche – ob die Blume übrigens eine Lilien- oder eine Amarilla-Art ist, wurde bislang noch nicht geklärt.

Das renovierte *Maltahöhe-Hotel* ist das einzige Namibias, das auf eine hundertjährige Geschichte als Hotel zurückblicken kann (Tel. 063-293013, Fax 063-293133, www.maltahoehe-hotel.com. Souvenirladen, Internet-Café, Schwimmbad, günstig). Das *Oahera Art Center* zeigt und verkauft Kunsthandwerk der lokalen Bevölkerung, serviert Kaffee und Kuchen, und im luftigen *Red Stone Restaurant* auch größere Mahlzeiten (www.oaheraart.com).

## NamibRand Nature Reserve

Von Duwisib zurück zur C27. Auf ihr sind es bis Sesriem, stets begleitet von Namib-Wüste und den Ausläufern der Tsarisberge, noch 138 km. Das 180.000 ha große *NamibRand Nature Reserve* nützt diesen Teil der Namib als privates Naturschutzgebiet und unterhält hier mehrere Lodges bzw. Luxuscamps (s.u.). Die Auflagen, die dem Schutz der Natur dienen, sind streng: Nur ein Gästebett auf 1500 ha Land, keine 4x4-Fahrten querfeldein (die meisten

Touren finden zu Fuß statt). Ein Großteil der Einnahmen wird in die *Conservancy* gesteckt. Das Gelände, das früher von Schaffarmern genutzt und überweidet wurde, kann nun eine große Vielfalt von Wild, wie Oryx, Bergzebras, Wüstenfuchs, Tüpfelhyänen, Leoparden und Kudus ernähren.

## Service NamibRand

**Unterkunft**

**Wolwedans Collection,** bestehend aus Dune Camp, Dunes Lodge, Boulders Camp, Mountain View Suite, Desert Lodge und Private Camp. Zu buchen über NamibRand Safaris, Tel. 061-230616, Fax 061-220102, www.wolwedans.com. Sehr teuer.

**Aktivitäten**

*Tok Tokkie Trails* organisieren im Südosten des Naturschutzgebiets zwei- bis dreitägige Wüstenwanderungen. Buchungen über Tel. 061-264521, Fax 061-264389, www.toktokkietrails.com.

## Sesriem/Sossusvlei

1

Das Rastlager Sesriem ist Ausgangspunkt für die Fahrt zum Sossusvlei, einer von hohen Sanddünen eingerahmten Salzpfanne und wohl **Namibias berühmteste Sehenswürdigkeit.**

**Treibstoff**

Treibstoff gibt es in der Region beim *Sesriem Camp* und in *Solitaire* (▸ s.S. 136), aber nicht mehr auf der Farm BuellsPort und auch nicht bei der Namib Desert Lodge!

*Wasserförderung auf dem Lande*

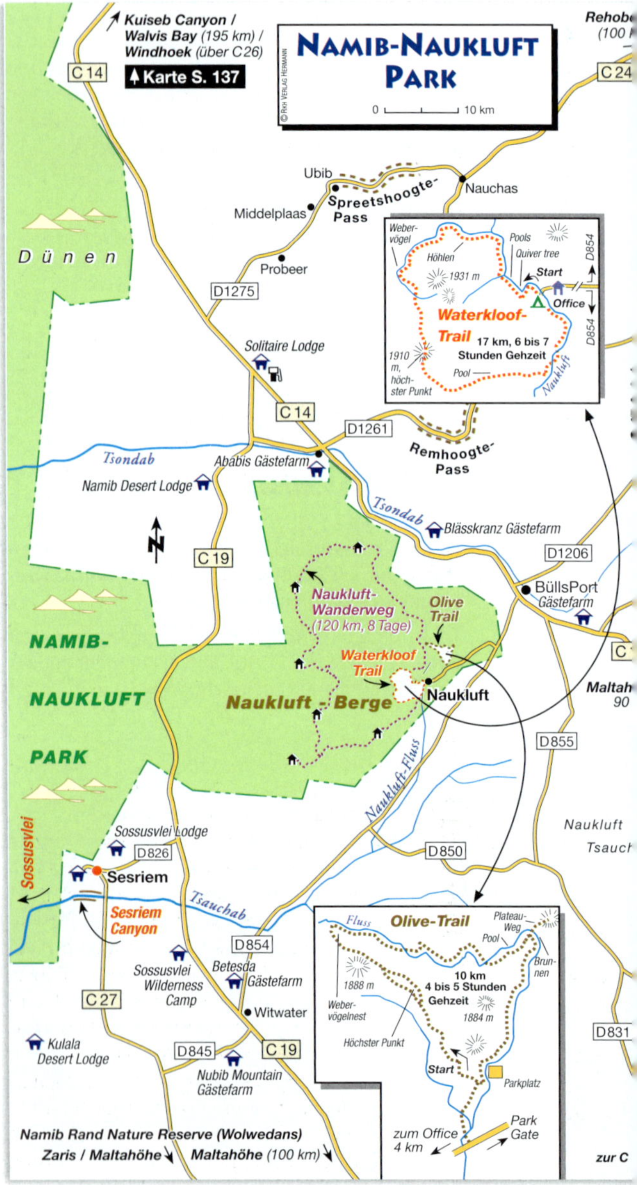
Namib-Naukluft Park
© Reise Know-How Verlag Hermann
0 10 km
Kuiseb Canyon / Walvis Bay (195 km) / Windhoek (über C26)
Karte S. 137
C14
C24
Ubib
Nauchas
Middelplaas
Spreetshoogte-Pass
Probeer
D1275
Dünen
Solitaire Lodge
C14
D1261
Remhoogte-Pass
Tsondab
Ababis Gästefarm
Namib Desert Lodge
Tsondab
Blässkranz Gästefarm
C19
D1206
BüllsPort Gästefarm
Naukluft-Wanderweg (120 km, 8 Tage)
Olive Trail
Waterkloof Trail
Naukluft
Naukluft - Berge
NAMIB-NAUKLUFT PARK
D855
Naukluft-Fluss
Naukluft
Sossusvlei Lodge
D826
D850
Sossusvlei
Sesriem
Tsauchab
Sesriem Canyon
D854
Sossusvlei Wilderness Camp
Betesda Gästefarm
C27
Witwater
Kulala Desert Lodge
D845
C19
Nubib Mountain Gästefarm
D831
Namib Rand Nature Reserve (Wolwedans)
Zaris / Maltahöhe
Maltahöhe (100 km)
Webervögel
Höhlen
Pools
Quiver tree
Start
Office
D854
1931 m
Waterkloof-Trail
17 km, 6 bis 7 Stunden Gehzeit
1910 m, höchster Punkt
Pool
Naukluft
Olive-Trail
Fluss
Plateau-Weg
Pool
Brunnen
10 km 4 bis 5 Stunden Gehzeit
1888 m
Webervögelnest
1884 m
Höchster Punkt
Start
Parkplatz
Park Gate
zum Office 4 km

## Formalitäten

Ganz entgegen der Attraktion und Bedeutung dieses Ortes stehen auf dem Campingplatz nur wenige Stellplätze zur Verfügung. Die Buchung mehrere Wochen voraus, wenn nicht Monate, ist unabdingbar! Wer im staatlichen *Sesriem Camp* übernachtet genießt den Vorteil, morgens eine Stunde vor den anderen Besuchern in den Namib-Naukluft Park fahren zu dürfen, denn das Gate zum Park befindet sich im Camp und wird früher geöffnet als das Camptor für Reisende von außerhalb. Das Letztere ist nur von Sonnenauf- bis -untergang offen. Wer also Sossusvlei besucht und dort den Sonnenuntergang erleben möchte, kann nach der Rückkehr zwar ins Camp hinein, dessen Tor hinaus „in die freie Welt" hat aber bereits eine Stunde nach Sunset geschlossen. Man kommt nun zwar noch zu Fuß hinaus, der Wagen aber muss auf dem Boden des Camps verbleiben, bis das Tor bei Sonnenaufgang wieder geöffnet wird. Zusätzlich zum Ärger muss auch noch für den zweiten Tag die Parkgebühr bezahlt werden.



## Sesriem Canyon

Die Besichtigung der einen Kilometer langen und zwischen 30 und 40 Meter tiefen Schlucht unweit südlich des Campingplatzes ist weniger kompliziert als Sossusvlei zu besuchen. Stabiles Schuhwerk ist empfehlenswert, wenn man den Canyon, dessen Wände sich an manchen Stellen bis zu einem zwei Meter schmalen Spalt verengen, erkunden will. Der Tsauchab hat dieses Erosionswerk vor etwa 15 Mio. Jahren begonnen und fräst in guten Regenjahren immer noch daran. Wann er viel Wasser führte und wann wenig, wann also feuchtere Klimaepochen und wann längere Trockenperioden auftraten, kann man an den Wänden des Canyons ablesen: Führte der Fluss viel Wasser, riss er Geröll und Steine mit, die noch heute im Fels sichtbar sind. Gab's wenig Wasser, wurde nur Sand abgelagert – ebenfalls deutlich zu erkennen. Wenn der Tsauchab heute, in einer wieder ariden Periode, abkommt, füllt er die Gumpen mit frischem Wasser,

*Im Schatten des Canyons herrscht willkommene Kühle*

das im Schatten der Schlucht noch weit ins Jahr hinein Vögeln, Pavianen und Antilopen als Tränke dient. Früher nützten es auch die Farmer: sechs Riemen mussten sie aneinander binden, um zu seinem Grund zu gelangen – daher der Name *ses riem*.

## Sossusvlei

Rund 64 km sind es auf der Pad, die dem Trockenbett des Tsauchab folgt, bis zu den berühmten Sterndünen, die zu den höchsten der Welt gehören. Auf dem Weg passiert man die imposante **„Düne 45"** und die Abzweigung zum **Dead Vlei,** einer weiteren von Dünen umrahmten Salzpfanne, die aber seltener besucht wird.

Nach 60 km ist für Pkw Schluss, weiter geht's zu Fuß durch tiefen Sand oder mit dem kostenpflichtigen Shuttle Service. Bis zum Parkplatz am Vlei sind es weitere 4 km.

Ganz gleich, wie Sie das Vlei erreichen (falls zu Fuß, dann sind Kopfbedeckung, Sonnenbrille und eventuell auch ein Mundschutz wegen des von den Autos aufgewirbelten Staubes empfehlenswert) – der Anblick der die meiste Zeit trockenliegenden Salz-/Tonpfanne mit ihrer gerissenen Oberfläche vor der Kulisse der je nach Tageszeit roten, orangefarbigen oder gelben Dünen ist einzigartig! Entstanden ist die Salzpfanne in wasserreicheren Perioden, als der Tsauchab so viel Wasser führte, dass er tief in die Dünenwüste vordringen konnte und schließlich vor dem hohen Riegel der Sossusvlei-

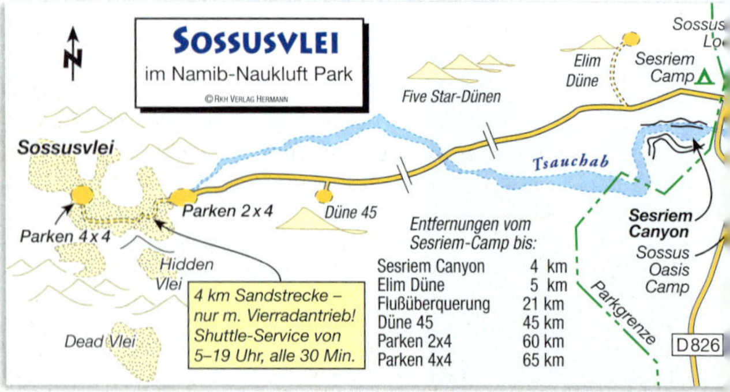

*Dead Vlei*

Sterndünen versickerte. Bis heute wiederholt sich dieses „Wunder" in guten Jahren. Dann steht weit ins Jahr hinein Wasser in der Pfanne, und Enten tummeln sich darauf.

## Auf die Dünen

Vom Bodenniveau sind es knapp 220 Meter, ab Tsauchab-Niveau gemessen erreichen die Dünen 320 Meter Höhe. Sterndünen sehen von oben aus wie Kraken, ihre Arme breiten sich vom Hauptkamm in verschiedene Richtungen aus. Der Weg hinauf führt direkt am Grat entlang – nur hier ist der Sand hart genug. Das heißt aber nicht, dass er gut trägt: Zwei Schritte vor und einer zurück macht das Dünensteigen zu einer recht kräftezehrenden Angelegenheit. Doch die Anstrengung lohnt sich, denn oben angekommen fühlt man sich in eine wunderbare, fast lautlose Welt überaus sinnlicher Formen versetzt.

*Unberührte Schönheiten: Sossusvlei-Dünen*

## Service Sossusvlei

**Unterkunft**

- **Sesriem Camping,** Buchung über Namibia Wildlife Resorts. Geringe Versorgungsmöglichkeit, für die Camper wird das Tor zum Namib-Naukluft Park (Sossusvlei) eine Stunde vor Sonnenaufgang geöffnet.
- **Desert Camp,** Camp zur Selbstversorgung (Essen kann aber bei der Sossusvlei Lodge bestellt werden) 4 km von der Sossusvlei Lodge auf privatem Farmgelände, 20 Luxusunterkünfte, mittel bis teuer, www.desert camp.com.
- **Sossus Dune Lodge,** Buchung über Namibia Wildlife Resorts, staatliche Luxusunterkunft im Park mit der Möglichkeit beizeiten zu den Dünen aufzubrechen, sehr teuer.
- **Sossus Oasis Campsite,** Luxuszeltplatz gegenüber der Sossusvlei Lodge mit allen nur erdenklichen Einrichtungen wie Pool, Buchungen über www.sossus-oasis.com, günstig.
- **Sossusvlei Lodge,** P.O. Box 6900/Ausspannplatz, Windhoek, Tel. 063-293636, www.sossusvleilodge.com. 90 Betten, teuer, Schwimmbad direkt am Sesriem-Camp.
- **Tsauchab River Camp,** P.O. Box 221, Maltahöhe, Tel./Fax 063-293416, www.tsauchab.com. Anfahrt: Südlich des Naukluft-Teiles des Namib-Naukluft Parks an der Kreuzung der D850 mit der D854. Chalets und sehr schön gelegene Zeltplätze, für Pkw und Geländefahrzeuge. 4x4-Trails, Wanderungen, günstig bis mittel.
- **A Little Sossus Lodge,** P.O. Box 24, Maltahöhe, Tel. 061-226979, Fax 061-226999, www.littlesossus.com.na. Anfahrt: Sesriem – C27/C19 (nach 35 km an der Kreuzung zur D854). Hübsche und geschmackvolle Chalets aus Bruchsteinmauerwerk, Fahrten nach Sossusvlei und in die Naukluft, teuer, Campingmöglichkeit.
- **Namib Desert Lodge/Gondwana Desert Collection,** P.O. Box 80205, Windhoek, Tel. 061-230066, Fax 061-251863, www.gondwana-collection.com. Anfahrt: 70 km nördlich von Sesriem an der C19. In Reihen-

*Das Eingangstor nach Sossuvlei ist als abstrakte Düne gebaut*

bungalows mit allem Komfort, Schwimmbäder, großes Restaurant, 65 Zimmer, mittel. Die Bungalows stehen am Fuße einer versteinerten Düne, Campingmöglichkeit in der Namib Desert Campsite nahebei (günstig).

## Zum Naukluft-Gebirge

Zwei Routen führen ins Naukluft-Gebirge, das sich nordöstlich vom Sesriem Camp erstreckt: Auf der gut ausgebauten C19 bis Solitär (unbedingt in der *Moose McGregors Desert Bakery* einen Apfelkuchen essen!), wo man auf der C14 bis BuellsPort und schließlich auf der D854 bis zur Abzweigung in den Nationalpark fährt (ca. 130 km). Oder auf der C19 nach Süden und dann die D854 nach Osten bis zum Parkeingang (ca. 90 km). Für Pkw sei die längere, doch besser ausgebaute Strecke empfohlen.

*Leoparden lieben den Fels*

## Naukluft-Gebirge

**Flora und Fauna**

Der bis zu 2075 m hohe Gebirgsstock ist eine klimatische wie ökologische Nische in der ariden Landschaft Südnamibias. Er ist hufeisenförmig geformt und verdankt seinen Namen einer schmalen Schlucht, *kloof,* die von Osten her tief in das Massiv hineinreicht. Auf etwa 1800 Meter Höhe findet sich ein Plateau, auf dem die Wanderwege und der 4x4-Trail verlaufen. Das Gebirge bekommt häufiger Niederschläge als das umliegende Land, und das Wasser kann sich in schattigen Kluften länger halten. So ist die Naukluft vielerorts mit relativ dichter Vegetation bewachsen und ein wahres Wildparadies. Sycomoren und Weißdornbäume säumen die sandigen Kluften, an den Felshängen wurzeln Köcher- und Balsambäume. Hartmannsche Bergzebras finden im Felsgebirge ideale Bedingungen, ebenso Leoparden und Klippspringer. Phänomenal ist der Vogelreichtum: Felsenadler, Damarasegler, die bunten Rosenpapageien, Hammerkopf und Stelzenläufer sind nur einige der über 100 hier vorkommenden Arten.

**Aktivitäten**

Die Naukluft ist ein Wanderparadies mit Trails verschiedener Schwierigkeitsgrade. Die beiden Tageswanderungen **Olive Trail** und **Waterkloof Trail** dauern zwischen vier und sechs Stunden, sollten aber wegen mehrerer exponierter Passagen nur von trittsicheren Wanderern in Angriff genommen werden. Essen und ausreichend Wasser sind unbedingt mitzunehmen, außerdem ein guter Sonnenschutz. Für die achttägige, 120 km lange **Naukluft-Wanderung** gelten besondere Bestimmungen: mindestens 3, höchstens 12 Teilnehmer, nur im Winter zwischen März und Oktober, Voranmeldung unbedingt erforderlich bei den Namibia Wildlife Resorts. Wer lieber mit dem Auto fährt, kann dies auf dem 73 km langen **4x4-Trail** tun, der in zwei Tagen durchs Gebirge führt. Nachtlager ist ein Camp auf dem Plateau. Zugelassen ist nur eine Gruppe pro Tag, höchstens 16 Personen und Fahrzeuge, Anmeldung bei NWR.

Unter dem Dach von „Naukluft-Experience" haben sich an die Naukluft angrenzende Gästefarmen zusammengeschlossen – BuellsPort und Ababis. Die Gäste können nicht nur die Sport- und Freizeit-

*In der Naukluft lässt sich tagelang wandern*

möglichkeiten der jeweils gebuchten Farm sondern auch das Angebot der Partner nützen, beispielsweise auf BuellsPort reiten, während die Kinder auf Blässkranz betreut werden. Das Angebot umfasst Game Drives, Reiten, Freeclimbing, Vogelbeobachtung, geologische Touren, Wanderungen zu Buschmannmalereien, Touren in die Naukluft, Mountainbiking, Fahrtsicherheit u.a. mehr. Infos unter www.naukluft-experience.com.

## Witboois Kampf

*Hendrik Witbooi*

Die Naukluft spielte auch eine Rolle im Kampf der Nama gegen die deutsche Schutztruppe. Die Witboois, eine Untergruppe der Orlaam-Nama, verweigerten die Unterschrift unter den „Schutzvertrag", sprich die Unterwerfung, und sorgten mit Guerilla-Taktik und immer neuen Überfällen (im Verein mit Viehdiebstahl) für Unruhe. 1893 wurde schließlich ein Expeditionskorps nach Hoornkrans, dem damaligen Hauptquartier des Anführers *Hendrik Witbooi,* geschickt. Witbooi floh mit seinen Leuten ins nahe Naukluft-Gebirge und verschanzte sich dort. Erst ein Jahr später gelang es der Schutztruppe, die Nama in der Naukluft zu stellen. Doch Witbooi konnte mit einigen Männern fliehen und zog sich tiefer ins Gebirge zurück. Schließlich war er aber doch gezwungen, in Friedensverhandlungen einzutreten. Am 15. September 1894 unterschrieb auch Hendrik Witbooi den Schutzvertrag, was ihn allerdings nicht daran hinderte, 1904, nach der Schlacht am Waterberg, einen neuen Aufstand im Süden anzuzetteln. 1905 wurde Witbooi bei einem Überfall tödlich verletzt, er liegt in Okahandja neben prominenten Herero-Führern (▸ s.S. 165) begraben.

## Service Naukluft/Unterkunft

- **Naukluft Camp,** Buchung über Namibia Wildlife Resorts, 8 Stellplätze (maximale Verweildauer 3 Tage), günstig.
- **Garies Restcamp,** Tel. 062-572007, www.garies-restcamp.com. Anfahrt BüllsPort – D1206 bis Rietoog, dort nach Herrn Mouton im Laden RMS General Dealer fragen. Camping um 70 N$/Person, Bungalow mit Frühstück um 300 N$/Person. Die Gästefarm wird von Bastern (▸ s.S. 55) geführt und vermittelt einen guten Einblick in die Kultur dieses Volkes.

- **Garies Restcamp,** Tel. 062-572007, www.garies-restcamp.com. Anfahrt BuellsPort – D1206 bis Rietoog, dort nach Herrn Mouton im Laden RMS General Dealer fragen. Campingmöglichkeit, Bungalow mittlere Preisklasse. Die Gästefarm wird von Bastern (▸ s.S. 55) geführt und vermittelt einen guten Einblick in die Kultur dieses Volkes.

**TIPP**

- **BuellsPort,** P.O. Box 1003, Maltahöhe, Tel. 063-693371, Fax 063-693372, www.buellsport.com oder www.naukluft-experience.com. Anfahrt: Maltahöhe – C14 nach N (104 km). 14 Betten, mittel. Schwimmbad, Fahrten durch die Naukluft-Berge, Reitpferde, Reitunterricht. Herrliche mehrstündige Wanderungen im Naukluft-Gebirge.

## Von Solitaire nach Walvis Bay

Vom Naukluft-Gebirge geht es auf der C14 nach Norden nach Solitaire, der einzigen Tankmöglichkeit weit und breit, und mit der Möglichkeit zu Campen oder in der großzügig gebauten **Solitaire Country Lodge** (Tel. 063-293621, www.solitairecountrylodge.com, günstig, Campingmöglichkeit) mit Pool zu übernachten. Tanken Sie voll, denn die nächste Möglichkeit dazu bietet sich erst wieder an der Küste!

Die C14 führt am Rande bzw. in den Ausläufern der Randstufe nach Norden. 74 km weiter mündet von Osten die C26 von Windhoek (über den Gamsberg-Pass) ein. Nach 11 km ist die Grenze des Namib-Naukluft Parks erreicht. Auf der folgenden Strecke darf man nur dann von der Hauptroute abfahren, wenn man sich dafür ein Permit besorgt hat. Durch Gebirgswüste windet sich die Pad über den **Kuiseb Pass** hinunter zum **Kuiseb Canyon.** Das Trockenflussbett wird auf einer Brücke gequert, dann folgt man der abzweigenden Piste 9 km zum „Henno Martin Shelter". Am Parkplatz kann man das Fahrzeug abstellen und in 15 Minuten bis zum Aussichtspunkt laufen (nur mit einem Permit erlaubt!).

*Tankstelle und Restaurant Solitaire*

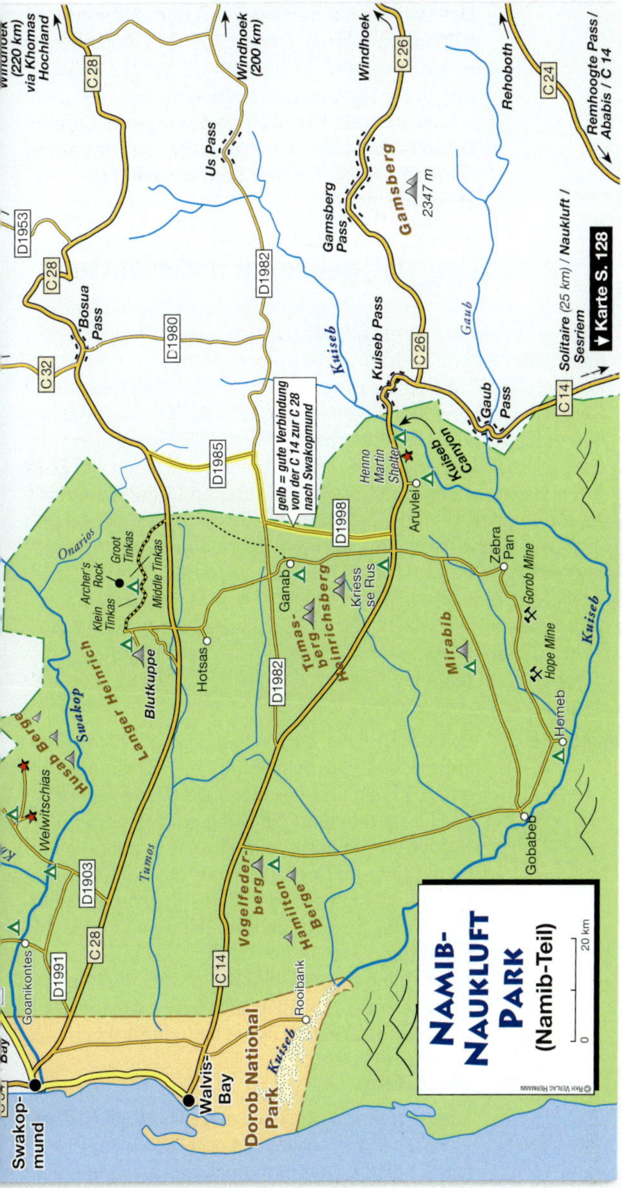
Windhoek (220 km) via Khomas Hochland
Windhoek (200 km)
Windhoek
Rehoboth
Remhoogte Pass / Ababis / C 14
C28
C26
C24
C32
C14
Us Pass
D1953
D1982
D1980
D1985
D1998
D1903
D1991
Gamsberg Pass
Gamsberg
2347 m
Bosua Pass
Kuiseb
Kuiseb Pass
Gaub
Gaub Pass
Solitaire (25 km) / Naukluft / Sesriem
Karte S. 128
gelb = gute Verbindung von der C 14 zur C 28 nach Swakopmund
Henno Martin Shelter
Kuiseb Canyon
Aruvlei
Zebra Pan
Gorob Mine
Hope Mine
Homeb
Gobabeb
Mirabib
Kriess se Rus
Ganab
Tumasberg
Heinrichsberg
Onarios
Groot Tinkas
Archer's Rock
Klein Tinkas
Middle Tinkas
Blutkuppe
Hotsas
Langer Heinrich
Swakop
Husab Berge
Welwitschias
Goanikontes
Tumos
Vogelfederberg
Hamilton Berge
Rooibank
Dorob National Park
Walvis-Bay
Swakopmund
NAMIB-NAUKLUFT PARK (Namib-Teil)
0 20 km
© RKH Verlag Hermann

Der Canyon ist, gemessen an namibischen Verhältnissen, noch ein junger „Spund“: Entstanden ist er vor etwa einer Million Jahren durch einen Riss, den der im Hochland entspringende Kuiseb dann weiter vertieft hat. Berühmt ist dieser Canyon wegen der beiden Geologen *Henno Martin* und *Hermann Korn*, die im Zweiten Weltkrieg hier Zuflucht fanden.

## Wenn es Krieg gibt, gehen wir in die Wüste

Zweieinhalb Jahre harrten die beiden Geologen Henno Martin und Hermann Korn ganz alleine auf sich gestellt aus, „gleich Raubtieren lebend“, wie sie beschrieben. Anlass ihrer „Flucht“ war der Zweite Weltkrieg, durch den die in Namibia lebenden Deutschen ungewollt zum Kriegsgegner ihrer Mandatsmacht Südafrika wurden. Alle deutschstämmigen Männer wurden damals in Internierungslagern untergebracht, um damit die befürchtete Verbreitung nationalsozialistischen Gedankengutes zu unterbinden. Henno Martin und sein Gefährte verspürten wenig Lust, die nächsten Jahre in einem Internierungslager zu verbringen, deshalb beschlossen sie, ins „Wüsten-Exil“ zu gehen. Ihre lesenswerte Geschichte erschien 1970 im Verlag der Namibia Wissenschaftliche Gesellschaft, Windhoek. Henno Martin: „Wenn es Krieg gibt, gehen wir in die Wüste“ – als Reiselektüre unbedingt zu empfehlen!

**Ökologie**

Das Kuiseb Rivier spielt eine große Rolle für die Ökologie der Namib. Sein Lauf bildet die Grenze zwischen Dünen- und Kiesnamib. Die dichte Vegetation im Flussbett hindert die Dünen daran, weiter nach Norden zu wandern. Da der Kuiseb in guten Jahren häufig bis zum Dünensperrgürtel am Atlantik abkommt, werden die von Wind angelagerten Sandmassen fortgespült. Im Hinterland von Walvis Bay bildet der Kuiseb dann ein Binnendelta und speist eine Lagune, an der zahlreiche Wasservögel leben (▸ s.S. 143). Bedeutend ist er auch für die Wasserversorgung der Hafenstädte Walvis Bay und Swakopmund.

### Weiterfahrt

Für die Weiterfahrt gibt es nun zwei Möglichkeiten: der direkte Weg auf der C14 nach Walvis Bay ist eine landschaftlich eher monotone Strecke, abgesehen von gelegentliche Tiersichtungen. Interessant ist allerdings der **Vogelfederberg,** 105 km ab Kuiseb Canyon, mit seinen vielfältigen Erosionsformen: kugelrunde Wollsackgranite liegen wie achtlos hingeworfen an seinen Flanken, seine Granitschicht ist aufgeplatzt und blättert ab wie eine Schale, die tiefen Risse und Sprünge im Gestein bewirkten die extremen Temperaturunterschiede. Am Fuß des Berges, wo sich der Morgentau sammelt, wachsen Pflanzen, Nahrung für die Tiere der Wüste. Mehrere Stellplätze rund um den Berg stehen Übernachtungsgästen zur Verfügung, sofern Sie beim Ministry of Environment and Tourism in Swakopmund oder Walvis Bay reserviert und bezahlt haben. Verpflegung, Wasser und Feuerholz sind mitzubringen.

Wer den 160 km langen Abstecher nach Süden über die Wüstenforschungsstation Gobabeb (die nicht besichtigt werden kann) unternehmen möchte, sollte mit zusätzlichen 2–3 Stunden Fahrzeit rechnen. Die Strecke ist wie die obige genehmigungspflichtig.

## Alternative: Abstecher über Gobabeb und Kuiseb Rivier

13 km nach dem Kuiseb Canyon führt links der Abzweig zur Zebra Pan und nach Gobabeb. **Zebra Pan** (km 38) ist eine Pumpstation zur Wasserversorgung der Zebras, die Chancen, die Tiere hier anzutreffen, sind allerdings nur morgens und abends groß. Bei den Minen **Gorob** (Km 48) und **Hope** (Km 68) auf dem Weg nach Homeb erinnern Häuserruinen und eine Unmenge sorgfältig in Reih' und Glied gelegte

*In der Namib ist das Farbenspiel einzigartig*

Bohrkerne daran, dass Menschen immer wieder die Hoffnung hatten, auch hier in der Namib auf wertvolle Bodenschätze zu stoßen. **Homeb** ist ein kleines Dorf aus Wellblechhütten mit einem dahinter liegenden Zeltplatz im den größten Teil des Jahres trockengefallenen, mit hohen Tamarisken und Akazien bestandenen *Kuiseb Rivier*. Im Dorf leben Topnaar-Nama. Die hiesige Namagemeinschaft arbeitet eng mit Gobabeb zusammen. Die Forscher profitieren von den jahrhundertealten Kenntnissen der Nama über wüstenangepasste Pflanzen und Tiere, und umgekehrt kommt dem Dorf das Know-how der Forscher zugute. **Gobabeb** selbst kann von unangemeldeten Besuchern nicht besichtigt werden; nur Wissenschaftler, Studenten und Praktikanten haben Zugang, darauf weist man schon weit vor dem Eingangstor mit eindrucksvollen Schildern hin. Die Forschungsstation untersucht alle Aspekte der Ökologie und des Kreislaufs der Wüste. Nicht zuletzt hier wurde der Beweis für die ökologische Notwendigkeit geführt, gerade in den sensitiven Wüstengebieten die Touristenströme rigide zu regulieren und kanalisieren. Kurz vor Gobabeb kann man wieder nach Osten zum Ausgangspunkt auf die C14 zurückfahren. Die Fahrt geht über den Zeltplatz **Mirabib** (bis dahin ca. 33 km), der hübsch an einem Granit-Inselberg liegt. Alternativ setzt man die Fahrt nach Norden über den Vogelfederberg (60 km) zur C14 fort.

35 km nach dem Vogelfederberg verlässt die C14 den Namib-Naukluft Park. Die Straße ist nun asphaltiert, und voraus sieht man einen mächtigen Sandberg, die *Düne 7*. Knapp 10 km weiter ist Walvis Bay erreicht.

## Walvis Bay

Die Stadt hat einen klar gegliederten Grundriss mit sich rechtwinklig kreuzenden Straßen mit Nummernsystem. Parallel zur Küste verlaufende Straßen heißen „Street", die anderen „Road".

**Geschichte**

Auf seinem Weg nach Südafrika ankerte der portugiesische Seefahrer Diaz am 8. Dezember 1487 vor dem heutigen Walvis Bay und gab der Bucht den Namen *Golfo de Santa Maria da Conceição*. Im

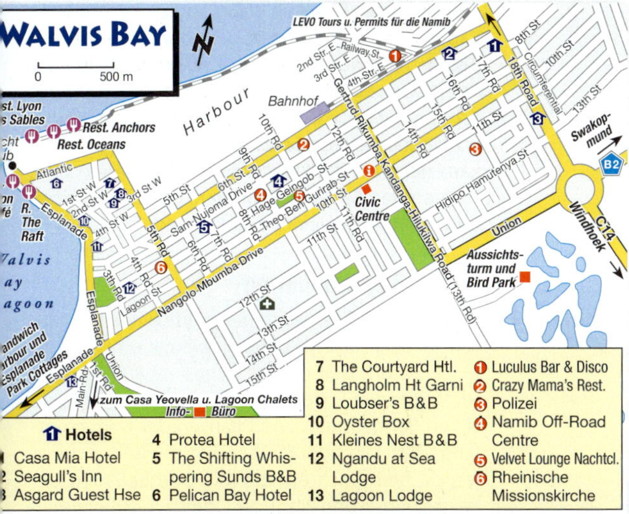


17. Jahrhundert kamen die Walfänger an diese Küste, die nun *Golfo de Baleia* hieß – Bucht der Wale. Ab 1795 wurde die Region endgültig der Machtsphäre der Engländer zugerechnet, ab 1884 unterstand sie verwaltungstechnisch der Kapkolonie. Die Zugehörigkeit zu Südafrika wurde 1994 mit der Rückgabe an Namibia beendet. Einer der ersten Missionare war *Heinrich Scheppmann* von der Rheinischen Mission, der 1845 bei Rooibank am Kuiseb seine Arbeit mit den Topnaar-Nama begann.

**Spaziergang**

Walvis Bay ist ein freundliches, grünes Städtchen mit 50.000 Einwohnern. Die meisten Häuser sind im Bungalowstil errichtet und von hübschen Gärten umgeben, denen die markanten Silhouetten der Etagenbäume ein ganz eigenes Flair verleihen. Touristisch Interessantes gibt es in der Stadt selbst kaum: Neben der historischen **Lokomotive** vor dem Bahnhof am Ende der 11th Road lohnt die **Rheinische Missionskirche** in der 5th Road in Höhe der 8th Street einen Besuch. Sie wurde in Hamburg als Fertigteilgebäude aus Holz 1879 hergestellt, zerlegt nach Walvis Bay gebracht und 1880 dort, allerdings an anderer Stelle, aufgebaut. Im Zuge der Hafenvergrößerung versetzte man sie an ihren heutigen Standort. Walvis Bay ist auch für seine Lagune mit zigtausend Vögeln berühmt. Die fünf Kilometer lange **Esplanade** (Verlängerung der Diaz Street nach Süden) läuft an ihr entlang und ermöglicht immer neue Einblicke in die vielfältige Vogelwelt, zu der Möwen, Seetauben, Flamingos und Pelikane gehören. Nach weiteren fünf Kilometern kann man an den **Salt Works** fragen, ob eine Besichtigung der Salzgewinnungsanlage möglich ist.

## Walvis Bay Umgebung

**Nature Park**

Über die C14, 7 km wüsteneinwärts und dann südlich auf der Piste in Richtung Rooibank, erreicht man einen Nature Trail, der auf insgesamt 80 Kilometer (drei Stunden Pistenfahrt) an typischen geologischen Formationen und Pflanzen der Namib entlang führt. Links der Straße wirkt der Boden dunkler, da hier Flechten, die Mikroorganismen der Wüste (Algen und Pilze), die Oberfläche überzogen haben. Die Pilze haben sozusagen die Aufgabe des Skeletts übernommen, während die Algen sich um die Fotosynthese kümmern. Die Farbpalette reicht von schwarz über grau und braun bis orange, bei ausreichend Feuchtigkeitszufuhr blühen die Flechten in strahlenden Farben auf. Sie wird der nebligen Luft entnommen, deshalb sind die westwärts zum Meer gerichteten, höher liegenden Bereiche stärker bewachsen.

**Rooibank** erhielt seinen Namen wegen des roten Granits, der aus dem Wüstenboden ragt. Der Kuiseb trennt hier das Sandmeer der Dünen gegen die Geröllflächen des Nordens ab. Rivieraufwärts stehen hohe Bäume, abwärts niedrige Pflanzen. Einige Vegetationstypen sind mit Tafeln gekennzeichnet.

*Salzgewinnung bei Walvis Bay*

1

**Sandwich Harbour**

Die von Walvis Bay 40 km südlich liegende Lagune *Sandwich Harbour* zählt zu den faszinierendsten Landschaftsformen der Namib. Die Dünen reichen hier bis ans Meer, eine große Vogelpopulation besiedelt das durch ständige Küstenveränderungen entstandenen Brackwasser. Welches Bild Sandwich Harbour gerade bietet und ob es über Land überhaupt erreichbar ist, hängt von den jeweiligen Gegebenheiten ab. Die in Swakopmund und Walvis Bay ansässigen Touren-Veranstalter bieten 4x4-Touren nach Sandwich an.

## Service Walvis Bay

**Informationen zur Namib und Permits**

**Ministry of Environment and Tourism (MET),** Heinrich Baumann Street, im nordöstlichen Industriegebiet, anzufahren über den Diaz-Kreisel, die 18th Road bis zu 2nd Street, dort rechts und wieder rechts in die Baumann Street. Tel. 064-205971/2, Mo–Fr 8–13 und 14–17 Uhr, Sa/So 8–13 Uhr.

**Unterkunft**

- **Burning Shore,** Langstrand, 4th Street, Tel. 064-207568, www.proteahotels.com, teuer. Direkt am Strand mit kleinem Restaurant und illustren Gästen.

# Quadbike, Sandboard und Surfbrett

Swakopmund und Walvis Bay sind Namibias heißeste Adressen für Aktivsportler: Angefangen hat es mit *Quadbikes,* kleinen, vierrädrigen Motorrädern mit breiten Reifen, auf denen die jungen Namibier und natürlich auch Touristen in rasender Fahrt über die Sanddünen entlang der Atlantikküste brausen. Inzwischen sind die Quadbikes allerdings zur richtigen Plage geworden, besonders dann, wenn zu südafrikanischen Ferienzeiten die Besucher aus dem Nachbarland wie Heuschrecken einfallen und wild knatternd Strände und Straßen unsicher machen. Deshalb hat man in den Dünen genau markierte Gebiete ausgewiesen, und nur in diesen darf mit den Quadbikes herumgefahren werden. Die Vermieter bieten fast nur noch geführte Touren an. Mieten kann man die Bikes entlang der Straße Walvis Bay – Swakopmund und an vielen Tankstellen.

*Sandboarden* ist nichts anderes als Snowboardfahren auf Sand – geht gut und macht Spaß, und körperlich ist es zudem ganz schön anspruchsvoll, denn schließlich muss man den „Surfberg" zunächst zu Fuß erklimmen. Besonders günstige Windverhältnisse locken jedes Jahr immer mehr Wind- und Kite-Surfer in die Bucht vor Walvis Bay, es wurden hier sogar schon mehrere Weltrekorde aufgestellt. Anlaufadresse ist der Yacht Club.

*Quadbiken in den Dünen Swakopmunds ist bei jung und alt beliebt*

- **Casa Yeovella,** B&B, 15 Riebeeck Circle, Tel./Fax 064-200502, yeovella@namibnet.com. 14 Betten, 14 Betten, günstig..
- **Courtyard,** 163rd Road, unweit der Lagune, Tel. 064-206252, Fax 064-207271, ww.thecourtyardhotelwb.com. 35 Betten, günstig. Hallenbad.
- **Levo Guesthouse,** P.O. Box 1860, Tel. 064-207555, www.levotours.com. Anfahrt: Walvis Bay – B2 (21 km)/Langstrand. 20 Betten, Chalet 300 800 N$. Bootstouren (s. Touren-Anbieter).

**Restaurants**

- **The Raft,** The Esplanade, Tel. 064-204877. Vorzügliche Küche mit Blick auf die Lagune; die Fischgerichte werden sehr gelobt.
- **Bäckerei und Restaurant Probst,** 9th Street, Tel. 064-202744. Das Haus ist seit Jahren der Treff zum Kaffee nach dem Einkaufsbummel; auch kleine Gerichte.
- **Lyon des Sables,** Tel. 064-221220, Waterfront. Die beste Küche der Region mit französischen Einflüssen und einer tollen Aussicht.
- **Anchors,** Tel. 064-205762, Waterfront. Uriges Fischlokal am Wasser, beliebt bei den Einheimischen.

**Touren-veranstalter**

- **Mola Mola Safaris,** Atlantic St/Ecke Esplanade, Tel. 064-205511, Fax 064- 207593, www.mola-mola.com.na. Bootsausflüge, Haiangeln.
- **Levo Dolphin Tours** veranstaltet unterhaltsame Schiffstouren hinaus aufs Meer vor Walvis Bay, inklusive Champagner, Austern und handzahmen Robben. P.O. Box 1860, Langstrand (genau zwischen Walvis Bay und Swakopmund), Tel. 064-207555 oder 081-1247825, Fax 064-207555, www.levotours.com.
- Mit **Catamaran Charters** geht es mit pfeilschnellen Doppelrumpfschiffen ebenfalls mehrstündig hinaus in die Bucht von Walvis Bay. Tel. 064-200798, www.namibiancharters.com.
- Bei **Eco Marine Kayak Tours** organisiert Jeanne Meintjes Kajak-Touren in der Lagune. Dabei kann man Vögel beobachten, man fährt zum Pelican Point und zu Austernfarmen. Jeanne stellt auch Touren nach Vorstellungen der Gäste zusammen. Abfahrten vom Hengel Club beim Yacht Club. P.O. Box 225, Tel. 064-203144, Fax 064-203144, www.emkayak.iway.na.

Namibias unfallträchtigste Straße verläuft zwischen Walvis Bay und Swakopmund (35 km). Unterwegs kann man anhalten und einen Quadbike-Ausflug in die Dünen unternehmen. Swakopmund erreicht man nach Überquerung des Swakop Rivier auf einer Brücke.

# Swakopmund

Von Jahr zu Jahr wird in Swakopmund mehr restauriert und modern dazugebaut; von Jahr zu Jahr wird das Städtchen mit seinen bizarr breiten Salzstraßen schmucker (die Breite der Straßen war nötig, damit Ochsengespanne darauf wenden konnten). Heute ist das Kleinod an der Atlantikküste eines der wichtigsten Touristenziele der Besucher aus „Übersee“, ein Zentrum aller nur vorstellbaren Aktivitäten und Fun-Sportarten. Und es ist auch für die Einheimischen eine Boomtown, in der in den letzten Jahren fast jeder Namibier versucht hat ein Eckchen Immobilie abzubekommen – die Preise stiegen und stiegen. Swakopmund erstreckt sich heute in den Norden, bis hin zum einst in der Einsamkeit der Küste gelegenen Zeltplatz „Mile 4“.

1 Gefängnis
2 Disco/Pub
3 Kristall Galerie
4 Swimming Poc
5 Altes Amtsgericht
6 Polizei
7 Museum
8 Kaiserliches Bezirksamt
9 Marinedenkma
10 Robyn Gallery
11 Ludwig Schröder Haus
12 Haus Altona
13 African Leathe Collection
14 Evangelische Kirche
15 Raith Gourmet Gelateria
16 Chili Pepper Re
17 Ritterburg/Natu Conservation
18 Fürst Bismarck Haus
19 Radverleih

## Straßennamen

Es ist nicht lange her, da hat man in Swakopmund die Straßen umbenannt – Kolonialheroen-Schilder weg, Helden des Widerstands hin. Viele Einheimische benutzen noch die alten Namen. Hier eine Liste der neuen Straßennamen. Im Rundgang geben wir der Übersichtlichkeit halber zuerst den neuen, dann den alten Namen an:

- Nordring/Südring ........ Moses/Garoeb Street
- Breite Straße ........ Nathaniel Maxuilili St
- Poststraße ........ Daniel Tjongarero Ave
- Mittel-/Garnison-/Moltkestraße Tobias Hainyeko St
- Brückenstraße ........ Libertina Amathila Ave
- Lazarettstraße ........ Anton Lubowski Ave
- Schlosserstraße ........ Mandu-ya-Ndemufayo St
- Winterstraße ........ Nelson Mandela Ave
- Feldstraße ........ Hidipo Hamutenya Ave
- Schul-/Roonstraße ........ Hendrik Witbooi St
- Bahnhofstraße ........ Theo Ben Gurirab St
- Louis Botha Straße/Dante Laan Vrede Rede Ave
- Kolonnen-/Knobloch-/ Garnisonstraße ........ Rakotoka St
- Mosely Laan/Uranstraße ........ Franziska van Nel St

20 Henckert Souvenirs / Pinocchio / Arcaden Café
21 Hans Kriess Garage
22 Engelhard Design
23 OMEG Haus
24 Otavi-Bahnhof
25 Village Café
26 Kaiserhof
27 Woermann Haus
28 Bus Intercape Mainliner
29 Hohenzollern Haus
30 Alte Kaserne/Youth Hostel
31 Aquarium/Aquamarine
32 Desert Explorer Adventures

**Hotels**

1 Hotel Brigadoon
2 Strand Hotel
3 Dunedin Star GH
4 Villa Wiese Lodge
5 Villa Margherita
6 Htl. Schweizerhof/ Café Anton
7 Hansa Hotel
8 Atlanta Hotel
9 Eberwein Hotel
10 Rapmund Hotel
11 Zum Kaiser
12 Swakop Lodge
13 Central Lodge
14 Meike's Gästehaus
15 A La Mer Hotel
16 AJay Jay's Hotel
17 Secret Garden Guest House
18 Hotel d'Avingnon
19 Dunes Lodge
20 Europa Hotel
21 Prinzessin Rupprecht Heim
22 Swakopmund Sands Hotel
23 The Stiltz Lodge

## Geschichte

Die deutsche Landnahme begann in Lüderitzbucht, doch der nützliche Hafen erwies sich schon bald als untauglich für die Versorgung der Kolonie im Inland, der Weg ins Hochland war beschwerlich und zu lang. Walvis Bay dagegen war ideal gelegen, nur leider britisch. Nach längerer Suche die Küste auf und ab entschied man sich schließlich für eine Stelle gleich nördlich der Mündung des Swakop-Flusses – es gab Wasser und keine Behinderung durch Sandberge. Das Kanonenboot „Hyäne" der Kaiserlichen Marine setzte am Landungspunkt Baken, Swakopmund war geboren, es war der 4. August 1892. Ein Jahr später brachte die „Marie Woermann" 120 Schutztruppler und 40 Siedler aus Deutschland per Brandungsboot an Land.

1894 kamen vier Schiffe, 1895 fünf Dampfer und 1896 richtete die Woermann-Linie einen zweimonatlichen Afrika-Dienst ein. Die Anlandung mit dem Brandungsboot blieb Swakopmund erhalten, bis 1899 der Bau der Mole in Angriff genommen wurde. Nach vier Jahren war die 375 Meter lange Pier fertig – und nach weiteren zwei Jahren versandet. Damit war auch Swakopmunds Hafenkarriere zu Ende. Dennoch wuchs die Stadt: Die Ochsenkarren nahmen von Swakopmund aus den traditionellen Bay-Weg, und die bald danach gebaute Eisenbahn verband die Stadt über Otjiwarongo mit dem Norden und über Windhoek mit dem Süden. 1907 war Swakopmund mit ca. 1700 weißen Einwohnern die größte weiße Ansiedelung in den deutschen Kolonien, doch die Kriegskapitulation setzte der Blüte ein Ende. Nun wurde Swakopmund beliebtes Ferienziel der Hochländer, die in den Sommermonaten der

*Swakopmund in den ersten Jahren*

Hitze entfliehen wollten. In den 1960er Jahren entstanden die beiden Vororte *Mondesa* und *Tamariska,* ersterer für die schwarze Bevölkerung aus dem Viertel „Alte Werft", letzterer für die Farbigen. Ab Mitte der 1970er Jahre sorgte der Uranabbau in der nahen Rössing-Mine (▶ s.S. 158) für Arbeitsplätze. Gegenwärtig arbeiten dort rund 800 Menschen.

## Ein Bummel durch Swakopmund

**Von der Post zur Kristallgalerie**

An der Kreuzung Daniel Tjongarero Avenue/Hendrik Witbooi Street (Post-/Roon St) steht das alte **Postgebäude.** Weiter geradeaus sieht man links zwei weitere alte Wohnhäuser, und über der Querstraße, der Otavi Street, ragt die **evangelisch-lutherische Kirche** in die Höhe. Ihr angeschlossen ist das **Pfarramt.** Am 7. Januar 1912 wurde die Kirche eingeweiht. Eineinhalb Jahre später war die gegenüberliegende **Regierungsschule** fertig. Die Tobias Hainyeko Street (Garnisonstr.) nach Norden kommt man zum postmodernen Quader der **Kristall Galerie,** eine sehenswerte Sammlung glitzernder Steine, in der man u.a. das weltgrößte Kristallaggregat bewundern kann. Im angeschlossenen Coffee Shop kann man sich erholen und im Curio Shop Souvenirs kaufen (Mo–Sa 9–17 Uhr).

**Vom Bahnhof zum Museum**

Die Otavi Street nach Norden stößt man auf den ehemaligen **Bahnhof** in schönstem wilhelminischem Klassizismus. Er ist in einen Gebäudekomplex mit Luxushotel, Ladengeschäften, Pub und Spielcasino integriert. Der Bahnhofsbau wurde 1901 begonnen und nach finanziellen Problemen schließlich von Wilhelm Sander vollendet, der hier ein erstes Mal einem Gebäude in Südwest seinen

*Das luxuriöse Bahnhof-Hotel*

1

*Altes Amtsgericht*

ganz persönlichen Stempel aufdrückte. Die Theo Ben Gurirab Avenue (Bahnhofstr.) in Richtung Meer gehend passiert man an der Kreuzung Tobias Hainyeko Street (Garnisonstr.) das **Alte Amtsgericht** und erreicht über die Strand Street nach links das **Schwimmbad** – ein Hallenbad mit olympischen Maßen – und das **Museum** (tgl. 10–17 Uhr). Die umfangreiche Ausstellung umfasst Schmuck, Waffen und Hausrat aller autochthonen Völker Namibias, sie informiert über die Geologie und über Flora und Fauna. Anschaulich wird das Leben der ersten Siedler dargestellt, und ein eigener Ausstellungsraum widmet sich dem Uran-Abbau in der Rössing-Mine, deren Besuch man hier im Museum buchen kann (Besichtigungstage jeden ersten und dritten Freitag).

Die Strand Street weiter nähern wir uns dem **Leuchtturm,** dem **Kaiserlichen Bezirksamt** und dem **Marinedenkmal.** Das Bezirksamt wurde 1902 fertiggestellt, das Marinedenkmal, martialisches Erinnerungsstück an den Krieg im Verlauf der Kolonisierung, am 16. August 1908 eingeweiht. Es soll an die deutschen Marinetruppen erinnern, die 1904 gegen die Herero eingesetzt wurden. Zu seinen Füßen verkaufen Händler Schnitzwaren, zumeist Tierfiguren, Schalen und Kästchen. Die meisten Schnitzer stammen aus Ovambo und Kavango.

**Ritterburg, MET und Woermannhaus**

Nahe der Ecke Sam Nujoma Street (Kaiser-Wilhelm-Str.) und Bismarck Street steht die **Ritterburg,** benannt nach einer Familie Ritter. Das Gebäude wurde für Angestellte der Woermann-Linie errichtet; heute residiert darin ein Ableger des Ministeriums für Natur und Tourismus (Ministry of Environment and Tourism, MET) und ein Büro von Namibia Wildlife Resorts. **Hier bekommt man die Permits für die Nebenstrecken in der Namib** und die dortigen Zeltplätze. Die Bismarck Street weiter südlich trifft man – integriert in die Woermann Arkaden und den angrenzenden Shopping-Komplex Ankerplatz mit einer ganzen Reihe von kleinen Geschäften – auf einen weiteren Prachtbau Swakopmunds, das **Woermann-Haus.** 1894 als Niederlassung der Hamburger Damara-Gesellschaft errichtet, wurde es 1903 und 1904 umgebaut und erweitert und 1909 vom Rechtsnachfolger Woermann, Brock & Co., übernommen. Sein markanter Turm (man darf ihn besteigen) diente als Beobachtungsstation der ankommenden Schiffe. Fachwerk ziert Obergeschoss und den Turm. Heute beherbergt das Gebäude die öffentliche Leihbibliothek.



## Turmbesteigung

92 Stufen sind es hinauf zur Aussichtsplattform des Turmes, wo schon die Agenten Woermanns nach den Schiffen Ausschau hielten (geöffnet Mo–So 7–20 Uhr; sollte der Wachmann nicht da sein, ist der Schlüssel beim Internet-Café um die Ecke hinterlegt). Steigt man abends hoch, ist eine Taschenlampe hilfreich (keine Treppenhausbeleuchtung).

*Blick vom Turm des Woermann-Hauses*

**Lazarett, Kaserne und Hohenzollern haus**

Die Bismarck Street weiter stößt man schließlich an der Anton Lubowski Avenue (Lazarettstr.) rechterhand auf das **Prinzessin Rupprecht Heim** aus dem Jahre 1902, früher ein Hospital für die Schutztruppe, heute eine Mischung aus Touristenpension und Altersheim. Links die 1905 erbaute **Alte Kaserne,** heute Jugendherberge. Die Anton Lubowski Avenue (Lazarettstr.) nach links und an der Tobias Hainyeko Street (Moltkestr.) wieder nach links kommt man an der Ecke Libertina Amathila Avenue (Brückenstr.) zum neubarocken **Hohenzollern-Haus** mit Stilelementen der Renaissance und einem mächtigen Atlas auf der Giebelspitze, der geduldig seine Erdkugel stemmt. Es wurde 1906 als „Hotel Hohenzollern" fertiggestellt. Schräg gegenüber befindet sich Namibias berühmtestes Antiquitätengeschäft, **Peter's Antiques,** dass von Kolonialsouvenirs über Literatur bis hin zu rituellen Masken alles verkauft, was mit Namibias Geschichte zu tun hat.

**Jetty und Aquarium**

Die Meerespromenade Richtung Süden unter Palmen und zwischen einem Blütenmeer führt uns der Weg schließlich zur **Jetty,** der Landungsbrücke aus Eisen, die 1911 begonnen wurde. 1986 renoviert, bald wieder gesperrt und heute doch wieder offen und mit einem ausgezeichneten Restaurant am Ende ausgestattet, ragt sie von den Wellen umspült weit ins Meer hinaus. Noch ein Stückchen weiter eröffnete der damalige Präsident Sam Nujoma 1994 ein **Meerwasser-Aquarium** modernster Bauart (Di–So 10–16 Uhr). Die Besucher spazieren durch einen gläsernen Tunnel durchs Haifischbecken. Um 15 Uhr ist Fütterung.

*Das Hohenzollernhaus war einst Hotel*

## Ins Township

Auch das feine Swakopmund hat natürlich seine beiden Siedlungsgebiete für Farbige und Schwarze, die in den 1950er Jahren eingerichtet wurden. *Hata Angu Cultural Tours* (Tel. 081-1246111, www.facebook.com/Hata.angu) führt die Touristen durch die Townships. Zahlreiche Möglichkeiten für Gespräche ergeben sich dabei, u.a. mit Familienmitgliedern des letzten Hendrik Witbooi. Nebenbei lernt man eine ganze Menge über das traditionelle Leben der Nama und zum Beispiel über deren Medizin. Auch wird man mit den heutigen Strukturen der Townships bekannt gemacht, den alten Häusern aus der Zeit der Apartheid, den wilden Siedlungen, in denen die Menschen auf eigene Häuser warten und die Neubaugebiete, in denen erschwingliche Behausungen errichtet werden.

## Kriminalität in Swakopmund

Überfälle auf Touristen (und Einheimische) sind zwar nicht sehr häufig, kommen aber vor. Wie in Windhoek sollte man darauf verzichten, Wertsachen und Geld sichtbar in Handtaschen, Rucksack etc. spazieren zu tragen. Nachts sollte man nicht in einsamen Gegenden unterwegs sein, am besten lässt man sich vom Hotel ein Taxi organisieren. Und Spaziergänge am Strand entlang sollte man ebenfalls nicht unternehmen, wenn sich sonst niemand dort aufhält.

1

## Service Swakopmund

**Information**

- **Namib I** Information, Ecke Sam Nujoma St/Hendrik Witbooi St (Roonstr.), P.O. Box 1236, Tel. 064-404827, Fax 404827. Mo–Fr 8–13 und 14–17 Uhr, Sa 9–12 und 16–18 Uhr, So 9–12 und 15–17.30 Uhr.
- **Namibia Wildlife Resorts,** Ritterburg, Tel. 064-405513, Fax 402769. Reservierungen der Rastlager.
- **Ministry of Environment and Tourism,** Tourism Office, Ecke Sam Nujoma St/Bismarck St, Ritterburg, P.O. Box 5018, Tel. 064-404576. Mo–Fr 8–13 und 14–17 Uhr, Sa/So 8–13 Uhr. Permits für die Namib und deren Zeltplätze.

**Stadtführungen**

Führungen durch das historische Swakopmund unternimmt kompetent und amüsant Frau Flamm-Schneeweiss, Tel. 064-461647 oder 081-2726693.

**Unterkunft**

- **Hansa Hotel,** Hendrik Witbooi St (Roonstr.), P.O. Box 44, Tel. 064-400311, Fax 064-402732, www.hansahotel.com.na. Teuer. Luxuriöses Traditionshaus im Herzen der Stadt, exzellentes Restaurant.
- **The Stiltz,** Strand St, Fax 064-400771, www.thestiltz.com. Mittel bis teuer. Hochluxuriöse Pfahlbauten, direkt an der Mündung des Swakop mit Blick über den Strand und den Atlantik. „Die Stelze" ist die neueste Kreation der

Erschaffer von *The Raft* in Walvis Bay, dem Restaurant *The Tug* in Swakop und der *Erongo Wilderness Lodge*.

- **Hotel Eberwein,** P.O. Box 2594, Sam Nujoma Avenue (Kaiser-Wilhelm-Str.), Swakopmund, Tel. 064-414450, Fax 064-414451, www.eberwein.com.na. 16 Doppelzimmer, mittel. Hotel in der ehemaligen Villa Wille, Tiefgarage.

TIPP

- **Meike's Gästehaus,** 23 Windhoeker St, P.O. Box 2858, Tel. 064-405863, Fax 064-40 58 62, www.meikes-guesthouse.net. Günstig bis mittel. Liebevoll und sehr persönlich geführtes B&B mit geschmackvoll eingerichteten Zimmern, jeweils mit eigener Terrasse.
- **Sea Breeze Guesthouse,** 48 Turmalin St, P.O. Box 2601, Tel. 064-463348, Fax 064-463349, www.seabreeze.com.na. Mittel. Zwei Italiener in Swakopmund – eine originelle Mischung präsentiert die nette Pension am Strand im Norden der Stadt.

**Restaurants**

- **The Jetty,** Jetty, Tel. 064-405664. Schöner kann man in Swakopmund beim Essen nicht sitzen. Ausgezeichnete Fischküche auf der Mole mitten im Meer.
- **Garden Café,** 11 Tobias Hainyeko St (Garnisonstr.), Tel. 064-403444. Italienische Gerichte in angenehmer Gartenatmosphäre.
- **Erich's,** Daniel Tjongarero Ave, Tel. 064-405141. Gemütliche Runden bei Erich's sind Tradition; Fleisch, Fisch und deutschsprachige Bedienung sorgen für Zulauf, auch bei den Einheimischen.

**Cafés**

- **22 South Food Connection,** Tel. 064-400380. Im Leuchtturm, leichte Mahlzeiten, Pizzen sowie Kaffee und Kuchen in urgemütlichen, kleinen Räumen. Wenn die Sonne scheint, sitzt man draußen.
- **Village Café,** Sam Nujoma Drive, Tel. 064-404723. Afrikanisch inspirierte Einrichtung in mehreren Räumen, durch die hindurch man in den hübschen Innenhof kommt. Kaffee und Kuchen, Frühstück und ausgewachsene Hauptgänge.
- **I-Café,** Woermann Brock Mall, Tel. 064-464021. Coffee Shop mit Internet-Anschluss.
- **Fish Deli,** Sam Nujoma Avenue 29, Tel. 064-462979. Bistro mit wenigen Tischen und köstlichen Fischgerichten direkt von der Theke und natürlich Austern, dazu Wein oder Bier.

**Aktivitäten**

- **Desert Explorers** mit Brettern auf den Dünen organisiert *Desert Explorers,* Tel. 064-406096, www.namibiadesertexplorers.com.
- Wer **Dünenskifahren** möchte, wende sich an das *Sophia Dale Restcamp* an der B2, ca. 12 km von Swakopmund im Swakop Rivier, Tel. 064-403264. Infos gibt's unter www.sophiadale.com und www.ski-namibia.com.

- *Desert Explorers* vermieten auch **Quadbikes** stundenweise oder für Tagestouren (zwischen Walvis Bay und Swakopmund) in den Dünen (Tel. s.o.).
- **Ballonfahrten** unternimmt *African Adventure Balloons,* www.africanballoons.com.
- Ein- und mehrtägige **Reittouren** und **Fußwanderungen** unternimmt *Okakambe Trails* in der Gegend der Welwitschia-Ebene und um den Rössingberg (Tel. 064-402799, www.www.okakambe.iway.na).
- *Living Desert Adventures* hat sich auf **Touren in der Wüste** spezialisiert, bei denen man die kreuchende und fleuchende Welt der Tiere kennenlernt: Schlangen, Skorpione und Käfer (Tel. 064-405070, www.livingdesertnamibia.com).
- **Flugtrips:** *Bush Bird* nimmt Willige mit hinauf und zeigt die Wüste aus der Vogelperspektive (unterschiedlicher Länge, auch nach Sossusvlei oder ins Kaokoland, Tel. 064-404071, www.bushbird.de).

**Shopping**

- **Anin,** Ankerplatz Arcade, Tel. 064-405910; Bett- und Tischwäsche fein bestickt.
- **Karakulia,** Rakotoka St, Tel. 064-461415, www.karakulia.com.na; Teppiche fertig, nach Maß oder nach eigenem Design und wunderschöner Schmuck.
- **Peter's Antiques,** 24 Tobias Hainyeko St, Tel. 064-405624; Bücher und Antiquitäten.
- **Kristall Galerie,** Tobias Hainyeko St, Tel. 064-406080; Souvenirs mit Halbedelsteinen.
- **Henckert Tourist Center,** Sam Nujoma Drive 39, Tel. 064-400140; Mineralien, roh, blank und bearbeitet, Marmor, handgewebte Teppiche, Schmuck.
- **African Leather Creations,** die ehemalige Swakopmund Tannery, verkauft als vielgesuchte Spezialität weiterhin Schuhe aus Kudu-Leder und zahlreiche andere Artikel aus Leder (Daniel Tjongarero St, Tel. 064-402458).

*Alte Kaserne – heute Youth Hostel*

1

# Swakopmund Umgebung

Ausflugsziele von Swakopmund in nördlicher Richtung (Henties Bay, Cape Cross mit Robbenkolonie) sind in der nördlichen Namibiaroute ▸ ab S. 203 beschrieben. Die folgende Namib-Rundfahrt kann man auch als Abstecher im weiteren Verlauf dieser Route unternehmen.

## Zur Riesen-Welwitschia und ins Moon Valley

Die Route durch die Kiesnamib ist eine Art ökologischer Lehrpfad zum Thema „wüstenangepasstes Leben". Hilfreich ist die Mitnahme des Naturführers „Namib" von Christine Marais und Patricia Craven, den es in Swakopmund zu kaufen gibt, denn die „Sehenswürdigkeiten" unterwegs sind zwar beschildert, aber nicht erläutert. Für die Route ist ein Permit des MET (Ministry of Environment and Tourism) in der Ritterburg notwendig.

**Ausgangspunkt**

Ausgangspunkt ist die C28 in Richtung Bosua-Pass und Windhoek, von der nach 18 km die D1991 in Richtung Goanikontes abzweigt. Tafel 1 gleich nach der Abzweigung markiert eine mit Flechten bewachsene Stelle. Spritzen Sie etwas Wasser darüber und sehen Sie, wie sie sich verändern! Tafel 4 weist nach 18 km auf das grandiose Panorama über das Moon Valley hin, das der Swakop mit seiner Erosionskraft geformt hat. 15 km weiter muss man an der Kreuzung links abbiegen, um zur Welwitschia zu gelangen; vorbei an einem idyllisch gelegenen Zeltplatz am Swakop Rivier (Reservierung über MET

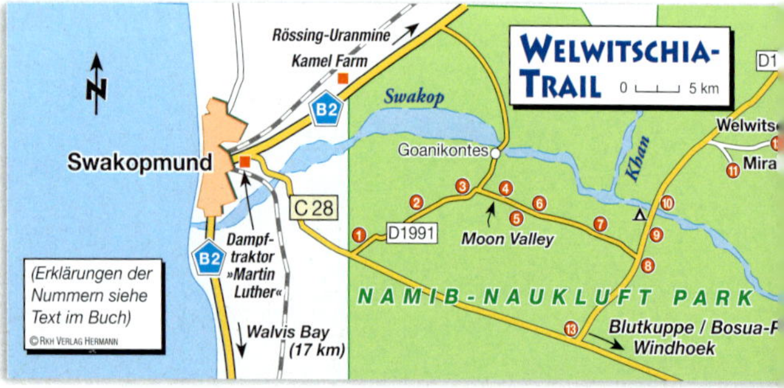

in Swakopmund) ist nach weiteren 12 km die eingezäunte **Welwitschia** erreicht. Weitere, nicht ganz so imposante Exemplare sind in der Umgebung zu sehen. Nicht zu nahe rangehen (▶ s. Kasten)! Von der Welwitschia geht es nun auf direktem Weg südwärts zur C28 zurück und nach Swakopmund.

## Welwitschia Mirabilis

Die Welwitschia *(Welwitschia mirabilis)* ist wohl eine der seltsamsten Pflanzen Namibias. 1860 wurde sie gleichzeitig von dem österreichischen Botaniker Friedrich Welwitsch in Südangola und dem Briten Thomas Baines im Swakoprivier entdeckt. Sie gehört zu den ältesten Pflanzengattungen der Erde. Die auf dem Welwitschia-Trail mit Eisengittern geschützte Riesen-Welwitschia ist stolze 1500 Jahre alt. Die niedrige Pflanze wächst kaum in die Höhe. Sie besitzt zwei breite Blätter, die sich unter dem Einfluss des Windes spalten und reißen, so dass durch das stetige Nachwachsen ein wahres Blattknäuel entsteht, das weit im Umkreis des eigentlichen Stammes den Boden bedeckt. Dieser Wirrwarr dient einem wichtigen Zweck, nämlich der Wassergewinnung. Die Welwitschia wächst nämlich nur dort, wo die Küstennebel die Namib befeuchten. Das Kondensat bedeckt die Blätter und tropft dann auf den Boden. Dicht unter der Bodenoberfläche nimmt ein weit verzweigtes Netz von feinen Wurzeln die Feuchtigkeit auf. Deshalb sollte man nicht zu nahe an die Pflanzen herangehen – die Wurzeln könnten beschädigt werden!



*Die 1500 Jahre alte Welwitschia mirabilis*

## Die Rössing-Mine

Die Besichtigung des Abbaus von Uran im Tagebau muss im Museum von Swakopmund gebucht werden (s. dort). Busse des Unternehmens bringen die Besucher von Swakopmund zur Mine und danach wieder zurück. Ende 1920 entdeckte der Prospektor Peter Louw nordöstlich von Swakopmund Uranlagerstätten. Über 40 Jahre lang versuchten er und seine Partner, Bergbaugesellschaften für den Abbau zu interessieren, aber erst in den 1960er Jahren konnten die Schürfrechte vergeben werden. 1973 begann der Abbau des zähen Granits, eine Gesteinssorte, die *Alaskit* genannt wird. 1980 war das Firmenkonsortium der weltgrößte Lieferant von Uran. Entstanden sind die Lagerstätten vor Jahrmillionen: Als große Teile Namibias von flachem Wasser überdeckt waren, lagerten sich Sedimente an seinem Grund ab. Der Boden senkte sich, neue Schichten legten sich darüber. Druck und die hohe Temperatur führte zu einer Faltung und der geschmolzene Granit lagerte sich in den oberen Schichten ab. Die in ihm enthaltenen kleinen und gelben Urankristalle sind nun im Tagebau erreichbar.

Der Granit wird aus dem Felsen gesprengt und mit riesigen Schaufelbaggern auf ebenso riesige Lastwagen verladen und zu Zerkleinerungsmaschinen gebracht. In vier Stufen erreicht es eine Korngröße, die es zur Weiterverarbeitung mit Chemikalien verwendbar macht. Diese lösen das Uran heraus, und nach Trennung von den festen Bestandteilen wird die Flüssigkeit einem Ionen-Austauschprozess unterworfen, durch den das Uran angereichert wird, d.h., die Konzentration des Urans in der Lösung wird erhöht. Eine weitere Anreicherung findet durch Lösungsmittelextraktion statt. Die hochkonzentrierte Flüssigkeit wird schließlich mit Ammoniak versetzt, und es entsteht „yellow cake" (Ammoniumdiuranat), dem das Wasser entzogen und der bei 600 °C getrocknet wird. Durch die Hitze spalten sich die Stickstoffanteile ab, das Ergebnis ist Uranoxid, das verpackt und ausgeliefert wird.

Mit Erstarken des Umweltbewusstseins in Namibia wurde der Rössing-Mine verschiedentlich vorgeworfen, dass sie zu wenig zum Schutz der Umwelt täte. Tatsächlich greifen Sicherungsmaßnahmen nur partiell – allein der Wind verteilt die radioaktiven Partikel großzügig in der Namib, und auch die Arbeiter sind trotz Schutzkleidung ständig dem krebserregenden Staub ausgesetzt. Besonders umweltbelastend ist der hohe Wasserverbrauch – mit Wasserspritzen versucht man, der Staubbildung Herr zu werden. Entnommen wird das kostbare Nass den nahen Rivieren Kuiseb, Khan und Omaruru. Dadurch sinkt aber auch der Grundwasserspiegel in der Region.

## Von Swakopmund nach Windhoek

Die Route durchquert die Kiesnamib und passiert mehrere interessante botanische wie geologische Sehenswürdigkeiten sowie einsame und überaus idyllische Zeltplätze (kein Wasser, kein Holz), die auf genehmigungspflichtigen Abstechern erreicht werden können. Die Genehmigung für die Abstecher erteilt ausschließlich das MET, die Übernachtungen werden bei Namibia Wildlife Resorts reserviert (▸ s.S. 153).



Die Sam Nujoma Avenue stadtauswärts passiert man am Ortsrand von Swakopmund den **Dampftraktor Martin Luther,** der, nachdem er im Sand stecken geblieben war, in Anlehnung an Martin Luthers berühmtes „Hier stehe ich, ich kann nicht anders" den Namen des Reformators erhielt. Das Lokomobil stand einst malerisch vor Palmen im

*Das Lokomobil „Martin Luther" (alter Standort)*

Freien, dort aber eben auch der Witterung und salziger Luft ausgesetzt. Nach der Generalrenovierung (Entrostung und Konservierung mit Farbe) kam es nun als Kompromiss hinter getöntes Glas – den Unbillen des Wetters nun auf Jahrhunderte trotzend, aber von außen auch kaum mehr zu erblicken. Wochentags 9–16 Uhr darf man ins Gebäude, das kleine dort untergebrachte Museum besuchen und Luther aus der Nähe bestaunen.

Nun biegt man auf die C28 in Richtung Bosua-Pass bzw. Windhoek ab. Solange man auf dieser Hauptpad bleibt, ist kein Permit nötig. Doch bereits der ersten Abstecher nach Norden zur **Welwitschia Mirabilis** (s.o.) ist genehmigungspflichtig. Knapp 70 km weiter bietet sich die Möglichkeit, nach Norden zur **Blutkuppe** (Permit!) abzubiegen. Nach 10 km erreicht man den Zeltplatz am Fuß des rund abgeschliffenen Inselberges, der seinen Namen der roten Äderung im Gestein verdankt. Wer ihn erklettern möchte, sollte bedenken, dass das Granitgestein infolge des extremen Klimas in dünnen Schalen abblättert und der Untergrund deshalb recht unstabil ist.

**Von hier weiter geht es nur mit 4x4!** Nächstes Ziel sind **Klein Tinkas** (7 km, Schutztruppengräber), **Mittel Tinkas** (weitere 4 km, ausgeschilderter Rundwanderweg) und schließlich **Archer's Rock** (weitere 7 km, bizarrer Felsbogen, Zeltplatz). Rund 14 km von Archer's Rock entfernt liegt **Groot Tinkas,** der schönste Namib-Zeltplatz in einem geschützten Felsenrund, in dessen Nähe ein kleiner Stausee morgens und abends das Wild anzieht. Dann geht's 16 km zurück zur C28 und kurz darauf ist auch die Grenze des Namib-Naukluft Parks erreicht.

*Blutkuppe*

*Lagerplatz am Archer's Rock*

Wer auf die Abstecher verzichtet, kann auch auf der Hauptpad interessante Beobachtungen machen. Ein Straußenrennen zum Beispiel, bei dem man nicht weiß, ob die Vögel miteinander oder mit dem Fahrzeug um die Wette laufen. Springböckchen bekommt man immer zu Gesicht, mit Glück auch Zebras oder einen Oryx. Schließlich geht es den **Bosua-Pass** hinauf (190 km ab Swakopmund) über die Randstufe ins Hochland. Die Vegetation wird üppiger, Paviane klettern zwischen Felsen herum und queren die Straße. Knapp 80 km nach dem Pass erinnert, inmitten der Einsamkeit, die Ruine der **François-Feste** an die deutsche Kolonialvergangenheit, 15 km weiter verfällt das **Liebig-Haus** vor sich hin. 25 km vor Windhoek kann man einen Abstecher in den **Daan Viljoen Wildpark** unternehmen. Wer die großen Nationalparks, wie Waterberg und Etosha bereits gesehen oder noch vor sich hat, wird sich hier allerdings nicht aufhalten. Daan Viljoen ist in erster Linie Naherholungsziel für die Windhoeker, es gibt hübsche Wanderwege, einen Stausee, gute Übernachtungseinrichtungen und eine Pkw-Rundtour. Zu sehen sind Antilopen und eine Vielzahl von Vögeln.



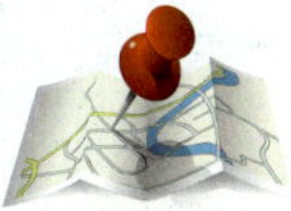

Bitte schreiben oder mailen Sie
(verlag@rkh-reisefuehrer.de), wenn sich in Namibia
Dinge verändert haben oder Sie Neues wissen.
Wir beantworten jede Zuschrift. Danke!

# 2 Route 2: Norden

## Höhepunkte im Norden

Die Reiseroute durch die nördliche Hälfte Namibias passiert die beiden wildreichen Nationalparks *Waterberg* und *Etosha*; führt durch bizarre Erosionswelten, wie das *Erongo* und das *Damaraland,* und zu uralten Felszeichnungen. Sie durchquert Siedlungsgebiete der *Herero* und *Damara* und erschließt in einem Abstecher den Lebensraum der *Ovahimba*. Für die gesamte Strecke werden ohne Varianten und Abstecher gut 10 Tage benötigt.

**Routenführung**

Windhoek → Okahandja → Abstecher Dinosaurier-Fußspuren → Waterberg Plateau Park → Okakarara → Otjiwarongo → Abstecher Karibib → Otavi → Tsumeb → (Anschluss Route 4/Nordwesten) → Namutoni → Etosha National Park → Okaukuejo → Outjo (Anschluss Route 3/Nordosten) → Khorixas → Twyfelfontein (Routenvariante Twyfelfontein → Torra Bay → Swakopmund) → Uis Myn/Brandberg → Henties Bay → Abstecher Cape Cross → Swakopmund → Spitzkoppe → Erongo → Karibib → Abstecher Omaruru → Gross Barmen → Windhoek

### Achtung!

Man sollte im Einzugsgebiet Windhoeks auf der B1 nicht am Straßenrand oder in Parkbuchten halten. In der Umgebung des Goreangab Dam kommt es gelegentlich zu Überfällen.

*Ohne dauerndes Hobeln wären die Pisten bald unbefahrbar*

## Reservierungen

Auf dieser Reiseroute kommen Sie zu folgenden staatlichen Rastlagern, für die man bei Übernachtung Reservierungen der **Namibia Wildlife Resorts** vorweisen muss: Rastlager am Waterberg (Bérnabé-de-la-Bat); Rastlager von Etosha (Namutoni, Halali und Okaukuejo, möglichst 8–12 Wochen im Voraus buchen, in Ferienzeiten und zu Fest- und Feiertagen noch früher). Außerdem sollten Übernachtungen in von Einheimischen geführten Camps an besonders bekannten Stellen (z.B. Aba-Huab Zeltplatz bei Twyfelfontein, Zeltplatz an der Spitzkoppe) gleichfalls im Voraus gebucht werden. Auch die rechtzeitige Buchung von Lodges und Gästefarmen nahe der Highlights ist empfohlen (besonders Etosha). Permits für besondere Streckenabschnitte sind nicht nötig.

Ausgangspunkt der Nordtour ist Windhoek. Die B1 führt nach Norden und erreicht nach 65 km Okahandja. Auf dem Weg liegen mehrere Gästefarmen, darunter nach rund 27 km die *Okapuka Ranch*.

## Löwenfütterung auf Okapuka

Okapuka ist eine Groß-Lodge und empfängt auch Tagesbesucher. Die meisten Gäste kommen wegen der spektakulären Löwenfütterung. Die Tiere leben in einem großen Gehege. Sie werden täglich mehrmals mit Fleisch zu einer Stelle gelockt, an der die Besucher hinter einem hohen Palisadenzaun durch Sehschlitze hautnah der Fütterung zusehen können. Die Show ist tatsächlich recht eindrucksvoll, allerdings kann man sich eines gewissen Schauderns nicht erwehren, wenn man weiß, dass bei dieser Aktion 1999 ein Wildhüter von den Löwen getötet wurde, als er versuchte, die steckengebliebene Fütterungsmaschine wieder in Gang zu setzen. Infos und Anmeldung: P.O. Box 5955, Windhoek, Tel. 061-234607, Fax 061-234690, www.okapuka-ranch.com. Teuer.

2

## Okahandja

Vorbei am *Von Bach Damm* (Tugeni Dam Resort, Unterkunft, www.tungeni.com, mittel), einem hauptsächlich Wassersportlern vorbehaltenen Erholungsgebiet, erreicht man das sympathische und in viel Grün eingebettete Städtchen. Das Swakop Rivier sorgt hier für Fruchtbarkeit, man quert es auf einer Brücke. Warum ausgerechnet Okahandja zum Zentrum der Holzschnitzerei avancierte, wird wohl ein

Geheimnis bleiben. Die beiden riesigen Schnitzermärkte an der Ortsein- und -ausfahrt bieten die nahezu beste Gelegenheit, sich in Namibia mit afrikanischen Schnitzereien einzudecken. Die Kunsthandwerker stammen fast ausnahmslos aus dem Kavango und Caprivi sowie aus Zimbabwe und Angola, die Objekte – zumeist Wildtiere – gibt's in allen Größen.

## Geschichte

Am 8. Februar 1843 wählten die Missionare *Carl Hugo Hahn* und *Heinrich Kleinschmidt* als Missionsstation einen Kraal der Herero neben einem kleinen, von einer Quelle gespeisten See. Doch schon bald versiegte die Quelle, und die Missionare zogen auf Anregung des Nama *Jonker Afrikaaner* zu den heißen Quellen von Otjikango, dem heutigen Gross Barmen, um. 1850 startete der Missionar *Friedrich Kolbe* einen weiteren Versuch, das Evangelium nach Okahandja zu tragen, musste sich aber schon bald vor den kriegerischen Auseinandersetzungen zwischen Nama und Herero in Sicherheit bringen.

Erst 1868, als die Herero unter ihrem Oberhaupt *Maharero* das Hauptquartier von Otjimbingwe nach Okahandja verlegten, wurde ein erneuter Missionsversuch unternommen. Dennoch starb der alte Häuptling und höchste Priester der Herero am 5. Oktober 1890 ungetauft. Ihm folgte, von der deutschen Administration gefördert, sein zweiter Sohn *Samuel Maharero* im Amt. 1904 rief er einen Herero-Aufstand aus, der in der Schlacht am Waterberg am 11. August 1904 für die Herero dramatisch endete (▸ s.S. 173). Samuel Maharero gelang die Flucht ins benachbarte Betschuanaland (heute Botswana), wo er 1923 starb. Als am 26. August 1923 sein Leichnam nach Okahandja überführt wurde, verlas Missionar Vedder am Grab von Samuel Maharero dessen testamentarische Botschaft an sein Volk: Entsprechend Mahareros (in der christlichen Botschaft verschlüsseltem) Willen, wurden die „Heiligen Feuer" wieder entzündet. Seither ist Okahandja für die Herero ein rituell überaus bedeutender Ort. Neben Maharero sind in der Stadt auch weitere wichtige Oberhäupter begraben, und jedes Jahr Ende August finden in Okahandja die spektakulären Herero-Ahnengedenkfeiern statt (▸ s. Kasten).

*S. Maharero*

**Herero-Friedhof Besichtigung**

Der legendäre **Herero-Friedhof** ist in Okahandja gar nicht so leicht zu finden: In der Heroe's Street führt, gegenüber der Einmündung des Voigts-Wegs, ein unscheinbarer Fußpfad am Tennisplatz vorbei nach Osten in etwa zweihundert Meter zu den Grabstätten der berühmtesten Herero-Häuptlinge: Maharero und sein Sohn Samuel Maharero. Hier findet alljährlich die Hauptzeremonie der Ahnengedenkfeiern statt. Am südlichen Ende der Heroes Street steht die 1876 fertiggestellte Kirche der Rheinischen Missionsgesellschaft, neben ihr ein Feld von Schutztruppen-Gräbern. Auf der gegenüberliegenden Straßenseite ruht *Jonker Afrikaaner,* der erste für die

*Maharero-Grab; den Herero gilt der Ahnenbulle als heilig*

2

*Herero-Friedhof mit Ruhestätten von Hosea Kutako und Jonker Afrikaaner*

Geschichte Südwestafrikas bedeutende Orlaam-Nama-Kapitän, der 1861 starb. Neben ihm wurden, entgegen der Tradition, *Clemens Kapuuo* und *Hosea Kutako* begraben, beides Herero-Führer. Ersterer, Präsident der Turnhallenallianz, wurde 1978 in Katutura ermordet. Kutako starb 1970. Sein erklärter Wille war, die letzte Ruhestätte neben Jonker Afrikaaner, einem Feind seines Volkes, zu nehmen, um ein Zeichen zu setzen für die Verbrüderung einer Nation mit so unterschiedlichen Ursprüngen.

## Herero-Ahnengedenken

Jedes Jahr um den 26. August, meist am letzten Augustwochenende, versammeln sich die Herero der „Red flag" oder „Roten Nation" zum Ahnengedenken in Okahandja. Das Volk der Herero unterteilt sich in fünf regionale Verbände, denen jeweils traditionelle Königshäuser vorstehen. Oberhaupt der „Roten" ist *Kaihepovazandu Alfons Maharero,* ein Nachkomme von Maharero und dessen Sohn Samuel. Aber auch die „Grünen" *(Mbanderu von Gobabis),* die *Zeraoua*-Herero von Omaruru sowie die Leute von *Kambazembi* und *Vita Tom* (Kaokoveld-Herero) schicken Delegationen zu der Feier, und stets ist auch der Paramount Chief *Kuaima Riruako,* der wichtigste Herero-Führer zugegen, den die meisten anderen Oberhäupter allerdings für eine von der SWAPO-Regierung gestützte Marionette halten. Aufsehen erregen die bunten viktorianischen Trachten der Frauen, komplettiert durch ein eigenartiges, dreieckiges Kopftuch, das Rinderhörner symbolisieren soll. Die Männer hingegen treten in Militäruniformen auf, bilden „Truppenspieler"-Vereinigungen und paradieren zu Pferd oder zu Fuß auf und ab. Wie und warum sich diese seltsame Imitation

von Kleidung und Gebaren der alten Kolonialherren und ehemaligen Feinde entwickelt hat – darüber gibt es viele Spekulationen und wenig Erkenntnisse.

Lange Zeit übten die Herero dieses Paradieren und Exerzieren in Verbänden, die wie Geheimgesellschaften strukturiert waren. Diese *Otjiserandu*-Gruppierungen, deren Anführer sich „Kaiser" nannten, erweckten natürlich das Misstrauen der deutschen Kolonialverwaltung. Nachdem deren Mitglieder aber offensichtlich keine Waffen besaßen und mit Holzgewehren hantierten, ließ man sie lächelnd gewähren. Innerhalb der Herero-Gesellschaft gewannen diese Gruppen allerdings an politischem und rituellem Einfluss, ja, sie bildeten so etwas wie ein Gegengewicht zu den traditionellen Führungsstrukturen, und mit der Zeit gelang es ihnen auch, sich richtig zu bewaffnen. Unter südafrikanischer Verwaltung bestanden große Spannungen zwischen den „Kaisern" und den gewählten bzw. von der Administration eingesetzten Herero-Chiefs, und die Buren unterstellten den Otjiserandu sogar, mit dem Dritten Reich zu paktieren. Erst seit Ende des Zweiten Weltkriegs ist der Antagonismus in der Herero-Gesellschaft aufgehoben, und der augenblickliche, von den Ältesten gewählte Herero-Chief nimmt auch die rituellen Handlungen während des Ahnengedenktages vor. Die für den Chief anstrengendste besteht sicherlich darin, die vielen tausend Menschen, die zu diesem Fest nach Okahandja kommen, rituell zu reinigen. Dazu nimmt er einen Schluck Wasser in den Mund und spuckt es in feinem Sprühregen über die vor ihm kniende Person. Die Reinigung beginnt bereits am Vortag des eigentlichen Festes vor der „Location", dem Herero-Township von Okahandja. Höhepunkt des Ahnengedenkens ist die Zeremonie an den Gräbern der Herero-Führer, bei der neben christlichen auch traditionelle rituelle Handlungen vollzogen werden.

## Service Okahandja

**Information** Stadtverwaltung, Visitors Information, Morton Neib Avenue, Tel. 062-501051

**Unterkunft**

- **Reit-Club,** P.O. Box 425, Tel. 062-501678. 3 Zimmer mit Gemeinschaftsbad, einfach, aber sauber. Günstig, Campingmöglichkeit.
- **Okahandja Lodge,** Osmann Rd, P.O. Box 1524, Tel. 062-504299, Fax 062-502551, www.okahandjalodge.com. Mittel. Das komfortable, im Lodge-Stil erbaute Hotel liegt nahe dem Zentrum, ist aber dennoch ruhig.
- **Villa Nina,** Conradie St 327, Tel. 062-502497, Fax 062-503350, www.namibiatouristik.de. Günstig. Gästehäuser auf einem großen Grundstück mit Schwimmbad.
- **Thermalbad Gross Barmen** (▸ s.u.).

**Restaurants**

- **Reit-Club,** Vortrekker Rd, Tel. 062-501678. Im Gastraum oder auf der Terrasse werden einfache Gerichte serviert.
- **Café Dekker,** 666 Morton Neib Ave, Tel. 062-502587. Snacks und einfache Gerichte während der Ladenzeiten.
- **Garden Café,** 261 Martin Neib Street, Tel. 062-500887, nettes Café an der Hauptstraße..

## Okahandja Umgebung

**Gross Barmen** Nur noch Ruinen erinnern an die ehemalige Missionsstation an den heißen Quellen 26 km westlich Okahandjas. Gleich nebenan befindet sich ein großes Thermalbad mit warmen Außen- und Innenbecken, einem Zeltplatz und Bungalows verschiedener Kategorien. Baden steht natürlich ganz oben auf der Liste der hier möglichen Aktivitäten. Vogelbeobachtung an einem von Schilf umstandenen See in der Bungalowsiedlung ist ebenfalls sehr lohnend. Zahlreich sind auch die Giftschlangen, weshalb man besser auf den Hauptwegen bleibt und möglichst nur in festen Schuhen herumläuft. Das Rastlager ist bis voraussichtlich 2013, wahrscheinlich aber bis 2014, geschlossen.

**An den Waterberg** Die drei ballrund abgeschliffenen Kuppen der Omatako-Berge begleiten den Reisenden am Horizont auf den folgenden 130 km nach Norden durch Farmland, dessen Zäune und Zufahrten sich links und rechts in strenger Monotonie wiederholen. Dennoch sollte man nicht unaufmerksam sein.

Auch hier kann plötzlich Wild queren, indem es wie die Kudus einfach über Zäune setzt oder sich wie Warzenschweine darunter hindurchgräbt.

Eine spannende Abwechslung verspricht der Abstecher zu den **Dinosaurier-Spuren** bei **Kalkfeld.** Dazu biegt man ca. 75 km hinter Okahandja nach links auf die D2404 in Richtung Etjo (46 km) ab und dort nach Norden auf der D2414 in Richtung Kalkfeld. Nach rund 18 km sieht man die Ausschilderung zu den „Dinosaurier Footprints". Der Farmer, auf dessen Grund die Sehenswürdigkeit liegt, kassiert Eintritt, und dann sieht man sie schon: Abdrücke dreizehiger, mit Klauen bewehrter Füße, die eine schräge Felsplatte hinaufführen. Vor 190 Millionen Jahren haben Saurier diese Spuren im Schlamm hinterlassen.

Weiter auf der D2414 und an der nächsten Abzweigung rechts auf die D2483 erreicht man nach knapp 60 km wieder die B1. Dann rückt der massige Klotz des Waterbergs ins Blickfeld. An seinem Fuß zweigt die C22 nach rechts zum Rastlager des Nationalparks und weiter nach Osten zum Hauptort der Herero-Region, *Okakarara.*

## Waterberg National Park



Der Waterberg, dessen Felswände nahezu senkrecht und fast 200 m über die Hochebene hinausragen, wird der Etjo-Sandsteinformation zugerechnet. Diese entstand aus Ablagerungen am Grund eines Sees, der im Kambrium fast ganz Südwestafrika bedeckte und – darauf aufbauend – einer Schicht an Erosionsprodukten, die der Wind herbeitrug. Im Zuge tektonischer Hebungen in der Karoo-Zeit entstand eine Hochebene, die die Erosion allmählich wieder abtrug. Mehrere Gebirgsformationen widerstanden diesem Prozess, darunter der Waterberg. Spuren urzeitlicher Bewohner haben sich auch hier erhalten. Als Nationalpark fungiert das Plateau seit 1972. Wild, das im Caprivi wegen der Einrichtung von Homelands keinen Lebensraum mehr hatte, wurde an den Waterberg umgesiedelt, wo ähnliche Klima- und Vegetationsbedingungen herrschen. Der Waterberg Plateau Park ist einer der wenigen namibischen

Nationalparks, der nicht auf eigene Faust besucht werden darf. Mehrmals täglich starten organisierte Game Drives (▸ s. Service).

## Flora und Fauna

Durch seine besondere geologische Beschaffenheit besitzt der Waterberg mehrere ergiebige Quellen, denn Regenwasser versickert zwar in den sandigen Böden des Plateaus, wird aber dann durch Spalten und Risse im Sandstein bis zu Gesteinsschichten weitergeleitet, die wasserundurchlässig sind. Da der Ablauf nach weiter unten versperrt ist, bahnen sich die Wasseradern einen Weg nach draußen – Quellen entstehen, die für die erstaunlich üppige Flora verantwortlich sind. Der interessierte Besucher kann Breitmaulnashörner, Rappenantilopen, Büffel und eine große Vogelvielfalt beobachten. Außerdem zu sehen: Giraffen, Streifengnus, Warzenschweine, Paviane, Geparde, Leoparden und Luchse. Berühmt ist das Plateau als einziges namibisches Brutgebiet der Kapgeier. Pflanzenfreunde können fast alle in Namibia heimischen Akazienarten und in höheren Lagen auch Ahnenbäume und Gelbholzbäume identifizieren. Eine Freude fürs wüstengeplagte Auge sind die vielen blühenden Gewächse, wie Feuerlilien, Korallenbaum oder der mit gelben Blütenkaskaden geschmückte Omuparara *(Peltophorum africanum)*.

## Service Waterberg Plateau Park

**Unterkunft**

**Bérnabé-de-la-Bat-Rastlager**
Das weitläufige Lager liegt direkt am Fuß des Waterberg-Plateaus. Tagesbesucher müssen es bis 18 Uhr verlassen haben. Übernachtungsgäste (nur mit Buchung) müssen

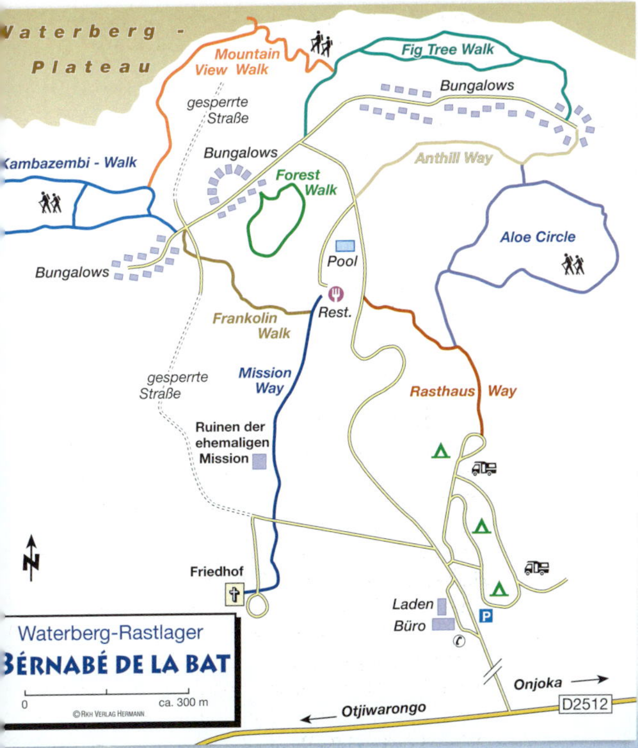




vor Sonnenuntergang ankommen, sonst stehen sie vor verschlossenen Toren. Mietbar sind Bungalows verschiedener Kategorien, Camping-Stellplätze sind vorhanden. Ein Schwimmbad, ein Kiosk, eine Tankstelle und ein Restaurant sorgen für das Wohl der Gäste. Im Rastlager gilt eine Geschwindigkeitsbeschränkung von 20 km/h. Buchung über Namibia Wildlife Resorts.

## Räuberische Affen

Paviane sind im Waterberg-Rastlager eine richtige Landplage und regelrecht aggressiv. Lassen Sie keinesfalls Türen und Fenster der Bungalows offen stehen oder Dinge draußen liegen! Die Paviane steigen unweigerlich ein und zerstören, was nicht niet- und nagelfest ist!

**Aktivitäten**

**Game Drive:** Die Parkverwaltung organisiert täglich Pirschfahrten, die etwa drei Stunden dauern. Start je nach Saison um 6 oder 8 Uhr und 15/16 Uhr sowie Nachtpirschfahrten, Treffpunkt an der Rezeption. Man verlässt dabei das Lager und fährt in offenen Lkw aufs Plateau hinauf (staubig!). Am normalerweise verschlossenen Tor Onjoka, wo sich die Hauptverwaltung befindet, geht's wieder zurück zum Rastlager (17 km östlich).

**Wanderungen**

Im Rastlager selbst sind mehrere kürzere Wanderwege ausgewiesen. Eine drei Tage dauernde, geführte Wanderung beginnt ebenfalls am Tor von Onjoka (April bis November, donnerstags vor jedem 2., 3. und 4. Wochenende des Monats, 16 Uhr. Zugelassen sind mindestens 3, höchsten 8 Personen; sie muss im zentralen Reservierungsbüro in Windhoek gebucht werden). Eine weitere, nicht geführte Tour, geht über 50 km und zwei Tage. Ausrüstung und Verpflegung sind jeweils mitzubringen. Auch von den an den Nationalpark angrenzenden Lodges aus werden Wanderungen auf dem Plateau angeboten.

### Unterkunft in der Waterberg-Umgebung

- **Waterberg Wilderness Lodge,** P.O. Box 767, Tel. 067-687018, Fax 067-687020, www.waterberg-wilderness.com, mittlere Preiskategorie. Die Lodge ist eine wahre Oase am Fuß des Waterbergs, die zugehörige **Waterberg Plateau Lodge** exklusiv und hoch oben am Rande des Plateaus hat eine grandiose Fernsicht. Die Zeltplätze sind mit allem Komfort und jeweils einem Braaiplatz ausgestattet (günstig).
- **Hamakari Gästefarm,** P/Bag 2101, Otjiwarongo, Tel. 067-306633, Fax 302396, www.hamakari.com, mittlere Preiskategorie. Die Jagdfarm der Familie Diekmann liegt auf historischem Grund. In der Nacht vom 11. auf den 12. August 1904 entschieden die Herero-Führer an der Wasserstelle Onguero mit ihrem Volk in die Omaheke zu ziehen. Farmrundfahrten und der Besuch der Gräber der in der Waterbergschlacht Gefallenen der Abteilung Heyde gehören neben Spaziergängen am ausgedehnten Damm und Farmrundfahrten zum Programm.

# Waterberg-Schlacht: Eine lange Geschichte

Auf den Spuren der blutigen Geschichte dieser Region führt der Wanderweg „Mission Way". Er beginnt am Rasthaus, führt an den Ruinen der ersten Missionsstation vorbei bis zum Friedhof. Hier liegen Schutztruppler, die während des Herero-Aufstandes 1904 gefallen sind. Die Missionsstation geht auf das Jahr 1873 zurück. Der Ort hieß damals Otjozondjupa. 1880 wurden die Gebäude zerstört, als der zehnjährige Frieden zwischen Nama und Herero brach. 1891 baute man sie wieder auf, und nach fünf Jahren erhielten sie Schutz durch die Errichtung eines Polizeipostens, in dem heute das Restaurant Gäste empfängt. Zwei Tage nach Ausbruch des Herero-Aufstandes am 14. Januar 1904 wurden hier zwölf Kolonisten von Herero erschlagen. Die Schutzmacht entsandte Soldaten, und schließlich den gefürchteten Oberstleutnant **von Trotha,** der nach einem Vierteljahr zermürbenden Kampfs versuchte, die sich sammelnden Aufständischen einzukesseln und die Entscheidungsschlacht zu erzwingen. Zu den ursprünglichen Aufständischen hatten sich viele Tausend weitere Herero gesellt: Frauen, Kinder und alte Menschen, die mit all ihrer Habe (und etwa 50.000 Stück Großvieh) Schutz bei ihrem Oberhaupt **Samuel Maharero** suchten, der mit seinen Mannen am Waterberg stand. Am 11./12. August 1904 wurde der Aufstand mit der **Schlacht am Waterberg** beendet. Die Geschehnisse sind heute im Dunkel, die Historiker führen einen erbitterten Streit über die Ereignisse und deren Folgen für die Zukunft der deutschen Geschichte, insbesondere der des Dritten Reiches.

Fakt ist, dass genaue Zahlen der sich sammelnden Herero nicht bekannt sind, sie zählten wohl mit Frauen, Kindern und Alten nach Zehntausenden, die Schätzungen variieren zwischen 40.000 und 100.000 Herero. In einer Umfassungsbewegung wollte von Trotha den Herero den Weg nach Südosten versperren. Alle anderen Linien waren von der Schutztruppe gesichert. Die Einkesselung versuchte die Abteilung Heyde. Ihr Marsch endete schließlich orientierungslos an einer Stellung der Herero in der Gegend der Farm Hamakari. Die 200 Soldaten der Abteilung Heyde wurden am 11. August 1904 zurückgeschlagen. In der Nacht zum 12. August entschieden die Herero-Führer an einer Wasserstelle, die Flucht in die Omaheke-Wüste anzutreten.

Der direkte Hintergrund für diese schicksalhafte und in ihrer Auswirkung für die Herero katastrophalen Entscheidung sind ebenfalls nicht geklärt, mit eine Hauptrolle wird wohl gespielt haben, dass die Herero einen Kampf gegen die modernen Waffen der Deutschen als aussichtslos ansahen. Auf alle Fälle zogen die Herero mit aller Habe ab, für viele von ihnen ein Marsch in den Untergang. Schätzungen sprechen heute von 15.000 bis hinauf zu 70.000. Der deutschen Truppe war es aus Erschöpfung und versorgungstechnischen Gründen nur bedingt möglich den Herero zu folgen, dies

geschah punktuell, nur wenige Tage lang und nicht mehr im Rahmen einer Gesamtstrategie, sicherlich aber die Herero weiter in die Omaheke treibend.

Dem deutschen Generalstab muss der Abzug der Herero als Versagen seiner Strategie erschienen sein. Am 2. Oktober 1904 – mithin sieben Wochen nach der für die Deutschen missglückten Schlacht – ließ von Trotha seine berüchtigte Proklamation verlesen, dass auf alle Herero, seien es Kämpfer, Frauen oder Kinder, die versuchten, zurück nach Südwest zu gelangen, gezielt geschossen würde. Von Trothas Proklamation gilt einer Gruppe von Historikern heute als deutscher Kolonialpolitik anhaftende Präparation einer Doktrin, die schließlich im Völkermord an den Juden gipfelte und definiert die Schutztruppen-Strategie im Hererokrieg als gewollten und aus diesem Willen heraus auch exekutierten Völkermord an den Herero.

Was in den sieben Wochen zwischen dem Abzug der Herero am 12. August und der Verlesung und Bekanntgabe der Proklamation am 2. Oktober geschah, ist letztlich nicht nachprüfbar überliefert. Nachdem die Proklamation bei der Kolonialverwaltung in Berlin Anfang Dezember bekannt wurde, hat diese in Absprache mit dem Kaiser die Proklamation umgehend relativiert, indem die Anweisung erging, den „Weg der Gnade walten zu lassen".

Eine andere Gruppe von Historikern nimmt einen gegensätzlichen Standpunkt zur Interpretation des Beweggrundes für die von Trotha'sche Proklamation ein. Sie sieht darin den Versuch des Schutztruppen-Kommandanten, sein nicht erreichtes Ziel der Einkesselung der Herero und der Erzwingung einer Entscheidung auf dem Schlachtfeld dergestalt zum Sieg zu münzen, dass die Abdrängung der Herero in die Omaheke im Nachhinein zum eigentlichen strategischen Ziel geklittert wurde – was aber, so die Historiker, auch und gerade wegen des großen zeitlichen Abstandes zwischen Flucht und Proklamation keinerlei Einfluss auf die Ereignisse gehabt hätte, mithin ein Völkermord weder beabsichtigt noch exekutiert worden wäre.

Sei es wie es sei, eine große moralische Schuld haben Militär und Kolonialverwaltung auch auf sich geladen, indem sie zahlreiche Gefangene in Lager verbrachten und die Herero in diesen ohne medizinische Versorgung und ohne ausreichende Nahrungsmittel zu Aberhunderten starben – am berüchtigtsten war wohl das Lager in Lüderitzbucht, die Haifischinsel, auf der die Herero und auch die im folgenden Krieg gefangenen Nama dem harten Klima schutzlos ausgesetzt waren. Es wurde erst 1907 aufgelöst.

## Hererokultur

Nur 30 km sind es vom Waterberg nach Osten in den ehemaligen Hauptort des Homelands Hereroland, *Okakarara*. Der Abstecher konfrontiert damit, unter welchen armseligen Bedingungen viele Herero heute noch leben. In der deutschen Kolonialzeit durch Kriege und Lagerhaft stark dezimiert, dann von den Südafrikanern in Homelands verbracht und schließlich auch im unabhängigen Namibia nicht gern gesehen, weil sie traditionell die DTA und nicht die SWAPO unterstützen, sind die Herero in ihrer jüngeren Geschichte stets ein ungeliebtes Volk gewesen. Natürlich gibt es auch Herero-Farmer mit großem Besitz und Einkommen – in und um Okakarara aber leben jene, denen die wirtschaftlichen und sozialen Bedingungen nicht zu einem Leben im Wohlstand verholfen haben. 75% der 10.000 Einwohner sind arbeitslos. Die Herero-Gemeinschaft hatte mit Unterstützung deutscher Entwicklungshilfeorganisationen in Okakarara ein Tourismusprojekt gestartet, bei dem die Besucher das traditionelle Leben kennenlernen können. Es war sozusagen ein Abfallprodukt der 100-Jahr-Feierlichkeiten zur Schlacht am Waterberg, für die ein **Kulturzentrum** 2 km außerhalb mit Geldern deutscher Entwicklungshilfe unter Federführung der GTZ errichtet wurde. An diesem Ort hat sich die deutsche Entwicklungshilfeministerin 2004 für die deutsche Kolonialgeschichte entschuldigt (aber noch nicht entschuldet). Eigentlich sollten in dem Kulturzentrum Ausstellungen zum Thema Namibia bzw. zur Kolonialgeschichte, Konzerte und Theateraufführungen stattfinden. Der Fußmarsch jedoch von Okakarara in der Hitze des Tages und der Abende ist anstrengend, und so wird es von der Bevölkerung nicht angenommen und ist wohl nur eine weitere der vielen von der GTZ in die ganze Welt gestellten Investitionsruinen.

**Steps for Children**

Das unterstützenswerte Entwicklungshilfeprojekt **Steps for Children** (www.stepsforchildren.de) in Okakarara bietet Unterkunft und Stadtführungen an. Im Ort liegt die Arbeitslosenrate bei 65% und das Projekt versucht die Armut zu lindern und neue

Perspektiven zu eröffnen. So wurden eine Radwerkstatt aufgebaut, Kindergärten mit Vorschule und eine Babykrippe eröffnet. Wegen der auch für Namibia extrem hohen HIV-Rate sind viele Familien auseinandergebrochen und die Kinder leben recht und schlecht bei ihren Großmüttern. Das Gästehaus (günstig) ist ein idealer Ort, um die Projekte kennenzulernen.

## Otjiwarongo

40 km auf der B1 nach Norden erreicht man das freundliche Farmerstädtchen Otjiwarongo, eine ehemalige Missionsstation, die mit dem Bau der Eisenbahn 1906 einen Aufschwung erlebte. Hauptattraktion ist die **Krokodilfarm** (Mo–Fr 8–16 Uhr, Sa/So 8–14 Uhr) nördlich des städtischen Zeltplatzes. Von Übernachtungen auf dem Zeltplatz sollte man wegen Diebstahlsgefahr besser absehen; angenehme Alternative ist der Zeltplatz der Gästefarm *Weaver's Rock*.

## Service Otjiwarongo

**Information**

**Omaue Mineralien,** St. George Street 5, Tel. 067-303830

**Unterkunft**

- **Weaver's Rock,** 30 km südlich vor Otjiwarongo von der B1 auf C22 (5 km), dann Farmpad, Tel/Fax 067-304885, www.weaversrock.com, günstig, Campingmöglichkeit.
- **Out of Africa Town Lodge,** 94 Tuin Street (an der Ortseinfahrt), Tel./Fax 067-302230, www.out-of-afrika.com, mittel.

**Essen**

- **Crocodile Ranch,** Zingel St, Tel. 302121. Das hübsche Lokal der Krokodilzucht lädt mittags und abends zum Essen ein. Ehrensache, dass es auch Krokodilfleisch gibt, wer dies aber nicht mag, findet auch andere Fleischsorten auf der Karte.

*Lok vor dem Bahnhof von Otjiwarongo*

## Weiterfahrt

Von Otjiwarongo geht es auf der B1 nach Nordosten in Richtung Tsumeb und zum Kupfer- bzw. Maisdreieck. Dieses „Dreieck" zwischen den Städten Otavi, Tsumeb und Grootfontein bildet eine geologische Besonderheit in Namibia, denn es besteht aus verkarstetem Kalkstein, weshalb es auch zahlreiche Höhlen gibt. Die Region ist deutlich fruchtbarer als das Umland, man sieht ausgedehnte Mais- und Weizenfelder, die Weiden wirken nachgerade üppig. Eine weitere Besonderheit hier ist der große Mineralienreichtum. Bereits in der deutschen Kolonialzeit wurde Kupfer industriell abgebaut. Bis in

# Cheetah-Land

Namibia ist das Land mit der größten freilebenden Gepardenpopulation in Afrika. Überall sonst wurden die schnellen Sprinter durch Jagd und Farmerei beinahe ausgerottet, und auch in Namibia drohte dieses Schicksal. Viele private Initiativen kümmern sich um die Tiere, die auf Farmen angeschossen werden oder in Fallen geraten, und um mutterlose Junge. Die meisten dieser Tiere können nicht mehr ausgewildert werden, weil sie zu sehr an den Menschen gewöhnt sind. Dass die schnurrenden Raubkatzen auch eine große Touristenattraktion abgeben, ist ein nicht unwillkommener Nebeneffekt der Gepardenhaltung.

Der **Cheetah Conservation Fund** (www.cheetah.org, Tel. 067-306225), eine von US-Amerikanern getragene Institution, war zunächst ein streng wissenschaftliches Unternehmen, das sich inzwischen auch Besuchern geöffnet hat (tgl. 9–17 Uhr). Ein Museum erläutert die Entwicklungsgeschichte und die Besonderheiten der Geparden sowie die Arbeit des Instituts. Man kann bei der Fütterung zusehen und nach Voranmeldung sogar kleine Game Drives unternehmen. (an der D2440, ca. 44 km östlich von Otjiwarongo und nördlich des Waterbergs).

*Geparde sind unglaublich elegante Tiere*

die 1990er Jahre waren die Minen des Mais-/Kupferdreiecks der wichtigste Arbeitgeber der Region. Dann wurden sie wegen mangelnder Ergiebigkeit geschlossen. Seit in den letzten Jahren die Buntmetallpreise in die Höhe geschossen sind, werden neue Minen bei Grootfontein und Kombat erschlossen und man hat eine Kupferverhüttung bei Tsumeb eingerichtet.

**Otavi** ist nach knapp 120 km erreicht. Ein Stopp in dem staubigen Städtchen lohnt allerdings kaum, es sei denn, man möchte dem Denkmal einen Besuch abstatten, das an die deutsche Kapitulation 1915 erinnert (Khorab-Gedenkstätte, im Nordwesten der Stadt). Tsumeb, 60 km weiter, wirkt da wesentlich einladender.

## Tsumeb

Jacaranda-Alleen empfangen den Besucher, und ein Förderturm erinnert an die Minenvergangenheit. Diese Zeit lässt auch das „Minen-Hotel" wiedererstehen, wo trotz Renovierung die Uhren stillzustehen scheinen – nostalgischer geht's kaum. Die Geschichte der Stadt beginnt allerdings lange vor der Kolonisierung, denn die San schürften hier nach Kupfer, das sie bei Ovambo-Händlern gegen Salz und Eisen eintauschten.

1892 trat das Deutsche Reich die Schürfrechte an ein britisches Unternehmen ab, ab 1900 waren Tsumebs Lagerstätten dann Eigentum der OMEG, der

*Im Herzen von Tsumeb*

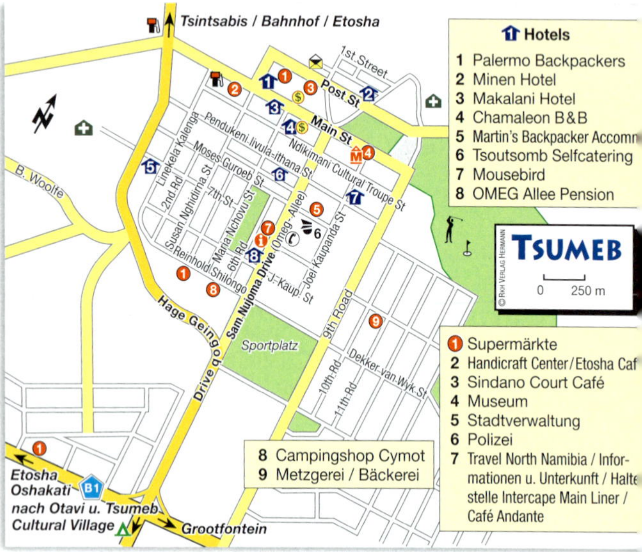


„Otavi Minen- und Eisenbahngesellschaft". Ab 1907 reduzierte eine Anlage zur Verhüttung die Transportkosten. Man konnte nun reines Kupfererz und Blei per Bahn nach Swakopmund schicken, wo man es auf Schiffe verlud. Rechtsnachfolgerin der OMEG wurde nach Kapitulation und Konfiszierung von „Feindbesitz" die „Tsumeb Corporation Ltd", die Ende der 1990er Jahre ihren Bankrott erklären musste. Nun erhofft sich die Minengesellschaft „Weatherly International" hohe Rendite in neuen Minen.

**Museum**

Tsumebs Museum in der ehemaligen Deutschen Privatschule von 1915 in der Main Street ist dank seiner langjährigen Leiterin Ilse Schatz eine besondere Institution in Namibia. Frau Schatz, die auf der väterlichen Farm mit San aufgewachsen ist, hat das Museum mit großem Engagement aufgebaut. Besonders Geschichte und Kultur der hier lebenden Heikom-San sind anschaulich dokumentiert, eine Mineraliensammlung zeigt den Reichtum der Tsumeber Lagerstätten. Die heutige Leiterin setzt die Arbeit ihrer Vorgängerin vorbildlich fort (Mo–Fr

9–12 und 14–17 Uhr, Sa 9–12 Uhr). Waffentechnisch Interessierte mag die Ausstellung deutscher, aus dem Otjikoto See (siehe unten) geborgener Waffen anlocken.

## Service Tsumeb

**Information**

**Travel North Tourism Center,** 1551 Omeg Allee, Tel. 067-220728, Fax 067-220916. Reisebüro, Internet-Café und Backpacker-Unterkunft.

**Unterkunft**

- **Minen-Hotel,** Post St, Tel. 067-221071, Fax 067-221750, www.minen-hotel.com. Günstig. Freundliche Zimmer, Pool und eine schattige Terrasse.
- **Mousebird Backpackers Lodge,** 533 4th St, P.O. Box 1712, Tel. 067-221777, Fax 067-221778, www.mousebird.de. Günstig. Campingmöglichkeit (um 100 N$/Person). Sympathische Unterkunft, Vermittlung von preiswerten Rundreisen.

**Essen**

- **Etosha Café,** 21 Main Rd, Snacks und kleine Gerichte.
- **Minen-Hotel,** s. Unterkunft. Neben namibischen Wildspezialitäten gibt's auch gute deutsche Hausmannskost.

**Shopping**

**Art&Crafts Center,** 18 Main St, Kunsthandwerk der Region.

## Tsumeb Umgebung

**Tsumbeb Cultural Village**

Von Otavi kommend 2 km vor Tsumeb: Ein Freiluftmuseum mit Beispielen traditioneller Hausarchitektur der nordnamibischen Volksgruppen sowie einer Ausstellung von Kunsthandwerk und Schmuck (tgl. 8–18 Uhr, 10 N$).

## Otjikoto Lake

**Karstsee**

Wie tief der nahezu kreisrunde Karstsee, 16 km in Richtung Oshakati an der B1, wirklich ist, wurde bis heute nicht erforscht, man geht aber von etwa 175 m aus. Seit 1907 steht hier eine Dampfmaschine. Einst hat sie Wasser aus dem See nach Tsumeb gepumpt. 1915 versenkten deutsche Truppen ihre Ausrüstung und Waffen im See, damit diese nicht den südafrikanischen Siegern in die Hände fielen. Ein Teil des Materials wurde geborgen und ist nun im Tsumeber Museum ausgestellt. Das Gelände um den See kann gegen eine Gebühr betreten werden (tgl. 7.30–17.30 Uhr).

2

## Drachenhauchloch

Der angeblich größte unterirdische See der Welt befindet sich ausgerechnet in einem der aridesten Länder des Planeten! Und zwar abseits der C42 zwischen Tsumeb und Grootfontein, auf Farm *Harasib*. „Drachenhauch" nennen ihn die Menschen, weil die aus 60 m Tiefe durch einen schmalen Kamin entweichende, warme Feuchtigkeit als Dampf erscheint, der aus dem Erdboden steigt. Der See ist knapp 2 ha groß und hat einen nordamerikanischen Mitbewerber aus dem Guiness-Buch der Rekorde vertrieben. Der Besuch ist Profi-Höhlenforschern vorbehalten.

### Grootfontein und Hoba Meteorit

Das schmucke, historische Städtchen 50 km südöstlich von Tsumeb mit seiner Festung und dem sehenswerten Museum lohnt unbedingt einen Besuch, auch wenn man nicht nach Nordosten Richtung Caprivi oder Buschmannland weiterreist. Unweit von Grootfontein ist außerdem ein großer Meteorit zu besichtigen. Genaue Beschreibung siehe Route 4, ▸ S. 240.

## In den Etosha-Nationalpark

70 km sind es von Tsumeb auf der B1 nach Nordwesten bis zur Abzweigung der C38 in Richtung Etosha Nationalpark und zum *Von Lindequist Gate*. 14 km vor dieser Abzweigung bietet sich über die D3004 die Möglichkeit, mit einem Besuch der *Ombili Foundation* noch einen Blick auf Leben und

# Muramba Bushman Trails und Ombili

Reinhard Friederich war der erste Gästefarmer, der seine Besucher mit San auf die Pirsch schickte. Was eher als Hobby begann, wurde bald zu einem erfolgreichen Betrieb, der unzählige Nachahmer fand. Im Gegensatz zu anderen Lodges sind die San von **Muramba Bushman Trails** keine exotisch ausstaffierten Gestalten, sondern so angezogen wie auch im Alltag. Sie führen Touristen auf ein- oder mehrtägigen Wanderungen durch die mit Affenbrotbäumen und Dornbüschen bestandene Region des Kalahari Sandveld. Besucher können in San-Hütten übernachten, sind aber auch als Tagesgäste willkommen. Anmeldung unter Tel./Fax 067-222789, vonnie@iway.na. Anfahrt 75 von Tsumeb nach Tsintsabis (64 km), dann 6 km D3016.

**Buchhinweis:** Reinhard Friederich ist wissenschaftlicher Berater des überaus lesenswerten Bildbandes „Buschmänner" von Frei, Passlick, Meyerle, erschienen im Klaus Hess Verlag.

R. Friedrich ist auch noch mit einer zweiten San-Hilfsinitiative verbunden, der **Ombili Foundation.** Die Farmersfamilie Mais-Rische hat auf einem Teil ihres Geländes San angesiedelt. Was als Hilfsprojekt für entwurzelte ehemalige Spurenleser und Guides der südafrikanischen Armee begann (die sich dafür gerne der San bediente), weitete sich zu einem umfassenden Einsatz aus. Heute leben rund 400 San auf *Farm Hedwigslust,* es gibt einen Kindergarten, eine Schule und eine Krankenstation. Die San lernen, Gemüse und Getreide für den Eigenbedarf anzubauen, den Umgang mit Nutzvieh und werden in Handwerksberufen ausgebildet. Kritiker werfen dem Projekt vor, es würde die Menschen aus ihrem traditionellen Leben herausreißen und aus den nomadisierenden Jägern sesshafte Ackerbauern machen. Doch die Erfolge geben Ombili recht: Alkoholismus und Apathie, wie man sie sonst häufig bei San-Gemeinschaften beobachten kann, die mit der Moderne nicht klar kommen, sind hier tabu.

**Ombili,** Farm Hedwigslust, von der B1 auf der D3004 20 km nach Norden, beim Auftreffen der D3004 auf die D3001, Tel. 067-230050, www.ombili.de. Besuch nur nach Voranmeldung!

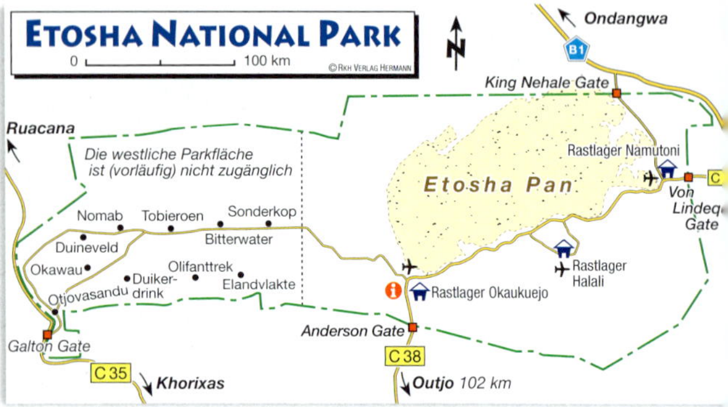


Probleme der San zu werfen – allerdings nur nach Voranmeldung (▶ s. Kasten oben).

Entlang der C38 gibt es mehrere komfortable Lodges, wie die *Etosha Aoba Onguma Lodge* oder *Mokuti,* wo vor allem Reisegruppen absteigen. Für *Onguma* muss man auf einem Abzweig direkt am Lindequist Gate nach Norden fahren (s. Unterkunft). Wer seine Übernachtung im Rastlager Namutoni gebucht hat (über Namibia Wildlife Resorts), erreicht 12 km nach dem Gate die weißen, zinnenbekrönten Mauern dieser ehemaligen Polizeistation.

## Orientierung

Der Etosha-Nationalpark ist mit 22.270 qkm etwa so groß wie Slowenien. Sein Herzstück ist die 5000 qkm Salz-/Tonpfanne, in der nach ergiebigen Regenfällen einen Teil des Jahres über Wasser steht. Die Pfanne erfüllt zwei Funktionen: als Tränke und als Salzlecke. Denn wenn das Wasser verdunstet ist, bleiben die zuvor aus dem Boden gelösten Mineralien als Schicht auf der Oberfläche zurück.

Vier Tore/Gates führen in den Nationalpark: Zugang im Osten bietet das Von Lindequist Gate mit dem Rastlager Namutoni. Im Norden, vorteilhaft für aus dem Ovamboland Anreisende, liegt das **King Nehale Gate** (ehemals Andoni mit dem luxuriösen *Onkoshi Camp,* das nicht mit dem eigenen Wagen angefahren werden kann). Im Süden befindet sich das **Andersson Gate** mit dem **Rastlager Okaukuejo.** Das Rastlager **Halali** liegt etwa auf halber

*Okaujuejo – Blick vom Turm zum östlichen Eingangstor*

Strecke zwischen Namutoni und Okaukuejo, hat aber kein eigenes Zugangstor. An der südwestlichen Ecke des Nationalparks liegt das **Galton Gate,** seit 2014 der Öffentlichkeit zugänglich.

**Rastlager**

Die drei älteren Rastlager bieten Unterkunft auf dem Zeltplatz und in Bungalows verschiedener Kategorien, in **Namutoni** auch in Zimmern im Fort. Zu jedem Lager gehört ein Restaurant, ein Laden, eine Tankstelle, ein Swimmingpool sowie ein nachts beleuchtetes Wasserloch, an dem man stundenlang das Wild beobachten kann.



## TIPP

Auch wenn teilweise die Berichte über den Erhaltungszustand der Rastlager von Etosha von schlimmen Zuständen sprechen, ist es dennoch empfehlenswert, zwei Übernachtungen in den Camps zu buchen, damit man entweder morgens früh losfahren, an einer der angebotenen **nächtlichen Pirschfahrten** teilnehmen oder des nachts am Wasserloch von Okaukuejo die Nashörner bestaunen kann.

*Fort Namutoni*

Die Rastlager sind wildsicher eingezäunt, was aber nicht hundertprozentig vor dem Eindringen wilder Tiere schützt. Schakale z.B. sind stets in den Lagern, und 2004 tauchten sechs Löwen auf dem Zeltplatz von **Halali** auf. Es ist also durchaus sinnvoll, ein wachsames Auge zu haben.

**Parkvorschriften**

Im Nationalpark gilt eine Höchstgeschwindigkeit von 60 km/h. Die Fahrzeuge dürfen nur an den dafür ausgewiesenen und mit Zäunen gesicherten Stellen verlassen werden. Motorräder und offene Jeeps sind nicht zugelassen! Die **Tore** der Rastlager werden bei Sonnenaufgang geöffnet und bei -untergang geschlossen. Da das Essen teilweise nur von eher mäßiger Qualität ist, empfiehlt es sich, selbst zu kochen bzw. zu grillen, ein Braaiplatz gehört zu fast jeder Unterkunft dazu. Feuerholz, Fleisch und Kartoffeln gibt es in den Läden der Rastlager zu kaufen, ebenso Getränke.

## Pflanzen und Tiere

Zwergbuschsavanne umgibt den Rand der eigentlichen Salzpfanne, die bis auf wenige, salzresistente Pflanzen völlig vegetationslos ist. Nach Westen zu gehen die niedrigen Gewächse in dichteren, mit Mopanebäumen durchsetzten Busch über. Dazwischen liegen Grassavannen, die bevorzugte Weide der Antilopen, Zebras und Gnus. Westlich von Okaukuejo liegt der berühmte **Märchenwald,** eine dicht mit den bizarren **Moringabäumen** bewachsene Region. Unheimlich wirken diese mager belaubten Baumriesen mit ihren knorrigen Ästen – den Heikom zufolge wurden sie von Gott auf die Erde geworfen, wo sie verkehrt herum steckenblieben. Um Halali ist die sonst brettebene Landschaft durch **Dolomitbuckel** aufgelockert. Beim Rastlager Namutoni im Osten der Pfanne geht die niedrige Vegetation in Baumsavanne über. Hier dominieren **Mopanebäume,**

*Moringabaum*

Östl. Etosha Park
0
50 km
© RKH Verlag Hermann
Tsintsabis
Ombili Foundation
Tsumeb 38 km
B1
D 3001
D 3004
C38
Von Lindequist Gate
Sachsenheim Game Ranch
Oshivelo
Onguma Lodges & Camps
Onguma Etosha Aoba Lodge
Mokuti Lodge
Acacia
Adoni Plains
Mushara
Kameel-doring
Tsumcor
Aroe
Fisher's Pan
Namutoni
Klein Namutoni
Groot Okevi
Klein Okevi
Chudob
Kalkheuwel
Tsam
King Nehale Gate
Onkoshi Camp
(nicht individuell anfahrbar)
Poacher's Point
Etosha Pan
Okerfontein
Ngogib
Batia
Springbokfontein
Dungariespomp
Goas
Noniams
Halali
Etosha Lookout
Riet-fontein
Gobaub
Gobauflakte
Salvadora
Sueda
Charitsaub
Aus
Olifantsbad
Homob
Gonob
Ondongab
Kapupuhedi
Gemsbok-vlakte
Ombika
Logan Island
Okondeka
Wolfsnes
Okaukuejo
Anderson Gate
Etosha Gateway Lodge
Etosha Safari Lodge & Camp
Outjo 102 km
Natukanaoka Pan
Brakwater
Okahakana Pan
Leeu-bron
Moringa Forest (Märchen-wald)
Adamax
Ozonjuitji M'Bari
Grünewald
Grootflakte
Pan Point
Otjivalunda Pans
Nara-wandu

## Pirschfahrt

Die dem touristischen Verkehr vorbehaltenen Pisten befinden sich südlich und östlich der Salzpfanne, eine Stichstraße führt am Westrand der Pfanne ein Stück nach Nordwesten. Durch die Beschränkung auf das relativ kleine Gebiet geht es an Wochenenden und zu Ferienzeiten richtig rund, wird an Wasserstellen und Aussichtspunkten gedrängelt und überholt. Dabei sollte als oberste Regel gelten: Ruhe bewahren, langsam fahren, genau beobachten und auch mal an einer zunächst wenig versprechenden Tränke abwarten, ob sich etwas tut. So unglaublich es sich anhört: Obwohl ein Großteil von Etosha kaum oder nur lichte Vegetation aufweist, ist sogar großes Wild schwer zu erspähen. Giraffen verschmelzen mit den Bäumen, an denen sie knabbern, sogar Elefanten sind schon in kurzer Entfernung für Ungeübte kaum mehr auszumachen. Um Löwen, Geparde oder gar einen Leopard zu sichten, braucht man Erfahrung, Ausdauer und Glück. In Gesprächen mit Besuchern, die schon länger in Etosha sind, oder mit Wildhütern, erfährt man manch hilfreichen Tipp und Orte, an denen sich in letzter Zeit Löwen oder Elefanten aufgehalten haben. Bei der Begegnung mit den Dickhäutern sollte man Abstand wahren und nicht den Fluchtweg des Tieres blockieren. Elefantenkühe mit Jungen können schnell aggressiv reagieren. Generell sind die Tiere aber an den Rummel um sie herum gewöhnt und lassen sich wenig beeindrucken.

zu denen sich nun immer häufiger auch die eleganten Kronen der **Makalani-Palme** gesellen.

Etoshas **Tierwelt** zeigt einen repräsentativen Querschnitt durch die in Namibia beheimateten Arten: Außer **Büffeln** sind alle Spezies der „Big Five" vorhanden: Es gibt etwa 1500 **Elefanten,** 300 **Spitzmaulnashörner** (und inzwischen auch wieder einige ihrer breitmäuligen Artgenossen) und 300 **Löwen.** Wie viele **Leoparden** in Etosha leben, ist unbekannt, ebenso lässt sich die Zahl der **Geparden** im Nationalpark kaum schätzen. Die schnellwachsende Löwenpopulation hat allerdings andere, schwächere Großwildarten an den Rand Etoshas gedrängt. Namibias Wappentier, die **Oryx-Antilope** (oder „Spießbock"), ist mit etwa 2000 Exemplaren vertreten, Springböcke mit bis zu 20.000. Zwischen **Zebra-** und **Gnuherden** staksen Marabus und Nashornvögel durch das hohe Gras, und Ohren- und Kapgeier lauern kreiseziehend auf Beute.

## Service Etosha

**Unterkunft**

- Rastlager **Okaukuejo**, **Halali** und **Namutoni**. Alle mit Zeltplatz, Zimmern und Bungalows. Das Luxuscamp **Onkoshi** wird mit Vollpension gebucht und besitzt keinen Zeltplatz. Reservierung über Namibia Wildlife Resorts.

**Außerhalb Westen/ Richtung Tsumeb**

- **Game Reserve & Lodges,** P.O. Box 24046, Windhoek, Tel. 061-237055, Fax 235677, www.onguma.com. Direkt an Etosha angrenzend (Anfahrt vom Eingangstor nach Norden) bietet das 34.000 ha großen Onguma Game Reserve für jeden Geldbeutel sechs verschiedene Übernachtungsmöglichkeiten (DZ-Preise, jeweils mit Dinner & Breakfast): *Aoba Lodge* (1445 N$, 11 Zimmer), *Bush Camp* (1445 N$, 19 Zimmer), *Tree Top* (1600 N$, 4 Tree Houses auf Stelzen), *Tented Camp* (2400 N$, 7 Safari-Zelte), *The Fort* (2700 N$, 13 Suiten) sowie zwei Campsites. Aktivitätenprogramm, wie Game- und Sundowner Drives, Walking Safaris u.a. Stimmungsvoll sind besonders die Abende mit einem ausgezeichneten Essen.

*Okaukuejos Turm darf man besteigen*

2

- **Mokuti Lodge,** P.O. Box 403, Tsumeb, Tel. 067-229084, Fax 067-229091, www.mokutietoshalodge.com. Sehr teuer. Kurz vor dem Lindequist Gate an der C38, die 100 Zimmer sorgen nicht gerade für persönliche Atmosphäre. Ein großer Park mit Pool und ein à la carte-Restaurant entschädigen für die Massenabfertigung.

**Außerhalb Süden/C38 Richtung Outjo**

- **Etosha Safari Camp,** Tel. 067-687004, www.gondwana-collection.com. Mittel, Campingmöglichkeit. An der C38, 10 km vom Andersson Gate ist dieses Camp eine der wenigen preiswerten Übernachtungsmöglichkeiten außerhalb der Rastlager.
- **Etosha Gateway Lodge,** P.O. Box 164, Outjo, Tel. 067-333440, Fax 067-333444, www.etoshagateway-toshari.com. Mittel, Campingmöglichkeit. 23 km südlich vom Andersson Gate an der C38. Nach Modernisierung bietet die ehemalige „Toshari Inn" ein freundliches Ambiente und aufmerksamen Service.

Knapp 110 km sind es vom Rastlager Okaukuejo auf der C38 nach Süden in die nächste Kreisstadt Outjo.

## Outjo

Abgesehen von einem kleinen Stadtmuseum im Franke-Haus gibt es in Outjo wenig Sehenswertes. Das Städtchen eignet sich aber gut als Zwischenstopp um Vorräte aufzufüllen, im „Etosha Garden Hotel" im Schatten von Palmen und Jacaranda sich mit einem Mittagessen für die folgende Strecke bis Khorixas zu stärken oder auch im Laden „Namibia Gemstones" nach Mineralien zu stöbern (und nach Infos zu fragen). In Outjo beginnt die Route 3 (▸ s.S. 217) durch den Norden Namibias (Kaokoveld und Ovamboland), die man bis Palmwag als weiter nördlich verlaufende Alternativstrecke zu der Routenführung über Khorixas wählen könnte.

## Service Outjo

**Information**

**Namibia Gemstones,** Hage Geingob Street, Tel. 067-313072.

**Unterkunft/ Essen**

**Etosha Garden Hotel,** Otavi St, Tel. 067-313130, Fax 313419, www.etosha-garden-hotel.com. Mittlere Preisklasse.

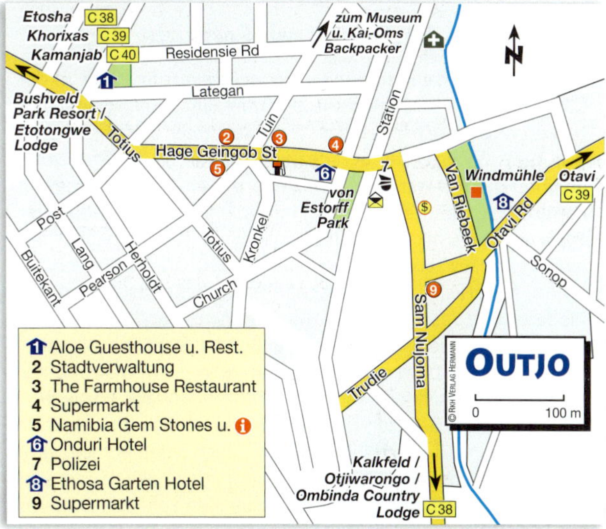


## Von Outjo nach Khorixas

Wir nehmen die C39 nach Westen, die auf der rechten Seite Mopanebaumwälder begleiten, während sich südlich der Straße das weite Trockenbett des Ugab mit den berühmten *Ugab-Terrassen* erstreckt. 76 km nach Outjo kann man links in die D2743 einbiegen, die durchs Ugab-Tal 18 km zur **Vingerklip** führt. Tafelberge säumen das Rivierbett, einer davon wurde von der Erosion zu einem Riesenfinger abgeschliffen. Die aus Kalksteinbrocken und Sand verbackene Vingerklip ragt als nahezu senkrechter und 35 m hoher Fels malerisch übers Tal und die gegenüber auf einer Anhöhe liegende *Vingerklip-Lodge.* Die luxuriöse Unterkunft besitzt sicherlich eines der schönsten Sundowner-Panoramen, wenn die Sonne die Tafelberge in Orangerot hüllt (Tel. 067-290318, www.vingerklip.com.na, teuer).

Rund 50 km sind es noch bis **Khorixas,** eine der trostlosesten Städtchen Namibias. Die dramatische wirtschaftliche Situation der Menschen in ländlichen Regionen spiegelt sich im Elend dieser Siedlung: Alkoholismus, Betteleien, gelegentlich

## Bambatsi – Gästefarm mit Fernsicht

Kurz vor der Abfahrt zur Vingerklip weist ein Farmschild an der C39 nach rechts zur *Bambatsi Guest Farm.* Hinter dem klingenden Namen verbirgt sich eine der ersten Gästefarmen in Namibia, Start war 1972. Gründer der geradezu genial auf einer Hügelkuppe errichteten Farm war Norbert Magura, der ein Farmhaus ganz in namibischer Tradition erbaute, mit tiefliegender, beschatteter Terrasse. Die rustikalen Gästebungalows stattete er damals mit einem „Donkey" aus, einem von außen heizbaren Warmwasserboiler. Natürlich sind inzwischen alle Errungenschaften der Moderne und des Komforts dazugekommen, aber das Besondere an Bambatsi ist neben der atemberaubenden Sicht über Mopanewälder bis weit zu den Fransfonteinbergen die Bewahrung der Tradition einer richtigen Farm ohne Schnickschnack. Das wollen auch die neuen Besitzer, Gerald und Inge Hälbich, beibehalten. Wer aktiv sein will, kann Mountainbike-Touren unternehmen, wandern, Gerald Hälbich auf einer Farmrundfahrt begleiten oder von ihm einen Besuch von Buschmannmalereien auf Farm Omburo im Ugab-Tal organisieren lassen. Ansonsten faulenzt man am Pool und wartet auf den magischen Moment, wenn vor der Terrasse die Sonne untergeht.

*Bambatsi*, Tel. 067-313897, Fax 088-615627, www.bambatsi.com. Mittel bis teuer.

*Die 35 Meter hohe Vingerklip*

sogar Aggressivität schlägt dem Besucher entgegen. Khorixas ist Hauptort des ehemaligen Homelands Damaraland, eine der wenigen namibischen Regionen, wo der Anteil von kommerziellen Großfarmen gering, jener von kommunalem Land dagegen groß ist. Da das Land kaum fruchtbarer ist als andere Regionen, kann es Kleinbauern mit einigen Stück Vieh nicht ernähren. Jugendliche haben überhaupt keine Perspektive. Die einzige Chance bieten Selbsthilfeprojekte. Die große Hoffnung der meisten besteht darin, es bis Windhoek zu schaffen und dort Arbeit zu suchen. In Khorixas sollte man nochmal tanken und evtl. benötigte Lebensmittel kaufen.

## Warnung

In der Region um bzw. im Bereich des Damaralandes, also auch in Erongo und um die Spitzkoppe, kam es in den letzten Jahren mehrfach zu Überfällen auf Touristen. Autos wurden unter Vorwand angehalten und ausgeraubt, eine Reisegruppe wurde im Versteinerten Wald (Nationalmonument) überfallen. Verhalten Sie sich umsichtig, halten Sie am Straßenrand auf offener Strecke nur an, wenn keine weiteren Fahrzeuge in Sicht sind und auch die Umgebung übersehen werden kann!



## Abstecher nach Twyfelfontein

Von Khorixas sind es rund 100 Kilometer bis Twyfelfontein, Namibias größter Ansammlung an Felsbildern auf kleinstem Gebiet. Der Abstecher dorthin, teils auf holperiger Piste, und zu den anderen geologischen Highlights beansprucht einen ganzen Tag, die Fortsetzung der Route in Richtung Uis ist deshalb am selben Tag nicht möglich. Man tut gut daran, sich um eine Übernachtungsmöglichkeit in der Region zu bemühen. Erkundigen Sie sich in Khorixas, ob eine Weiterfahrt mit Pkw möglich ist, denn wenn die quer zur Straße laufenden Riviere Wasser führen, kommt man möglicherweise nicht weiter. Fahren Sie vorsichtig, die Pad gleicht einer Achterbahn, auf der es immer wieder steil bergab ins nächste Trockenflussbett und dann wieder bergauf geht.

## Service Khorixas/Twyfelfontein

**Unterkunft**

- **Khorixas Lodge,** P.O. Box 2, Khorixas, Tel. 067-331196, Fax 067-331388, www.nwr.com.na. Anreise: Khorixas – C39 nach W (2 km). 80 Betten, 50 Stellplätze, Pool. Mittel, Campingmöglichkeit.
- **Aba Huab Camp,** Buchung über Tel. 067-697981. Anfahrt: Khorixas – C39 (73 km) – D3254 (17 km). Günstig, Campingmöglichkeit. Duschen, Toiletten, Feuerplätze, Tische, kleiner Kiosk mit Getränken und sehr hübsch am Aba Huab-Rivier gelegen.
- **Twyfelfontein Lodge,** P.O. Box 6597, Windhoek, Tel. 067-697021, www.twyfelfonteinlodge.com. Anfahrt: 5 km von den Felszeichnungen von Twyfelfontein, gleiche Anfahrtsstrecke wie Aba Huab Camp. Weit über 100 Betten, teuer.

## Versteinerter Wald/Petrified Forest

Man folgt von Khorixas der C39 nach Westen und erreicht nach 33 km einen ersten „Versteinerten Wald“, den „New Petrified Forest“ auf der Farm *Blaukraans.* Zum alten versteinerten Wald – der Nationalmonument, aber nicht unbedingt eindrucksvoller ist – geht's noch 10 km weiter. Auf beiden Arealen liegen teilweise vollständig erhaltene, versteinerte Stämme eines Urzeit-Nadelwaldes (Araukarien) kreuz und quer, als hätten Riesen sie ausgerissen und weggeworfen. Die Araukarien wuchsen vor 300 Millionen Jahren, allerdings nicht hier – sie wurden von Flüssen angeschwemmt.

*Nur durch Anfassen feststellbar: Stein*

Die Versteinerung fand unter Luftabschluss statt. Sand bedeckte die Stämme und unterband so den Fäulnisprozess. Dann drang kieselsäurehaltiges Wasser nach und nach in die Zellen des Holzes ein, das Schicht für Schicht zu Stein wurde. Bis ins kleinste Detail lassen sich die Jahresringe erkennen, und die Rinde ist so natürlich, dass man fast erschrickt, wenn die Hand nicht über vermeintlich warmes Holz sondern über kalten Stein streicht. Zwischen den versteinerten Riesenstämmen wachsen Welwitschias, Köcher- und Balsambäume, mittags kann es unangenehm heiß werden. Souvenirs mitzunehmen ist streng verboten. Die Besichtigung des alten Versteinerten Waldes ist nur mit einem der lustlos wirkenden Guides möglich, auf der Farm Blaukraans hat man mehr Bewegungsfreiheit.

## Nach Twyfelfontein

Nach 30 km ist die D2612 erreicht, die nach links in Richtung Twyfelfontein abbiegt. Auf dem Weg liegen aber auch noch einige besuchenswerte geologische Besonderheiten. So führt nach 11 km rechts ein Weg zum **Wondergat.** 1 km weiter befindet sich ein kleines, unscheinbares Loch, das mehrere hundert Meter tief sein soll. Es entstand durch Auswaschungen eines unterirdischen Flusses, die eine Höhle schufen, in die das darüberliegende Gestein einbrach. Verwunderlich ist, dass dabei ein so schmaler Kamin gebildet wurde.



Zurück auf der D2612 mündet nach 3 km die D3254 ein und nach weiteren 3 km erreicht man das Rivier des *Aba Huab* mit dem gleichnamigen Zeltplatz. Hinter dem Camp überquert die Pad das sandige Rivier und trifft 3 km weiter auf die Abzweigung zum **Verbrannten Berg** (Burnt Mountain, 5 km) und zu den **Orgelpfeifen** (1 km davor, etwas unterhalb der Straße). Die „Orgelpfeifen“ sind bis zu fünf Meter hoch und wahrscheinlich um 100 Millionen Jahre alt. In der Karoo-Periode drang flüssiges Magma in Tonschiefer ein, erkaltete und brach dann zu der heutigen, kantigen Form. Die Erosion trug das weichere Gestein ab und ließ nur den harten Basalt stehen. Der „Verbrannte Berg“ ist hingegen eine

Enttäuschung, denn rötlich schimmern tut er nur, wenn die Sonne tief steht. Dann könnte man sich einbilden, dass das Gestein von innen heraus glüht.

Man kehrt auf die Hauptpad zurück und passiert nach 8 km das Zugangstor von Twyfelfontein (Sonnenauf- bis -untergang, Eintritt). Die etwa einstündige Besichtigung darf nur in Begleitung eines Führers unternommen werden.

## Twyfelfontein

„Zweifelhafte Quelle" nannte der Farmer sein Stück Land, denn die Quelle im Felsrund sprudelte nur unregelmäßig. Den Jägern war das köstliche Nass aber genug, um hier dem Wild aufzulauern. Wer die Felsarena genau betrachtet, sieht sofort, dass sie ideal gelegen ist: Etwas erhöht zwischen den schützenden Bergflanken und mit einem weiten Blick über die Grassavanne, in der Antilopen äsen und Strauße um die Wette rennen. Hier haben San und später auch die viehzüchtenden Damara gelebt und ihre Kunstwerke in den Felsen geritzt. Die San, von denen man weiß, dass sie noch vor hundert Jahren Felswände mit Darstellungen von Tieren und Menschen schmückten, haben heute jeglichen Bezug zu den Felsbildern ihrer Altvorderen verloren und berichten, dass diese von Göttern hergestellt worden seien.

Mit Quarzsteinen wurden die Gravierungen in den Sandstein geritzt, und unter Überhängen finden sich

*Die „Orgelpfeifen"-Gesteinsformationen aus Basalt*

*Twyfelfontein – als Weltkulturerbe angemeldet*

gelegentlich auch Malereien – ein seltenes Nebeneinander im südlichen Afrika, wo Maler und Gravierer ihre Kunst normalerweise nie nebeneinander ausgeführt haben. Alle möglichen Tierarten, Löwen, Elefanten, Giraffen, Nashörner, sind abgebildet. Dazwischen abstrakte Muster und eigenartige Punktreihen, die den Damara zugeschrieben werden und zwischen 400 und 2500 Jahre alt sein sollen. Über den Beweggrund für ein derart reichhaltiges Potpourri weiß die Wissenschaft nichts Exaktes zu sagen. Es könnten Arbeiten von Jägern sein, die damit Erfolg für ihre Jagd heraufbeschwören wollten. Eine Datierung ist schwierig, da die notwendigen Parameter fehlen: Werkzeuge, die Archäologen in dieser Region gefunden habe, stammen aus der Epoche der Jungsteinzeit. Sie den Bildern zuzuordnen ist allerdings nicht möglich. Die patinierte Oberfläche des Sandsteins, die normalerweise ebenfalls Aufschluss über das Alter der Bilder geben könnte, ist hier wegen der Umwelteinflüsse ebenfalls nur ein vager Anhaltspunkt. Da der Platz von vielen Generationen besiedelt war, sind die Felszeichnungen wahrscheinlich zwischen mehreren tausend und einigen hundert Jahren alt. Große Sorgen machte Archäologen der Bau der *Twyfelfontein Country Lodge.* Sie wurde an einer Stelle errichtet, die besonders reich an archäologischen Funden ist und von der man sich weiteren Aufschluss über das Alter und die Bedeutung der Bilder versprach.

### TIPP: Sonnenhut nicht vergessen

In dem Felsenrund kann es unerträglich heiß werden! Mittags sollte man besser nicht besichtigen. Auf keinen Fall den Sonnenschutz – Brille, Hut und Sonnencreme – vergessen!

# Von Twyfelfontein an die Skelettküste

**ACHTUNG:** Für die Strecke im Skeleton-Nationalpark ist ein Transitpermit erforderlich, das an den Toren erhältlich ist! Man muss zu einer Zeit in den Park einfahren, die es einem ermöglicht, ihn bis 17 Uhr wieder zu verlassen. Wer übernachten will benötigt eine Buchung von Namibia Wildlife Resorts!

Man kehrt von den Felsbildern auf die C39 zurück. Die Route führt durch gebirgiges Land leicht nach Nordwesten. Nach 43 km mündet von Norden kommend die C43 ein, auf der man die *Palmwag Lodge* und *Fort Sesfontein* im nördlichen Damaraland bzw. Kaokoveld erreichen kann (▸ s. Route 3, S. 217). 52 km geht es leicht bergab und über einen Gebirgspass durch einsame Landschaft auf die Küste zu. Man kann auf dieser Strecke viel Wild sehen – Kudus, Springböcke, Paviane und Warzenschweine –, umsichtiges Fahren ist also durchaus geboten. Dann erreicht man das *Springbok Gate,* das Zugangstor zum **Skeleton Coast National Park.** Dieses Tor kann man nur bis 15 Uhr passieren, es sei denn, man hat eine Übernachtungsbuchung für das Rastlager *Terrace Bay,* dann ist die Durchfahrt bis 17 Uhr erlaubt. Kurz darauf kündigt sich die Küstenwüste mit den ersten, goldgelben Dünen am Horizont an. Sie verlaufen parallel zur Küste und bildeten früher für die an der „Skelettküste" gestrandeten Seeleute einen unüberwindlichen Sperrriegel landeinwärts. Die meisten verdursteten oder fielen wilden Tieren zum Opfer.

An der Einmündung in die C34 setzt man die Fahrt nun küstenparallel und nach Süden fort und erreicht nach 51 km eine „Toscanini" genannte Stelle, an der früher Diamanten geschürft wurden; Metallteile verwittern in der Seeluft, das Land ist topfeben, die Dünen sind der Kiesnamib gewichen, die an vielen Stellen mit Flechten bewachsen ist – bitte achten Sie darauf, diese empfindlichen Gewächse nicht zu zerstören! Nach weiteren 12 km sieht man die Überreste einer Ölbohrplattform und quert kurz darauf das Rivier des Huab. 37 km weiter ist die südliche Grenze des Nationalparks am Rivier des Ugab erreicht, und man passiert das berühmte, mit Totenköpfen geschmückte Tor. Im Ugab Rivier verläuft eine ca. 50 km lange, geführte Wanderung, die über Namibia Wildlife Resorts zu buchen ist. Start ist jeder zweite und vierte Dienstag im Monat, Dauer zwei Tage. Der letzte Teil der Route durchquert den Dorob-Nationalpark, der das gesamte Gebiet nördlich und südlich Swakopmund schützt und auch die West Coast Recreation Area ersetzt hat. Ab Cape Cross (73 km) findet man die Routenbeschreibung weiter unten, ▸ ab S. 205).

*Eingangstor zum Skeleton National Park*

**Weiterfahrt**

Nach dem Besuch von Twyfelfontein lässt sich die Route in zwei Varianten fortsetzen: Die erste, im Kasten weiter unten beschriebene, führt direkt nach Westen an den Atlantik, in den *Skeleton National Park* und dann an der Küste entlang nach Süden, vorbei am Robbenreservat *Cape Cross*. Sie erschließt die weiten, einsamen Küstenlandschaften und die Küstenwüste. Die andere geht von Khorixas aus nach Süden und passiert den Brandberg mit seinen Felsbildern, die ehemalige Minenstadt Uis und erreicht dann bei Henties Bay die Küste. Um die Robbenkolonie zu besuchen, ist dann noch ein Abstecher nach Norden nötig. Vorteil der letzteren Variante ist der Besuch der zweiten bedeutenden Fundstelle von Felsbildern in Namibia und ihre landschaftliche Vielseitigkeit.

## Von Khorixas über Uis zur Spitzkoppe

Von Twyfelfontein kehrt man auf der C39 zurück nach Khorixas; 10 km nach dem Ort biegt die Route nach Süden auf die C35 in Richtung Uis ab. Die ehemalige Minenstadt und heute bei älteren Namibiern beliebte Sommerfrische ist nach 112 km durch wüstenkarge Gebirgslandschaft erreicht. Beherrscht wird sie von der Silhouette des *Brandberg-Massivs*. Dieser mächtige Gebirgsstock ist vielleicht Namibias wichtigste Fundstelle von Felsbildern und besitzt mit dem 2574 m hohen *Königstein* den höchsten Gipfel des Landes.

2

*Piste im Damaraland*

## Felsbilder im Brandberg

Inmitten der Wüste gelegen ist das Massiv eine verborgene Oase, denn in den schattigen Kluften steht Regenwasser länger und versorgt Pflanzen und Wild. Wie viel fruchtbarer die Region früher gewesen sein muss, das erzählen die Felsbilder, die überall an Felswänden und unter Überhängen zu finden sind und eine reiche Fauna abbilden: Giraffen, Nashörner, Zebras und Kudus bevölkern die Wände; jüngere Bilder zeigen auch domestizierte Tiere, wie Rinder und Fettschwanzschafe. Menschen sind im Gegensatz zum detailreich herausgearbeiteten Wild fast immer stilisiert als Strichmännchen dargestellt – Ausnahme ist allerdings die berühmte „White Lady".

Erste Berichte über die Bilder am Brandberg stammen von dem Landvermesser R. Maack, der 1918 den Königstein bestieg und dabei auf die „Weiße Dame" stieß. Für einige wissenschaftliche Verwirrung sorgte in den 1940er Jahren der französische Felsbild-Übervater *Abbé Breuil,* der sich Zeit seines Lebens mit saharischen Felsbildern befasst hatte und nun meinte, in der Weißen Dame Einflüsse der mediterranen, phönizischen Kultur wiederzufinden. Eine systematische Erforschung des Brandbergs leistete 1977–1985 der österreichische Werbegrafiker *Harald Pager.* Er kopierte in entbehrungsreicher Arbeit 879 Felsbilder und 45.000 Figuren und dokumentierte sie für die Nachwelt. Pager starb, ohne sein Werk vollenden zu können. Man nimmt an, dass noch mindestens 50 weitere Felsbildstätten am Brandberg auf ihre Entdeckung warten.

*Massiv des Brandbergs*

# Uis

Die Zinnvorkommen um Uis wurden bereits in der deutschen Kolonialzeit ausgebeutet, und zwar durch ein Unternehmen, das dem Diamantenkönig *August Stauch* (▸ s.S. 113) gehörte. Ab den 1960er Jahren baute eine südafrikanische Minengesellschaft Zinn und Wolfram ab. Uis entwickelte sich zu einem schmucken Kunstort in der Wüste. Hübsche Bungalows, große Gärten, ein Kulturzentrum wurden errichtet, rund 500 Arbeitsplätze in der Mine geschaffen. 1990 kam dann das Aus, die Weltmarktpreise waren gefallen, Zinn wurde kaum noch gebraucht. Der befürchtete Absturz unterblieb allerdings, denn Uis wurde als Altersruhesitz und Sommerfrische immer beliebter: Zur Küste ist es eine Stunde Autofahrt, und die Grundstückspreise sind natürlich deutlich niedriger als um Henties Bay oder Swakopmund. Dafür, dass auch die hier lebenden Damara Einkommensmöglichkeiten finden, kümmerte sich NACOBTA, eine Agentur für Community Based Projects, die ihre Arbeit inzwischen eingestellt hat. Mit Hilfe der Agentur wurde die *Tsiseb Conservancy* gegründet, ein Zusammenschluss von Damara-Chiefs, die gemeinsam das kommunale Land verwalten und sich um ökologisch angepasste, nachhaltige Nutzung bemühen. Nach Vorbild anderer Conservancies sollen langfristig auch wieder Tiere ausgewildert werden, die früher hier gelebt haben. Mit Hilfe von NACOBTA wurde auch der *Daureb Craft Shop* aufgebaut und die Vereinigung der Brandberg-Guides gegründet.

## Zur „White Lady“

Führungen zur berühmten „Weißen Dame“ im Brandberg Massiv bucht man am besten bei den Brandberg Mountain Guides in Uis. Die „Dame“ ist eine Malerei unter einem Felsüberhang und stellt einen Krieger dar, dessen Unterkörper und Beine weiß bemalt sind und der Pfeil und Bogen trägt. Umgeben ist die Figur von tanzenden Menschen sowie Antilopen und anderem Wild. Wahrscheinlich stellt die Szene ein Trance-Ritual dar, wie es bei den Medizinmännern der San üblich war und noch ist – die weiße Bemalung könnte ein Hinweis darauf sein und auch die Tatsache, dass eine der Antilopen menschliche Hinterbeine hat. Das Alter dieses Felsbildes wird auf etwa 3000 Jahre geschätzt. Ausgangspunkt für die Wanderung ist der Parkplatz an der D2353, 32 km nordwestlich von Uis. Von dort ist es ein etwa halbstündiger Weg zur White Lady.

## Service Uis

**Information**

**Uis Tourist Center,** an der Kreuzung von C35 und C36. Informationen, Buchung von Unterkunft und Bergführern der *Daureb Mountain Guides*. Kontakt über Tel. 064-504162. Außerdem residiert in dem Gebäude *Daureb Craft:* Verkauft werden Flechtarbeiten, Mobiles, Kerzen sowie Linolschnitte der bekannten Brandberg-Bilder.

**Unterkunft**

- **The White Lady B&B und Zeltplatz,** P.O. Box 66, Uis, Tel./Fax 064-504102. Nette Unterkunft mit Schwimmbad, sechs Zimmern und einem kleinen Campingplatz. Alles sehr sauber und einladend. DZ/F um 700 N$, Camping um 80 N$/Person.
- **Brandberg White Lady Lodge,** von der C35 für 15 km Richtung Brandberg, dann 12 km auf Piste nach Norden, Tel. 064-684004, Fax 684006, www.brandbergwllodge.com. DZ mit Halbpension um 1400 N$, Camping um 100 N$/Person. Die Besitzer kooperieren mit der Tsiseb Conservancy und den Daureb Mountain Guides. Es gibt einen Campground, einfache oder Luxuszelte zur Miete und Chalets.

## Messum Krater

**WARNUNG**

Die auf vielen Karten recht übersichtlich erscheinende Tour von Uis durch den Messum-Krater nach Cape Cross sollte man nur mit Geländewagen und

GPS-Navigation unternehmen. In dem unwegsamen und von vielen Pisten durchzogenen Gebiet ist die Orientierung extrem schwierig.

## TIPP: Abkürzung

Wer keine Lust hat, an die Küste zu fahren oder Swakopmund bereits im Rahmen der südlichen Rundfahrt besucht hat, kann von Uis auf der C36 direkt nach Omaruru weiterfahren (115 km). Dort geht es dann wie ▸ ab S. 213 beschrieben weiter.

# Henties Bay

Knapp 115 km sind es von Uis auf der C35 zur Küste bis **Henties Bay.** Das Städtchen hat in den letzten Jahren eine rasante touristische Entwicklung gemacht und ist heute stolz darauf, zu einer der Sommerfrischen Namibias geworden zu sein. Viele Namibier verbringen Weihnachten und Neujahr in Henties Bay, dann gibt's Open-air-Veranstaltungen, Sport-Events und ganz sicher keine ruhige Minute. Aktuelle Web-Infos auf www.hentiesbay.com.

## Service Henties Bay

**Unterkunft**

- **Buck's Camping Lodge,** P.O. Box 519, Tel. 064-501039, www.hentiesbay.com/camping.htm. Günstig, Chalets und Campingmöglichkeit, sehr sauber, ausgezeichnete Infrastruktur.

**Restaurants**

Empfehlenswert ist das *Fishy Corner,* Jakkalputz Road. Spezialitäten hier an der Küste sind natürlich Fisch und Meeresfrüchte.

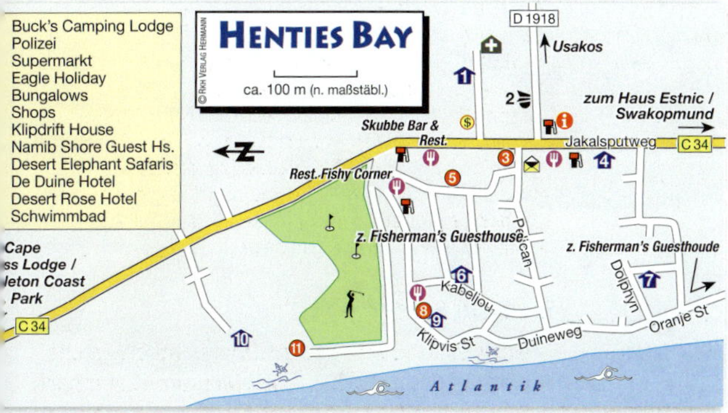

**Aktivitäten** In Henties Bay dreht sich alles ums Angeln, Ansprechpartner ist *Sea Ace Adventure Angling,* Tel. 064-500545, www.seaace.com.na. In den Namib-Dünen wird Dune-Boarding und Quadbikefahren organisiert.

## Abstecher zur Robbenkolonie

Knapp 50 km nach Norden sind es auf der C14 bis **Cape Cross** und zur Abzweigung der Piste zur Robbenkolonie. Vorbei am Verwaltungsgebäude (Eintritt 40 N$, geöffnet tgl. 10–17 Uhr) erreicht man nach 7 km die Küste. Zwischen 60.000 und 100.000 Zwergpelzrobben *(Arctocephalus pusillus pusillus)* versammeln sich an diesem Teil der Küste und bilden so die größte Robbengemeinschaft auf namibischem Territorium. Nördlich und südlich gibt es weitere Stellen, aber Cape Cross scheint den putzigen, doch leider furchtbar stinkenden Tierchen besonders gut zu gefallen. Ohne Rücksicht auf Jungtiere drängen, wälzen, kämpfen und spielen die Robben miteinander; schwächere Junge haben unter diesen Bedingungen wenig Überlebenschancen, und man schätzt, dass nur ein Drittel eines jeden Jahrgangs das Erwachsenenalter erreicht. Der Bestand schwankt aber auch mit den Jahreszeiten und mit den „Robbenernten". Im Gegensatz zur früheren Praxis wird heute angeblich nur noch umweltverträglich „geschlagen". Das bedeutet, dass man Robben nur noch tötet, wenn eine Überpopulation droht, die den Tieren selbst zur Gefahr werden könnte, wie durch Nahrungsmangel. Ende 2004 wurden beispielsweise ungewöhnlich viele verhungerte

Robben an der Küste angeschwemmt, zwischen Swakopmund und Walvis Bay täglich bis zu 40 Kadaver geborgen. Die Diskussion um das *Culling* bzw. Schlagen von Robben erhitzt die namibischen Gemüter jedes Jahr aufs Neue, wenn das Fischereiministerium die Quoten bekannt gibt – und es hagelt natürlich auch internationale Proteste! Hauptgrund ist die grausame Tötungsmethode: Die Tiere werden mit Stöcken erschlagen, damit das wertvolle Fell nicht beschädigt wird. Nur die kräftigen Bullen erhalten einen Gnadenschuss.

*Das Kreuz am Ankerplatz Diogo Cãos ist nicht mehr original*

Nicht weit entfernt von den Robben ist jene Stelle, an der 1486 der Portugiese Diogo Cão als erster (historisch überlieferter) Europäer Anker an der südwestafrikanischen Küste warf. In guter portugiesischer Tradition ließ er einen *padrão*, ein steinernes Kreuz, errichten, das allerdings 1893 nach Berlin gebracht wurde. Die daraufhin aufgestellte Kopie wurde 1980 durch eine angeblich originalgetreuere des Ursprungskreuzes ersetzt. Die Anlage ist in den Umrissen des „Kreuz des Südens" gestaltet, das den damaligen Seefahrern die wichtigste Orientierungshilfe war.



**Unterkunft**

Einzige Unterkunftsmöglichkeit bei der Robbenkolonie ist die ca. 4 km nördlich liegende **Cape Cross Lodge** (P.O. Box 259, Henties Bay, Tel. 064-694012, Fax 064-694013, www.capecross.org. Sehr teuer).

## Von Henties Bay nach Swakopmund

Die 75 km lange Strecke nach Süden bietet landschaftlich wenig Abwechslung. Hier fühlen sich nur Brandungsangler und an manchen Stellen Windsurfer so richtig wohl. Die frühere **West Coast Recreation Area,** der heutige **Dorob National Park,** ist für die Einheimischen ein beliebtes Wochenendziel, dann fahren sie mit ihren mit Angelruten gespickten Geländeautos auf der breiten Salzstraße um die Wette. Unterkunft findet man auf mehreren Zeltplätzen. Kaum sichtbar sind die vielen botanischen Raritäten auf dem Wüstenboden. Wer anhält, kann Flechten erkennen und mit einigen Tropfen Wasser zum Aufblühen bringen. Zahlreiche Welwitschias wachsen am Weg. Dann ist Swakopmund (▶ s.S. 146) erreicht.

## Spitzkoppe und Erongo

Von Swakopmund gibt es zwei Möglichkeiten, nach Windhoek zurückzufahren – entweder auf dem in Route 1 beschriebenen Weg durch die Zentralnamib, oder man nimmt die weiter nördlich verlaufende Strecke, vorbei an Spitzkoppe und durchs Erongo-Gebirge. Eine dritte Variante bietet sich an, wenn man von Swakopmund der Route 1 in umgekehrter Richtung, also nach Sossusvlei und weiter in den Süden folgt.

Die B2 ist die wichtigste und am besten ausgebaute Verbindung zwischen Hochland und Küste und deshalb entsprechend befahren. Sie verlässt Swakopmund nach Nordwesten und verläuft parallel zur Eisenbahnlinie. Links sieht man die 1892 errichtete Polizeistation *Nonidas* im Festungsstil, die mal Hotel, mal Versammlungsraum von Sekten, mal geschlossen und heute ein Restaurant ist (Tel. 064-406700, www.heritagecastle.com). Hier geht's auch zu *Okakambe Trails,* einem Reiterhof, der Trekkingtouren in der Namib organisiert, sowie zur *Kamelfarm* (ebenfalls Ausritte). Nach 45 km folgt die Abzweigung nach **Arandis,** der Wohnstadt für die Arbeiter der Rössing-Uranmine. In den 1970er Jahren für mehrere tausend Menschen gebaut, wirkt Arandis nach dem Niedergang des Erzabbaus noch deprimierender; nur noch wenige in der Siedlung lebende Menschen haben einen Job im Bergbau. Einige Glückliche haben Arbeit in Swakopmund oder Walvis Bay gefunden. Eine Initiative versucht nun, Arandis in die benachbarte *Spitzkoppe Conservancy* einzubinden und die Stadt und die stillgelegte Khan-Mine für den Tourismus zu öffnen.

Interessantes über Uranabbau können Sie auf ▶ S. 158 nachlesen.

Rund 65 km nach Arandis erreicht man die Abzweigung der D1918 und mehrerer anderer Pisten, die das Massiv der beiden **Spitzkoppen** umrunden.

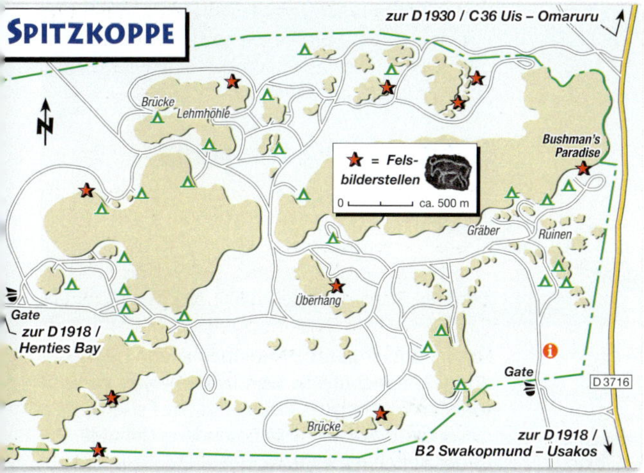


Die Große (1728 m) und die Kleine Spitzkoppe (1580 m) verdanken ihren Beinamen „Namibias Matterhorn" der charakteristischen Form, die tatsächlich an die Schweizer Vorlage erinnert. Die Große Spitzkoppe überragt die Hochebene um rund 800 m. Die beiden Berge sind Mittelpunkt der *Spitzkoppe Conservancy*, zu der sich umliegende Damara-Gemeinden zusammengeschlossen haben. Sie betreiben ein Camp an der Nordflanke, stellen Bergführer zur Verfügung und lassen das ganze Gebiet durch Patrouillen überwachen.

Die Spitzkoppe ist – noch – ein fast gänzlich unberührtes Paradies. Als Inselberg in der weitgehend ebenen Landschaft empfängt sie den Nachttau, der auf den Felsen kondensiert und die Pflanzen nährt, die Wolken darüber regnen häufiger ab als auf der

2

*Bushman's Paradise: Von hier haben die San die Wanderung des Wildes beobachtet*

Ebene, und sogar die Nebelbänke von der Küste dringen manchmal so weit landeinwärts vor und spenden Feuchtigkeit. Bizarr erodierte Felsen geben dieser Landschaft ein ganz besonderes Gepräge: Mal ist der Boden mit kugelrunden Riesenbällen (Wollsack-Erosion) bedeckt, mal balancieren mächtige Granitblöcke über tiefen Kluften, als drohten sie, jeden Augenblick auf den Wanderer hinabzustürzen, mal überspannen ebenmäßige Bögen Felsnischen, in denen es sich herrlich geschützt picknicken lässt. Im sandbraunen Gestein wurzelt der *Botterboom,* vereinzelt erheben Köcherbäume ihre filigranen Silhouetten in den Himmel, und die aus der Namib bekannten, knorrigen Wurzeln gleichenden *Balsambäume* erreichen hier, wo der günstige Wasserhaushalt die Pflanzen verwöhnt, wirkliche Baum-Maße. Bekannteste Attraktion der Spitzkoppe ist „Bushman's Paradise", eine Kuhle mit überraschend üppigem Pflanzenbewuchs und leider stark verwitterten bzw. beschädigten Felsgravuren. In der Kuhle steht häufig Wasser und wuchernde Blutfruchtbäume machen aus ihr tatsächlich ein „Paradies".

**Unterkunft**

**Spitzkoppe Camp,** Buchung über Tel. 064-530879. Stellplätze an geschützten Stellen im Umkreis des Berges, am Camp mehrere einfache Bungalows, ein Laden, Feuerholz. Günstig, Campingmöglichkeit.

## TIPP: Kletterführer

Ian Walker unternimmt organisierte Klettertouren an der Spitzkoppe: Walker's Rock & Rope Adventures, P.O. Box 2143, Swakopmund, Tel./Fax 064-403122, www.walkerra.iway.na.

## Inselbergbildung und Ringintrusion

Der Begriff der *Inselbergbildung* begegnet dem geologisch interessierten Reisenden in Namibia immer wieder. Er bezeichnet einen vulkanischen Prozess, bei dem die flüssige Magma nicht an die Erdoberfläche gedrückt wird sondern sich ihren Weg durch die Gesteinsschichten sucht und unterhalb der Erdoberfläche erstarrt. Die Erosion trägt das darüberliegende, ältere und weichere Gestein ab, und zurück bleibt der Kern aus hartem Granit. So wie die Spitzkoppen ist auch der Brandberg entstanden. Lagert sich das flüssige Gestein ringförmig ab, entstehen nach Erosion vulkanartige Gebilde wie das *Erongo-Gebirge* und man spricht von *Ringintrusion*.

**Weiterfahrt**

Zurück auf der B2 sind es 22 km nach Osten bis **Usakos,** ein kleines Farmerstädtchen und Ausgangspunkt für Touren ins **Erongo-Gebiet.** Der Ort ist stolz auf mehrere historische Bauten, das Gebäude der Stadtverwaltung von 1908, auf die römisch-katholische Kirche von 1905 und den Wasserturm, ebenfalls aus der Kolonialepoche. In Usakos zweigt die D1935 zur *Ameib Ranch* ab, auf deren Grund sich die berühmtesten Erosionsskulpturen des Erongo sowie eine Felsmalerei erkunden lassen. Um hinzukommen, biegt man nach 11 km auf die D1937 ab. An der Ameib Ranch muss Eintritt entrichtet werden, bevor man mit dem Auto ein Tal entlang zu den Granit-Figuren weiterfährt. Tatsächlich braucht man nur wenig Phantasie, um sie zu erkennen:

*Felsen wie ein Elefantenkopf: Elephant's Head*

**Elephant's Head** blickt von einer Anhöhe auf die Besucher hinunter, und ein Stück weiter sitzt **Bull's Party** im Kreis versammelt. Vom Parkplatz ist es ein halbstündiger, ausgeschilderter Fußweg zur **Phillip's Cave,** wo eine berühmte Felsmalerei entdeckt wurde: der **Weiße Elefant** ist allerdings schon stark verblasst.

# Das Erongo-Gebirge

Aus der Luft betrachtet sieht man es am deutlichsten: Das Erongo ist nichts anderes als ein riesiger, ringförmiger Vulkan, der vor hundert Millionen Jahren entstand, allerdings nicht zur Erdoberfläche durchdrang. Die Verwitterung schliff weicheres Gestein ab und ließ nur noch die zu Granit und Basalt erstarrten, einst unterirdischen Lavaformationen stehen. Doch auch diese harten, magmatischen Gesteine sind den Erosionskräften ausgesetzt. Je nach Angriffspunkt reagiert Granit z.B. mit dem Abplatzen der äußeren Hülle (Desquamation), wird rund abgeschliffen (Wollsackgranit) oder es kommt durch extreme Temperaturunterschiede zum „Kernsprung" – ein Felsblock zerspringt regelrecht in zwei Teile. Im Erongo lassen sich diese Phänomene hervorragend besichtigen. Zum Verständnis der Prozesse trägt Nicole Grünerts Reisehandbuch „Namibias faszinierende Geologie" (▶ s.S. 70) wesentlich bei.

Doch Erongo ist nicht nur ein Dorado für geologisch Interessierte. Neben dem berühmten „Weißen Elefanten" gibt es viele andere Felsbilder, die man auf geführten Wanderungen der hier angesiedelten Gäste- und Jagdfarmen entdecken kann. Außerdem gilt das Gebiet als „Hot Spot" namibischer Flora und Fauna. Hier leben neben Wanderfalken, Zwerg- und Felsenadler zahlreiche endemische Vögel (Rüppel-Papagei, Hartlaubs Frankolin), Hartmannsche Bergzebras, Damara Dik Diks und eine kleine Kolonie Schwarzgesicht-Impalas, außerdem Leoparden, Warzenschweine und einige Giraffen.

Bis 1974 gab es noch freilebende Spitzmaulnashörner; zu ihrem Schutz wurden sie eingefangen und in Etosha wieder ausgesetzt. Nun soll das Wild zurückkehren: Nach dem Vorbild anderer ähnlicher Naturschutzprojekte haben sich 29 Farmen am Erongo zu einer Conservancy (www.erongo-conservancy.iway.na) zusammengeschlossen. Die meisten sind im Jagd- und Gästetourismus engagiert. Langfristig will die Conservancy Tierarten, die früher im Erongo heimisch waren, wieder ansiedeln. Dazu muss das nahezu 200.000 ha große Areal zunächst wildsicher eingezäunt werden. Als erste sollen Giraffen und Nashörner kommen, am Ende werden 50 dieser urzeitlichen Kolosse wieder im Erongo leben. Für Rhinos sind die Umweltbedingungen so optimal, dass Experten der Conservancy eine zentrale Rolle in der Verbreitung und Hege der Tiere prophezeien.

### Unterkunft Erongo

- **Erongo Wilderness Lodge,** P.O. Box 581, Omaruru, Tel. 064-570537, Fax 064-570536, www.erongowilderness-namibia.com. Teuer bis sehr teuer. Auf der D2315 geht's zu dieser Traum-Lodge nur 10 km von Omaruru entfernt. Die Zelt-Chalets liegen inmitten granitener Riesenmurmeln am Hang mit bester Fernsicht; Wanderungen, Besuch von Felsbildern, Birding.
- **AiAiba Lodge,** P.O Box 555, Omaruru, Tel. 064-570 330, Fax 064-570 557, www.aiaiba.com. Teuer. Die Lodge liegt an der D2315 nördlich des Erongo-Gebirgsstocks und bietet komfortable Unterkunft sowie geführte Wanderungen zu Felsbildern.
- **Etusis Lodge,** P.O. Box 5, Karibib, Tel. 064-550826, Fax 064-550961, www.etusis.de. Teuer. Die Lodge liegt 16 km südlich Karibib und des Erongo an den Otjipatera-Bergen und ist Wanderern und Kletterern sowie Reitern (Zucht von Basotho-Pferden) besonders zu empfehlen.

## Marmor und Edelsteine in Karibib

Von Usakos sind es 28 km auf der B2 nach **Karibib,** Namibias Zentrum der Halbedelsteine und Mineralien. Das nahe Erongo-Gebirge liefert unendlich viel Material für die Schleifereien des Ortes, der auch für seinen Marmor berühmt ist. Nur hier nämlich gibt nahezu reinen, schwarzen Marmor. Auch Goldvorkommen wurden in der Nähe Karibibs entdeckt und werden nach einer längeren Pause wegen des derzeit ständig steigenden Goldpreises nun wieder abgebaut, die Vorkommen sollen erst um 2020 erschöpft sein. Touristische Hauptattraktion ist das

2

„Henckert Tourist Center", wo es Steine en gros und en detail zu kaufen gibt, ob geschliffen oder poliert, als Schmuck in allen Variationen oder als Edelsteinbäumchen. Sehenswert sind mehrere historische Bauten, der Bahnhof aus dem Jahr 1900, mit dem die Entwicklung von Karibib ihren Anfang nahm. Gegenüber, im „Roesemannhaus", logierten die Fahrgäste, die auf den nächsten Anschluss warten mussten. Eine weitere Pension von 1913 im Osten des Ortes ist heute eine Bäckerei.

## Service Karibib

**Information/ Shopping/Café** **Henckert Tourist Center,** Main Street, Tel. 064-550700, Fax 064-550720, www.henckert.com

**Essen** **Western Restaurant,** Main Street, Tel. 064-550037, Riesensteaks.

## Otjimbingwe

45 km sind es auf der C32 von Karibib nach Süden zu dem heute völlig verschlafen wirkenden Ort. Das Städtchen war erster Verwaltungssitz der Kolonie Deutsch-Südwestafrika. Hier verlief der *Baiweg,* der alte, von den Nama und Herero genutzte Handelsweg von der Walfischbucht ins Hochland, und bei *Otjimbingwe,* dem „Platz der Erholung", sprudelte eine Quelle. Bereits 1849 errichtete die Rheinische Missionsgesellschaft hier eine Dependance. 1860 kam der schwedische Forscher, Großwildjäger und Händler Charles Andersson und übernahm die Gebäude einer Minengesellschaft. Mehrere Läden zogen ein und wurden wenige Jahre später von dem Kaufmann Eduard Hälbich übernommen (den Hälbich-Store gibt es heute noch). 1867 wurde mit tatkräftiger Hilfe der Zeraoua-Herero aus Omaruru die Kirche errichtet. Von 1872 stammt der Pulverturm, der 30 Belagerungen standhielt. 1890 aber nahm Windhoek Otjimbingwes Platz ein, und das Städtchen versank in Bedeutungslosigkeit.

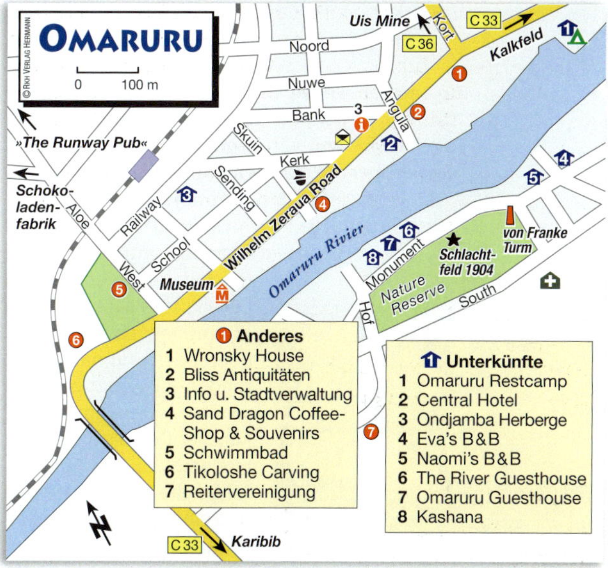


## Nach Omaruru

Von Karibib empfiehlt sich der knapp 50 km lange Abstecher am Ostrand des Erongo entlang nach Norden bis Omaruru. Die Stadt liegt am gleichnamigen Rivier und wirkt überaus freundlich und grün. Omaruru war ein alter Lagerplatz der Herero, an dem Gottlieb Viehe im Namen der Rheinischen Mission eine Niederlassung gründete. Hier fertigte er auch seine Übersetzung des Neuen Testamentes in Otjiherero an. Die um Omaruru lebenden Herero gehören der Zeraoua-Fraktion an, ihr damaliges Oberhaupt war *Wilhelm Zeraoua,* dessen Grab auf dem Friedhof gegenüber der Missionsstation jedes Jahr Anfang Oktober Ort der Ahnengedenkfeiern ist. Sie verlaufen ähnlich wie in Okahandja (▸ s.S. 166), fremde Besucher sind allerdings nicht gern gesehen.

Auch Omaruru hat einen berühmten Verteidigungsturm, der nach Hauptmann *Viktor Franke* benannt ist. Nach einem Gewaltmarsch von Gibeon über Windhoek und Okahandja bis Omaruru schlug

*Wehrhafter Franke-Turm*

er mit seiner Kompanie 1904 die aufständischen Herero in die Flucht und rettete den Belagerten das Leben. Für die 900 km lange Strecke hatte er 19 Tage gebraucht. Der Turm wurde 1908 ihm zu Ehren errichtet.

Omaruru ist aber nicht nur historisch interessant. Der Ort mit seinen schattigen Eukalyptusalleen und dem ufergrünen, das Städtchen querenden und namenstiftenden Rivier hat eine besondere Anziehungskraft auf Künstler. Deshalb findet man hier ambitionierte Galerien, zahlreiche Kunstschaffende und eine überaus originelle Schnitzerwerkstatt.

Ein künstlerisches Händchen haben auch die Besitzer der „Kristall Kellerei", ihre Weine sind überaus bekömmlich und werden hochgelobt. Verkauft wird nur direkt ab Kellerei, zur Verkostung gibt's eine deftige Brotzeit. Auf ebenso Schmackhaftes, doch auch wieder ganz anderes, trifft man in dem kleinen handwerklichen Betrieb der *Homemade Chocolates:* Pralinés allererster Güte.

## Service Omaruru

**Unterkunft**

- **Central Hotel,** Wilhelm Zeraua Street, P.O. Box 29, Tel. 064-570030, alexma@iway.na. Günstig. Hotel mit Garten, Pool und allem Komfort. Sicheres Parken, Traditionsadresse der deutschstämmigen Einwohner, gute, gediegene, ehrliche Küche.

**Shopping**

- **Sand Dragon,** Tel. 064-570707, Main Rd, Kunstgalerie, Café mit Snacks und Kuchen, Internet-Café.
- **Tikoloshe Afrika,** 61 Wilhelm Zeraoua St, Tel. 064-570582, Mo–Fr 7.30–18 Uhr, Sa 7.30–13 Uhr. In der Werkstatt von Tikoloshe bearbeiten Schnitzer aus dem Kavango ausschließlich Wurzelholz und schaffen die wunderlichsten Kreaturen.
- **Handmade Chocolates,** 9 Industrial Rd, Omaruru, Tel. 064-570286, Mo–Fr 8–13 und 14-17 Uhr.

Wer's nicht glaubt wird eines Besseren belehrt: Feinste Pralinés stellen die Dörgelohs und ihre Mitarbeiter seit 2003 her und führen die Tradition der Omaruru-Dampfbäckerei fort. Beste Ingredienzien garantieren gleichbleibende Qualität.

- **Kristall Kellerei,** Tel. 064-570083, 4 km außerhalb an der D2328, Weinverkostung und -verkauf.

Etwas südlich von Omaruru zweigt nach Osten die C36 in Richtung Wilhelmstal ab, das nach 64 km erreicht wird. Nach weiteren 56 km fährt man auf der B2 in Okahandja ein.



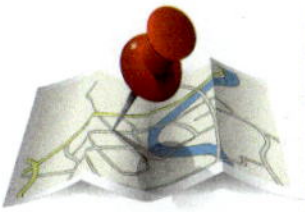

Bitte schreiben oder mailen Sie (verlag@rkh-reisefuehrer.de), wenn sich in Namibia Dinge verändert haben oder Sie Neues wissen. Wir beantworten jede Zuschrift. Danke!

3

# ROUTE 3: Nordwesten

## Himba und Ovambo

Der Norden und Nordwesten Namibias gehört heute zum Standardprogramm vieler Reiseveranstalter und Individualreisender. Die faszinierende Kultur der Himba in der Gebirgslandschaft des Kaokoveld, Wasserfälle am Kunene und die quirligafrikanischen Städte und Dörfer des Ovambolandes sind ein lebhafter Kontrast zum zentralen Namibia. Wer das Kaokoveld abseits der Hauptroute Opuwo – Epupa intensiv erleben möchte und nicht mit einem Geländewagen unterwegs ist, tut gut daran, eine organisierte Tour von Windhoek oder von den Lodges am Rand des Kaokovelds aus zu buchen.

**Routenführung**

Outjo → Kamanjab → Abstecher Palmwag → Sesfontein → Opuwo → Abstecher Purros → Epupa Falls → Ruacana → Ovamboland → Ondangwa → Tsumeb (Anschluss Route 2 und 4)

## Geländewagen oder Pkw?

Die bis vor kurzem nach schwerem Regen nur eingeschränkt befahrbare Piste C43 (3705/3700) zwischen Sesfontein, Opuwo und hoch bis Epupa hat eine etwas andere Streckenführung erhalten (*sie verläuft* nicht mehr im Tal der Schluchten, sondern an deren Abhängen) und ist damit fast ganzjährig auch mit Pkw zu bewältigen (dennoch in Sesfontein erkundigen). Eine schwierige Stelle gibt es für Pkw in *Okongwati* (ca. 65 km vor Epupa ) mit einer etwa einhundert Meter langen Rivierquerung, die nach Regen schweren Sand hat. Unmöglich geworden ist inzwischen, auch für Geländewagen, die direkte Strecke am Kunene entlang zwischen Epupa und *Swartbooisdrift*. Die „Piste" wird seit 1990 nicht mehr unterhalten und ist praktisch nicht mehr existent.

## Outjo (▸ s. Route 2, S. 190)

Outjo ist Ausgangspunkt für die Tour ins Kaokoland. Auf der C40 sind es 142 km durch Mopane-Baumsavanne nach **Kamanjab,** ein verschlafenes Städtchen mit Bäckerei, Metzgerei, Bottle Store und Tankstelle. Von hier wendet sich die C40 weiter nach Westen ins deutlich aridere, nördliche Damaraland und überwindet nach 74 km den 1500 m hohen *Grootbergpass.* 40 km weiter und nun wieder bergab sieht man voraus die grüne Oase *Palmwag.*

## Palmwag Lodge

Die Palmwag Lodge liegt auf einem sogenannten „Konzessionsgebiet". Diese Gebiete erfüllen eine Zwitterfunktion: Sie sind geschützter Naturpark, werden aber gegen strenge Auflagen zur touristischen Nutzung einem Privatunternehmen überlassen. Die Konzessionen werden auf jeweils mehrere Jahre vergeben.

Auf Palmwag-Gebiet befinden sich Elefanten, Nashörner, Giraffen und alle Arten von Antilopen. Die Lodge organisiert Game Drives, es gibt Tagesausflüge auf den Spuren der Wüstenelefanten und Touren zu Damara- und Himba-Siedlungen. Ein kleiner Wanderweg entlang des Uniab Riviers ist für die Gäste markiert (wer ihn benutzt, sollte vorher das Management informieren). Manchmal kommen die Elefanten bis unterhalb des Camps, seien Sie also vorsichtig! Das Restaurant steht auch Campern zur Verfügung (vorher anmelden).

Mit dem eigenen Geländewagen können nach Anmeldung und Bezahlung die gekennzeichneten Routen links und rechts der Hauptstraße befahren werden (wer diese Touren ohne Anmeldung unternimmt, riskiert eine hohe Geldstrafe). Aktivitäten und Unterkunft, auch Campen, **müssen unbedingt vorab reserviert werden.** Buchung für die Palmwag Lodge über Tel. 0027-11-2575111, www.palmwaglodge.com. Teuer.

## Wüstenelefanten

Viel wird über das besondere Anpassungsvermögen der „Wüstenelefanten" und der „Wüsten-Rhinos" im nördlichen Damaraland spekuliert. Die Tiere ziehen entlang der Riviere, der Trockenflussbetten, teils bis an die Atlantikküste. Da Oberflächenwasser fast völlig fehlt, graben die Grauen Riesen im lockeren Sand der Riviere, bis sie auf Wasser stoßen. Ihre Nahrung bilden die Vegetationsgürtel entlang der Flussbetten. Trotz der besonderen Überlebensfähigkeit in einem für Elefanten eigentlich zu ariden Gebiet gelten sie nicht als eigene, zoologische Spezies, ja nicht einmal als Sub-Spezies der Savannenelefanten. Sie sind nur eine ökologisch angepasste Gruppe.

Wüstenelefanten und -rhinos sind etwas kleiner als ihre Etosha-Artgenossen und können wesentlich länger als diese auf Wasser verzichten. Im Gegensatz zu den Nationalpark-Elefanten tolerieren die Dickhäuter des nördlichen Damaralands und des Kaokovelds Störungen durch Fahrzeuge oder Menschen kaum. Sie reagieren schnell aggressiv! Immer wieder kommt es zu Zwischenfällen, manchmal mit tödlichem Ausgang. Weder alleine noch als Gruppe sollte man sich den Elefanten nähern, den Anweisungen des Rangers ist unbedingt Folge zu leisten.

*Nur in ergiebigen Regenzeiten bildet sich eine spärliche Grasnarbe im Damaraland*

ANGOLA
Epupa Fälle
Swartbooisdrift / Dorsland Trekkers Monument
Cunene
Omuramba
Otjimbapa
Ruacana Fälle
C 43
Kunene River Lodge
Epembe
Hippo Pools
C 46
Uutapi
Otjitanda
Okongwati
Ehomba
Ruacana
Heritage-Center Ombalantu (Riesen-Baobab)
Oshakati
Otjiveze
Tsandi
Red Drum
Etanga
D 3720
King Taapopi's Homestead
Ondangwa
Okakao
Ndilimuni Clay Pot Project
Van Zyl's Pass
Opuwo
Opuwo Country Hotel
B1
C 35
Orupembe
Tsumeb
Kaoko Otavi
Hoarusib
C 43
Camp u. Lodge
Purros
ETOSHA GAME PARK
Halali
Sesfontein Lodge
Okaukuejo
Sesfontein
Ongongo
Anderson Gate
Hoanib
Etosha Safari Camp
Möwe Bay
Khowarib
Gateway Lodge
Amspoort
Otavi
Kamanjab
C 40
C 38
SKELETON COAST PARK
Palmwag
C 35
Terrace Bay
Uniab
C 43
Outjo
Camp Xaragu
Khorixas
C 39
Otavi, B 1
C 39
Torra Bay
Koigab
Otjiwarongo
Huab
Wind-hoek, B 1
C 35
Kalkfeld
Toscanini
Ugab
C 33
C 34
Uis
C 36
Omaruru
Mile 108
C 35
Oka-handja
Cape Cross
Omaruru
B2
Mile 72
Usakos
Karibib
Henties Bay
C 32
B2
Khan
Otjimbingwe
Wlotzkasbaken
Swakop
Wind-hoek
Swakopmund
C 28
Bosua Pass
NAMIB NAUKLUFT PARK
Gamsberg Pass
Kuiseb Pass
Walvis Bay
C 14
C 26
Wind-hoek
Gaub Pass
Kuiseb
1 Twyfelfontein-Felsgravuren
2 Verbrannter Berg
3 Versteinerter Wald
4 Vingerklip
5 Brandberg ("White Lady"-Felszeich.)
6 Messum-Krater
7 Spitzkoppe
8 Ameib-Felszeichnungen
9 Welwitschia mirabilis
10 Pulverturm Otjimbingwe

3

## Weiterfahrt ins Kaokoveld

Von Palmwag geht es auf der Pad C43 nach Norden durch die nördlichen Ausläufer des Damaralands in das **Kaokoveld.** Auf dem folgenden Streckenabschnitt sind viele Furten zu queren, und nach 45 km ist ein weites Tal erreicht. 30 km nach der Abfahrt ins Tal kommen Sie in die Schlucht des *Khowarib* mit einem kleinen Dorf. Nach Nordosten stoßen Sie auf die **Khowarib Lodge** (Tel. 064-402779, www.khowarib.com, Luxuszelte, sehr teuer).

10 km hinter dem Abzweig in die Khowarib-Schlucht liegt **Warmquelle,** eine Siedlung mit weit verstreut liegenden Häuschen, die von einem deutschen Farmer gegründet wurde und in der Himba wie Herero leben. Die aus Lehm errichtete *Pontoks* und die Wellblechhütten stehen hier einträchtig nebeneinander, viktorianische Matronen plaudern mit Himba-Frauen, die bis heute nur mit einem Lendenschurz bekleidet gehen. Mit einem Geländewagen kann man von Warmquelle 6 km nach Norden zum **Ongongo-Wasserfall** fahren. Dort sprudelt eine kleine, warme Quelle an einer Baumwurzel und bildet einen Teich, in dem man baden kann. 11 km hinter Warmquelle wählt man an der Gabelung die nördlich verlaufende Piste nach Sesfontein (12 km).

*Geheimnisvolle Kreise im Hartmanntal/ Kaokoveld*

## Save the Rhino

Namibia ist das einzige afrikanische Land, in dem die Nashorn-Population ohne spezielle Schutzmaßnahmen auf kommunalem Land überlebte. Dennoch wurde die Zahl der Schwarzen- oder Spitzmaulnashörner im Nordwesten, also Damaraland und Kaokoveld, in den 1980er Jahren durch Wilderer so drastisch dezimiert, dass Tierschützer Alarm schlugen. Damals hat sich als Privatinitiative der „Save the Rhino Trust" gegründet. Standort dieser Gesellschaft, die sich für die Sensibilisierung und Ausbildung der lokalen Damara- und Himba-Gemeinschaften gegenüber Tier- und besonders Rhino-Schutz stark macht, ist Swakopmund, das Arbeitsfeld das nördliche Damaraland, wo „Save the Rhino" mit Reiseveranstaltern und Lodges zusammenarbeitet. So kann man zum Beispiel auf dem Konzessionsgebiet von Wilderness Safaris zu Pirschwanderungen und Game Drives aufbrechen. Gesichtet werden nicht nur Nashörner, sondern auch Wüstenelefanten und Löwen, denn mit 100 Exemplaren besitzt die Region die größte Löwenpopulation Namibias außer(Desert Rhino Camp, Luxus-Zeltcamp, DZ um 5000 N$/Person inkl. aller Mahlzeiten, Getränke und Aktivitäten. Reservierung über Wilderness Safaris, Tel. 061-274500, Fax 293455, www.wilderness-safaris.com). Ein Teil der Einnahmen kommt dem Rhino-Schutz zugute. Immerhin hat es diese Initiative geschafft, die Wilderei fast völlig einzudämmen und den Tierbestand zu stabilisieren. Von augenblicklich 1300 Spitzmaulnashörnern soll er sich bis 2010 auf 2000 Exemplare erholen. Kontakt zum *Save the Rhino Trust:* P.O. Box 224, Swakopmund, Tel./Fax 064-403829, www.savetherhinotrust.org.

*Nashörner sind das Objekt der Begierde für Wilderer*

## Sesfontein

Das alte **deutsche Fort** wurde 1896 zur Eindämmung der Rinderpest, der Wilderei und des Waffenschmuggels errichtet. 1914 zogen die Schutztruppen ab und überließen das Fort und den kleinen Friedhof mit drei Gräbern sich selbst. Erst zu Beginn der 1990er Jahre erhielt ein privater Investor die Genehmigung, das Fort zu restaurieren und als Lodge zu nutzen. Die Gäste wohnen in den ehemaligen Stallungen des Forts und können mit Geländewagen Touren im Kaokoveld und zu den nahegelegenen, sehr eindrucksvollen Felsgravierungen von *Sosos* unternehmen. In Sesfontein selbst gibt es auf dem Figtree Campsite auch einfache Stellplätze (Tel. 065-275502, um 80 N$/Person).

**Fort Sesfontein Lodge,** P.O. Box 4896, Windhoek, Tel. 065-685034, Fax 065- 685033, www.fort-sesfontein.com. Teuer.

## Purros

Die Siedlung Purros an der D3707 rund 100 km nordwestlich von Sesfontein (nur 4x4), gilt als idealer Standort, um umliegende Himba-Dörfer zu besuchen und auf Pirsch nach Wüstenelefanten im Rivier des Hoarusib zu gehen. Der **Purros Campsite** offeriert schattige Stellplätze, warmes Wasser und Begegnungen mit Elefanten, die das Camp gelegentlich aufsuchen (Stellplatz 40 N$/Person). Nicht weit entfernt bietet das **Purros Traditional Village** Einblicke in Leben und Kultur der Himba. Hier kann man auch eigens hergestelltes Kunsthandwerk kaufen. Wer es hochluxuriös liebt, nächtigt in einer der acht Suiten der extrem teuren **Okahirongo Elephant Lodge,** Tel. 065-685018, Fax 685019, www.okahirongolodge.com.

## Von Sesfontein nach Opuwo

Die gute Piste führt weiter nach Norden und steigt allmählich von 600 m in den Joubert-Bergen bis auf über 1000 m an. Das Tal verengt sich und wird nach 30 km zu einem Canyon. 10 km weiter gelangt man über einen Pass in ein grünes Hochtal mit Trockenlaubwald aus Mopane und Blutpflaumen, durch den sich die Pad windet. 4 km weiter liegt die Siedlung *Otjomatemba* am Straßenrand, am Horizont sind die Joubert-Berge zu sehen. Nach etwa weiteren 30 km und einem sehr steilen Passabschnitt hinauf gelangt man an einen Abzweig rechts, der zum Camp „Aussicht" führt (▸ s. Kasten).

Hat man das Tal verlassen, fährt man durch parkartige und grüne Landschaft mit Mopane, Akazien, Apfelblatt, Baobab und dem Kalahari Christmas Tree. 142 km ab Sesfontein besteht die Möglichkeit zu einem Abstecher nach **Kaoko Otavi** auf der D3705. Beim Ortseingang führt eine unscheinbare Piste rechts 200 m zu einer Quelle mit einem kleinen See. Hier sind die Grundmauern einer Kirche zu sehen, die von den Dorslandtrekkern errichtet wurde. Geht man etwa 400 Meter über Geröll durch den Busch südwestwärts hinunter, kommt man zu einer freien Fläche mit drei größeren Bäumen, unter denen fünf Gräber an die Buren erinnern, die

*Traditionelle Behausung der Himba*

kreuz und quer durch Südwestafrika zogen, um ihr „gelobtes Land" zu finden. Im Kaokoveld leben sogar noch einige Nachkommen, nämlich Himba, die sich „Afrikaaner" nennen und Afrikaans sprechen.

Gute 20 km hinter dem Abzweig nach Kaoko Otavi und nach vielen Querfurten ist Opuwo erreicht.

## Camp „Aussicht"

6 km sind es von der Hauptpad C43 ins Hochtal hinein und auf eine Kuppe hinauf auf 1600 m Höhe, die höchste Erhebung der Joubert-Berge. Die Aussicht ins Umland ist phantastisch. Seit 22 Jahre lebt Marius Steiner hier oben und arbeitet in der nur wenige Meter darunter liegenden Mine, in der er *Dioptas* zutage fördert, ein sehr intensivfarbiger smaragdgrüner, blaugrüner oder türkisblauer Stein, der sehr selten ist und sonst nur noch bei Tsumeb und in Kenia vorkommt. Einfach ist die Unterkunft in den Zimmern hoch oben, mit Buschdusche und Plumpsklo. Doch die Ruhe ist unvergleichlich, und Herr Steiner kümmert sich vorzüglich um seine Gäste und kocht auch für sie. Ein Besuch in der 40 Meter in den Berg gegrabenen Mine ist natürlich ebenfalls vorgesehen. Wer zelten will, kann dies auf einem der drei dafür vorgesehenen Plätze tun. Reservierung über Tel. 061-234342, www.campaussicht.com, mittel, Campingmöglichkeit.

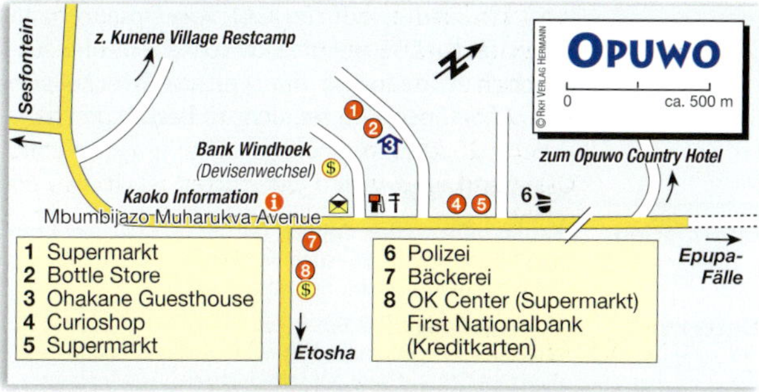


## Opuwo

Von den Südafrikanern als Verwaltungs- und später auch als militärisches Zentrum des Kaokovelds aufgebaut und genutzt, ist Opuwo heute ein eigenartiger Zwitter aus verwahrloster Weißensiedlung, hektischem Safari- und Shoppingcenter, Marktort für Herero und Himba und nicht zuletzt ein Platz des menschlichen Absturzes und der Hoffnungslosigkeit mit Bottle Stores und Volltrunkenen auf den Staubstraßen. Attraktion sind natürlich die Himba-Frauen, die man mit Vorliebe in ihrer archaischen Tracht vor Supermarktregalen fotografiert (Fotos nur gegen Honorar).

*Phantastische Sicht von der Opuwo Country Lodge*

60 km sind es auf der C41 von Opuwo nach Osten hin zur C35, auf die Pkw spätestens hier ausweichen müssen, da die weitere Strecke von Opuwo bis Epupa für sie nicht zu bewältigen ist.

## Service Opuwo

**Information**

- **Kaoko Information Center,** Tel. 065-273420; hier kann man Guides für den Besuch von Himba-Dörfern oder die weitere Strecke bis Epupa engagieren.

**Unterkunft**

- **Ohakane Lodge,** P.O. Box 8, Tel. 065-273031, Fax 273025, ohakane@iafrica.com.na. Mittlere Preisklasse. Lodge direkt im Ort und dadurch sehr durch den Straßenlärm und laute Musik der Umgebung beeinträchtigt.
- **Opuwo Country Lodge,** Tel. 064-418661, www.opuwolodge.com. Teuer. 2005 eröffnete Luxus-Lodge mit einem der schönsten Ausblicke Namibias, der weit in das Kaokoland hinein reicht. Ruhig und exklusiv auf einer Kuppe über Opuwo gelegen.
- **Kunene Village Restcamp,** 2 km vor Opuwo, unter Umständen geschlossen. Günstig, Campingmöglichkeit; keine Verpflegung.

## Opuwo – Epupa

Die C43/D3700 führt zuerst 35 km nach Norden auf die in der Ferne liegenden Ehomba-Berge zu und biegt dann parallel zu den links liegenden Steilrandbergen nach Westen zu den Otjiveze-Bergen ab. Gute 50 km hinter Opuwo senkt sich die Piste in eine Ebene und passiert das Dorf **Otjiveze.** Rund 30 km weiter eine nächste Siedlung, *Okongwati,* mit viel Wellblech und einigen traditionellen Pontoks, an der die Piste vorbeiführt und in einem Bogen weiter gen Norden ziehend auf Epupa zustrebt. Die Landschaft mit ihren eigenartig erodierten Gebirgsketten und dem mageren, oft kaum vorhandenen Bewuchs ist faszinierend und wirkt staubtrocken. Umso drastischer erscheint dann das Panorama, das sich knapp 180 km nach Opuwo vor einem ausbreitet: Von einer Anhöhe blickt man hinunter auf den Fluss Kunene, der, gesäumt von Makalani-Palmen, über mehrere Stufen hinunterstürzt und die 35 Meter hohen *Epupa-Fälle* bildet.

# Himbakultur

Traditionell leben die Himba in temporären Siedlungen, die leicht auf- und abgebaut werden können. Die Hütten, *Pontoks* genannt, werden aus Zweigen und Ästen errichtet und mit einer Mischung aus Lehm und Rinderdung verputzt. Sie sind stets im Kreis um den Kraal der Kälber angeordnet, damit die Jungtiere vor Raubtieren geschützt sind. Für das religiöse Empfinden der Himba von herausragender Bedeutung ist der *Omumborongbonga,* der Ahnenbaum, in den Siedlungen meist durch einen Busch symbolisiert. Dem Ahnenbaum seien, so erzählen die Mythen, die Vorfahren der Herero entstiegen. Vor der Häuptlingshütte brennt das Heilige Feuer, das, wie der Ahnenbulle und der Ahnenbaum, die Verbundenheit mit den Vorfahren symbolisiert. Es darf keinesfalls verlöschen und wird normalerweise von einer unverheirateten Tochter des Oberhauptes gehütet.

Im Zentrum des wirtschaftlichen wie auch des rituellen Lebens der Himba stehen die **Rinder.** Der Besitz einer großen Herde verschafft hohes gesellschaftliches Ansehen und ist deutlicher Ausdruck des Wohlstands, wenngleich die Rinder selbst nur selten Gegenstand wirtschaftlicher Transaktionen sind. Verkauft werden sie kaum, und geschlachtet wird ein Tier höchstens bei wichtigen zeremoniellen Anlässen. Die Himba nutzen nur die Milch, aus der sie eine Art Sauermilch bzw. Butter herstellen. Wenn Fleisch gegessen wird, stammt es von Kleinvieh wie Ziegen. Neben den „normalen" Rindern gibt es in der Großfamilie auch einen „Ahnenbullen", der eine besondere rituelle Funktion hat und die Familie mit den Vorfahren verbindet.

Die große Bedeutung der Rinder drückt sich in Kleidung, Frisuren, im ästhetischen Empfinden der Menschen aus. Der rötliche Glanz der Haut stammt von einer Paste aus Butter und Rotholz, mit der sich die Mädchen und Frauen einreiben, damit ihre Körper schimmern wie das Fell eines Kälbchens. Junge Mädchen tragen ihre Haare in zwei dicken Zöpfen nach vorne geflochten, wo sie wie Hörner über der Stirn abstehen. Ehefrauen wiederum setzten eine dreieckige Fellhaube auf, deren Ecken seitlich über den Kopf hinausragen und so ebenfalls Rinderhörner versinnbildlichen. In den matronenhaften Kappen haben sich diese Tracht und deren Symbolik auch bei den Herero-Frauen erhalten. Selbst das gängige Schönheitsideal orientiert sich ein wenig am Rind: Schmale Gesichter gelten als besonders attraktiv, und durch das Rasieren des Haaransatzes an der Stirn versucht man, dem Gesicht eine längliche Form zu geben.

Wer eine Himba-Siedlung besucht, tut gut daran, sich einem erfahrenen Führer anzuvertrauen, denn im Umgang mit den Himba kann ein Gast viele Fehler machen, die Menschen zutiefst beleidigen oder ihre sakrale Sphäre verletzten. Allein wohin man in einer Siedlung treten darf, ist genau festgelegt. Gerät man beispielsweise zwischen den Pontok des Oberhaupts und das heilige Feuer, hat man einen schweren Tabubruch begangen.

*Campingplatz bei den Epupa-Fällen*

## Epupa-Fälle

Die Stromschnellen und Kaskaden um den 35 Meter hohen Zentral-Fall sind sicherlich nicht so eindrucksvoll wie die Victoria-Fälle (▸ s.S. 262) oder die von Ruacana weiter östlich, faszinieren aber durch die archaische, raue Landschaft mit ihren Felsbergen. Palmen, Baobabs und Moringabäume bilden einen grünen Kontrast zum braunen Gestein. Am Ufer des Kunene findet sich ein Zeltplatz, der von Himba geführt wird. Aufs unüberlegte Baden sollte man wegen der Krokodile besser verzichten (man kann aber fragen, an welchen Stellen es ungefährlich ist). Bedroht wird dieses Naturidyll durch Pläne, eben hier den Kunene aufzustauen und in einem Kraftwerk soviel Strom zu produzieren, dass Namibia energiepolitisch autark würde und sogar Nachbarländer versorgen könnte. Abgesehen von den enormen Kosten eines solchen Projektes sind die Folgen für Natur und Menschen unabsehbar. Ein ganzes Tal würde geflutet und damit rituelle Stätten der Himba sowie Weidegründe zerstört. Das Mündungsdelta des Kunene am Atlantik würde eines Teils seines Wassers beraubt und damit das ökologische Gleichgewicht der Sumpfregion zerstört.

## Service Epupa

- **Epupa Community Camp,** Stellplatz, wunderschön schattig unter Palmen am Hochufer gelegen.
- **Omarunga Camp,** Tel. 064-403096, www.omarunga-lodge.com, das Camp nimmt auch walk-in-Gäste in seinen großzügigen Safarizelten auf, wenn Platz ist. Luxuszelte mit Vollpension, sehr teuer, Campingmöglichkeit; Camper können nach Voranmeldung im Restaurant essen.

Wie eingangs erwähnt, könnte man theoretisch auf der D3700 dem Kunene bis Ruacana folgen. Diese Strecke ist aber in einem so schlechten Zustand (bzw. in Teilabschnitten nicht mehr existent), dass man besser nach Otjiveze zurückkehrt und dort auf der D3701 knapp 50 km auf die markanten „Zebra-Berge" zu und bis zum Kunene zurückfährt, auf den man bei Swartbooisdrift stößt (dort steht auch das Denkmal der Dorslandtrekker). Dann folgt man dem Fluss auf der D3700 durch grüne Parklandschaft nach Osten. Nach knapp 10 km trifft man auf das Areal der **Kunene River Lodge,** eine angenehme Unterkunft, die Game Drives mit dem Boot auf dem Kunene organisiert und ein breites Aktivprogramm mit Vogelbeobachtung, Quadbikefahren und Fischen sowie ein 4-Tage-Rafting bis Epupa anbietet.

**Unterkunft**

**Kunene River Lodge,** P.O. Box 643, Ondangwa, Tel. 065-274300, Fax 274301, www.kuneneriverlodge.com. Bungalows mit Halbpension, teuer, Campingmöglichkeit).

*Blick auf die Epupa Falls*

## Ruacana-Fälle

Weitere 50 km am Kunene entlang sind dann die 120 m hohen und bis zu 700 m breiten **Ruacana-Fälle** in Sicht – wenn sie nicht, wie es leider heutzutage eigentlich die Regel ist, nur ein mageres Rinnsal bilden, weil das angolanische oder namibische Kraftwerk ihnen das Wasser abgezapft hat. Der Kunene entspringt in der Nähe von Huambo in Angola, fließt nach Süden und teilt sich bei Ruacana in mehrere Einzelströme. Die 1926 festgelegte Grenze zwischen Angola und Namibia verläuft direkt an den Fällen und die Schlucht, durch die der Kunene seinen Weg nach Westen zum Atlantik fortsetzt, gehört bereits zu namibischem Territorium. Etwa 40 km flussaufwärts reguliert der angolanische Calueque-Damm den Wasserstand des Flusses, so dass die Fälle auch in der Regenzeit oft einen enttäuschenden Anblick bieten. Das Kraftwerk unterhalb der Fälle wurde in den 1970er Jahren erbaut. In den Jahren des Unabhängigkeitskrieges blieben seine Kapazitäten weitgehend ungenutzt, doch nun wird es mit voller Kraft gefahren und es versorgt Namibia bei gutem Wasserstand mit 240 MW. Damit kann der aktuelle Elektrizitätsbedarf im Lande abgedeckt werden. Unten am Fluss liegt auch der idyllische **Zeltplatz Otjipahuriro** bei den Hippo-Pools im Schatten mächtiger Bäume (Stellplatz um 75 N$/Person).

**Unterkunft**

In **Ruacana-Dorf,** 20 km von den Fällen entfernt, kann man in der „Sunset Lodge" Chalets mieten bzw. auf deren Zeltplatz nächtigen (Tel./Fax 065-270045). Luxuriöser geht es in der „Ruacana Eha Lodge" zu, Ruacana-Dorf, Tel. 065-271500, Fax 270095, www.ruacanaehalodge.com.na. Mittlere Preisklasse.

## Ins Ovamboland

Wer nun auf den großen, ostwärts gerichteten Bogen durch das Ovamboland verzichten möchte, kann von Ruacana aus auf der C35 schnurgerade nach Süden fahren und erreicht nach monotonen 280 km Kamanjab (▶ s.S. 217).

Die gut ausgebaute C46 führt nach Südosten und bringt den Reisenden in eine völlig neuartige, eigenwillige Landschaft, wie man sie aus anderen Teilen Namibias nicht kennt. Die Region, in der sich die **Ovambo** nach ihrer Einwanderung um das 15. Jahrhundert niedergelassen haben, ist Teil der Kalahari, wird aber von zahllosen Wasserarmen durchflossen und ist deshalb sehr fruchtbar. Verantwortlich dafür ist der aus Angola kommende *Kuvelai,* der sich hier verzweigt und schließlich versickert (in guten Jahren erreichen seine Wasser sogar die Etosha-Pfanne). Ihm sind die riesigen unterirdischen, 2012 entdeckten Wasservorräte zu danken, die sich zu 5 Mrd. Kubikmeter summieren und das Ovamboland 400 Jahre lang mit Wasser versorgen könnten.

24 km nach Ruacana passiert man einen Stausee, und nach weiteren 41 km kommt man nach **Uutapi.** Hier steht der berühmte **Ombalantu-Baobab.** Der ausgehöhlte Baum diente als sakraler Ort, als Gefängnis, als Postamt und ist heute Hauptsehenswürdigkeit.

**Unterkunft**

Ein modernes Hotel hat in Uutapi ebenfalls seine Pforten geöffnet: **Outapi Town Hotel,** Main Street, Tel. 065-251029, Fax 251013, www.outapith.iway.na. Günstig bis Mittel.

In **Uutapi** kann man auf der D3612 einen kleinen Abstecher 30 km nach Süden zu **King Taapopi's Homestead** unternehmen. Im Dorf **Tsandi** wurde als Community Based Project ein traditioneller Kraal neben dem Gehöft eines Ovambo-Königs errichtet.

3

# Ovamboland

Wasserkanäle, Dörfer, Straßenstände, an denen Fisch, verkauft wird, die bunten *Cucashops,* in denen es einfach alles gibt, große Felder mit Mahango-Hirse, Fischer, die ihre Netze auswerfen, Frauen bei der Feldarbeit, Kinder auf dem Schulweg oder beim Spielen - im Ovamboland ist man in jenem Teil Namibias angekommen, der die gängigen Klischees des schwarzen Afrikas erfüllt. Etwa 700.000 Menschen leben hier auf einer gerade mal 55.000 qkm großen Fläche, was einer Bevölkerungsdichte von 13 Menschen/qkm entspricht – der Rest Namibias kommt gerade mal auf zwei.

Die Ovambo unterteilen sich in sieben Volksgruppen mit jeweils eigenem König, der sowohl weltliche wie sakrale Funktionen erfüllt: Es sind dies die ***Kwayama, Ndonga, Kwambi, Ngandjera, Mbalanhu, Kwaluudhi, Eunda*** und ***Kolonkdhi.*** Ihre überlieferte Siedlungsform sind aus Rundhütten bestehende Gehöfte, die ein hoher Palisadenzaun schützt. Die Männer arbeiten traditionell als Fischer und Viehzüchter (Rinder, Ziegen, Schafe), während die Frauen für die Feldarbeit zuständig sind. Das Ovamboland war ab Mitte des 19. Jahrhunderts Arbeitsgebiet der finnischen Mission. Die deutsche Kolonialzeit ging am Ovamboland weitgehend vorbei, man begnügte sich mit Polizeiposten wie Namutoni, um die Völker im Norden zu beobachten. Unter dem südafrikanischen Apartheidregime wurden viele Ovambo-Männer als Wanderarbeiter in die Minen und Städte Zentralnamibias verpflichtet, und dieses Prinzip gilt letzten Endes heute noch. Da Ovamboland selbst kaum Arbeitsplätze bereitstellt, müssen die Menschen zum Arbeiten gen Süden ziehen. Unter den Ovambo formierte sich der Widerstand gegen die Apartheidpolitik (Sam Nujoma stammt aus dieser Region), und die SWAPO kann sich hier auf über 90prozentige Wahlergebnisse verlassen. Das Ovamboland weist, zusammen mit dem Caprivi, die höchsten HIV-Infektionsraten Namibias auf.

*Ein Besuch im Ovamboland abseits der Hauptstraßen ist immer ein Ereignis*

Nach Voranmeldung kann man Tanzvorführungen sehen und mit etwas Glück sogar eine Audienz bei König Taapopi bekommen. Der Herrscher ist Oberhaupt der **Kwaluudhi** und sitzt im Rat der traditionellen Führer, der die namibische Regierung berät. Aufsehen erregte er 2004, als er als erster unter den Ovambo-Oberhäuptern öffentlich zur HIV-Prävention aufrief (Anmeldung Tel. 065-258025).

Von Tsandi kann man auf die Asphaltstraße zurückkehren oder aber der D3612 24 km weiter in den nächsten Ort, **Okakao,** folgen. Hier wurde der ehemalige Staatspräsident Dr. Sam Nujoma geboren. Nun geht's auf Asphalt weiter in Richtung Oshakati, das nach 68 km erreicht ist. Davor lohnt, 48 km ab Okakao, noch ein Abstecher auf der D3615 über Elim zum **Ndilimuni Clay Pot Project,** wo Frauen die traditionelle Kunst der Töpferei pflegen. Hergestellt werden unglasierte Töpferwaren; sie sind also nicht völlig wasserdicht, geben aber wunderschöne Vorratsgefäße ab.

## Oshakati/Ondangwa

Oshakati bildet mit der benachbarten Stadt Ondangwa das Hauptballungsgebiet im ohnehin schon dicht besiedelten Ovamboland. Rund 300.000 der 940.000 Ovambo leben hier. Die Städte ziehen sich als langgestreckte Siedlungen mehrere Kilometer die Straße entlang. Historisches gibt es nicht zu sehen, dafür ein kunterbunter Mix von Restaurants und winzigen *Cucashops* (benannt nach einer angolanischen Biermarke, die vor der Grenzschließung zu Beginn der 1990er Jahre gern getrunken wurde), von modernen Wohnblocks und ärmlichen Wellblechhütten, von quirligen Märkten unter freiem Himmel und modernen Einkaufszentren. Ovamboland war über lange Jahre ein Homeland mit weitgehenden Autonomierechten, das nicht bereist werden durfte. Nun ist es Namibias Problemregion, denn das Apartheidregime hatte hier keinerlei Betriebe oder Industrie aufgebaut. Darum kümmert sich nun die SWAPO-Regierung. Vor allem die seit einigen Jahren wieder aufblühenden Handelsbeziehungen mit Angola sollen Ovamboland stärken und Arbeitsplätze im Transport- und

Dienstleistungssektor schaffen. Die Regierung versucht, mit der Ansiedlung von Unternehmen mehr Menschen Arbeit zu geben. Diese „Bevorzugung" des Ovambolands ist den anderen namibischen Ethnien natürlich ein Dorn im Auge und Quell endloser Dispute.

30 km hinter Oshakati kommt man nach Ondangwa. Das Stadtbild gleicht dem von Oshakati. Die Läden tragen Namen wie „Frisco", „Hollywood" oder auch „Mokuti Lodge", nach der Luxusunterkunft bei Etosha.

## Nakambale-Museum

Die ehemalige finnische Missionsstation südöstlich von Ondangwa ist heute Museum zur Missionsgeschichte des Ovambolands und zugleich eine originelle Übernachtungsmöglichkeit in einem traditionellen Gehöft. Nach ca. 8 km auf der B1 zweigt eine Sandpiste ab, der man 5 km zum Museum und Denkmal folgt (nach 3 km auf der Piste ist übrigens rechter Hand das Haus des Königs

*Nakambale Museum*

der Ndonga zu sehen). Im Jahr 1856 besuchte der deutsche Missionar *Carl Hugo Hahn* König Shikongo Shakalala und bat um die Genehmigung, Missionare schicken zu dürfen. Nach einigem hin und her wurde schließlich 1871 die Mission **Olukonda** gegründet und später nach dem Spitznamen des 1880 angereisten finnischen Missionars Marti Rautanen „Nakambale" genannt. Rautanen hatte nämlich stets einen Hut auf, der die Ovambo an das *okambale,* einen Kopfschutz zum Tragen schwerer Lasten, erinnerte. Rautanen übersetzte die Bibel, schrieb Lehrbücher, und seine Frau gebar neun Kinder, von denen sechs in jungen Jahren starben. Eine seiner Töchter lebte bis 1966 auf der Station, dann verfielen Haus und Kirche. Mitte der 1990er Jahre besann man sich auf das Erbe, und mit finnischen Geldern wurde die Station saniert, ein **Museum** errichtet und die Kirche rekonstruiert. Gleich daneben wurde als Community Based Project ein Ovambo-Gehöft errichtet, in dem Besucher auch übernachten können (günstig, Campingmöglichkeit, Essen nur nach Voranmeldung, Tel. 065-245668).

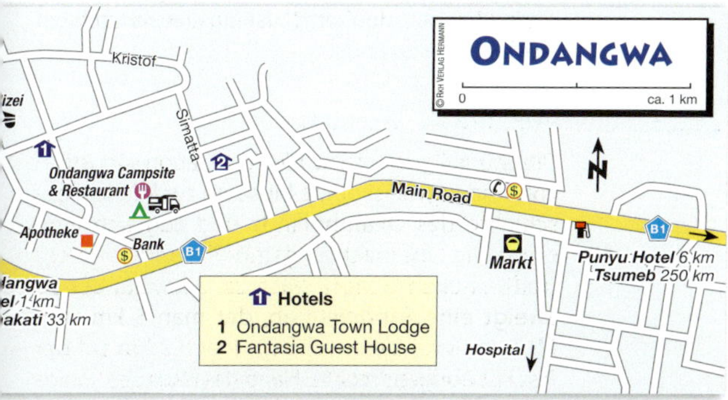

## Service Oshakati/Ondangwa

**Unterkunft**

- **Etuna Guesthouse,** 5544 Valley of the Leopard Street, Ongwediva, Tel. 065-231178, www.etunaguesthouse.iway.na. Aus einem Community Based Project enstandenes nettes B&B, günstig.
- **Pandu Ondangwa Hotel,** P.O. Box 2827, Main St, Ondangwa, Tel. 065-241900, Fax 241919, www.proteahotels.com. Mittel. Modernes Geschäftshotel mit gutem Komfort.
- **Nakambale Camp** s. Nakambale Museum.

# Vom Ovamboland nach Tsumeb

Auf der folgenden Strecke nach Tsumeb sollte man dem Verkehr noch höhere Aufmerksamkeit schenken, die B1 ist Namibias Rennstrecke, und die Sammeltaxen rasen auf ihr in geradezu mörderischem Tempo und sich ständig überholend. Unfälle sind hier fast schon an der Tagesordnung. Nach 90 km kommt eine Abzweigung zum **King Nehale Gate,** dem nördlichen Zufahrtstor zum Etosha-Nationalpark (Achtung, dieses Tor schließt eine Stunde vor Sonnenuntergang!). Dieser Abstecher nach Etosha ist all denjenigen zu empfehlen, die sich besonders für die Vogelwelt interessieren, denn die ca. 40 km lange Route vom King Nehale Gate nach Namutoni verläuft entlang der *Fisher's Pan,* wo man je nach Jahreszeit große Schwärme von Flamingos und Pelikanen beobachten kann. Die Strecke durch den Etosha-Park kann man als reizvolle Alternative zur B1 wählen, man erreicht die Hauptstrecke dann wieder über Namutoni und Von Lindequist Gate. In Tsumeb ist die Rundfahrt durch Nordnamibia zu Ende.

4

# ROUTE 4: Nordosten

## Buschmannland und Wildparadiese

Die Route führt durch den Nordosten Namibias ins noch kaum touristisch erschlossene **Bushmanland** sowie in die üppiggrünen Nationalparks und Sumpflandschaften des **Caprivi Strip**. Abstecher erschließen die Höhepunkte in den Nachbarländern: **Victoria Falls** in Zimbabwe und die Nationalparks rund um das **Okavango-Delta** in Botswana. Für die Route sollte man mindestens 10 Tage, besser zwei Wochen veranschlagen.

**Routenführung**

Otavi/Tsumeb → Grootfontein → (Routenvariante bzw. Abstecher Buschmannland: Tsumkwe, Nyae Nyae Conservancy, Kaudom) → Rundu → Bagani → (Abstecher Popa Falls, Mahango NP, Weiterfahrt Botswana) → Kongola → (Abstecher Mudumu und Mamili NP) → Katima Mulilo →(Abstecher Victoria Falls) → Routenvariante zurück über Chobe, Moremi → Okavango → Gobabis → Windhoek

### Achtung!

Wer auf dieser Route mit dem **Mietwagen** unterwegs ist, benötigt unbedingt eine **Freischreibung der Vermietfirma,** die den Grenzübertritt in die Nachbarländer Zimbabwe und Botswana genehmigt. Ein Teil der Strecke (Kasane – Maun) ist **nur mit Geländewagen** befahrbar!

4

Ausgangspunkte sind entweder **Otavi** oder **Tsumeb** (▸ s.S. 179) an der B1, beides alte Minenstädtchen, in denen die reichen Erzlagerstätten des Otavi-Berglandes bis Mitte der 1990er Jahre abgebaut wurden. Das „Kupferdreieck", wie diese Region auch genannt wird, erhofft sich eine Wiederbelebung durch den Erzabbau und dessen Verhüttung, da die Weltmarktpreise für die Erze gestiegen sind. Von Tsumeb verläuft die C42 am Nordrand des Otavi-Berglandes rund 50 km nach Südosten bis *Grootfontein,* von Otavi fährt man auf der B8 südlich am Gebirgsstock entlang nach Osten. Besonders auf dieser Strecke sind imposante Kalksteingipfel dieses vor 500 Millionen Jahren entstandenen und seither von 5000 Meter auf die heutigen Höhen um 2000 Meter erodierten Karstgebirges zu sehen.

## Grootfontein

Sowohl Herero wie Buren schätzten die „Große Quelle" *groot fontein* am „Leopardenhügel" *Otjivandatjongue,* wie die Herero den Ort nannten. Bevor Grootfontein unter deutsche Kolonialverwaltung geriet, erlebte es 1884 eine Zwischenzeit als Hauptstadt der von Buren ausgerufenen Republik „Upingtonia". Die *Dorslandtrekker* (▸ s.S. 279) hatten sich auf ihren Wanderschaft von Südafrika über Südangola hier in der Hoffnung niedergelassen, endlich ein Stück Land gefunden zu haben, das sie alleine und ohne fremde Herren bewirtschaften konnten.

*Deutsche Schule in Grootfontein*

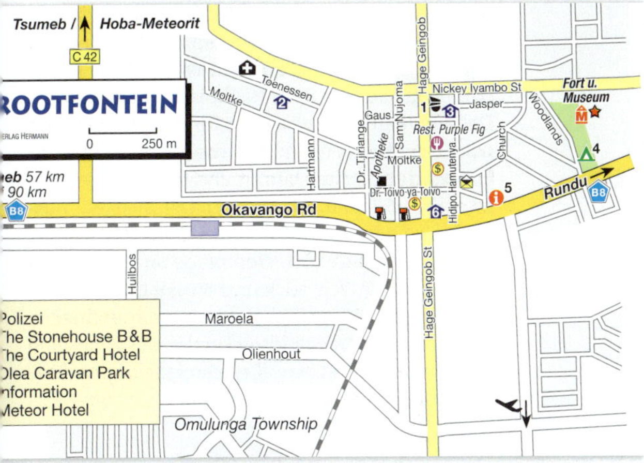


Ein Ovambo-Fürst verkaufte ihnen das Land um die große Quelle, das freilich auch andere beanspruchten. Nach zwei Jahren mussten die Buren enttäuscht aufgeben und weiterziehen – sie waren zwischen den Interessen Deutschlands, der Herero und der Ovambo aufgerieben worden.

Bereits 1893 vergab das Deutsche Reich eine erste Bergbaulizenz, drei Jahre später wurde ein **Fort** errichtet und das Städtchen damit offiziell begründet. Nicht nur die Minen, auch die reichlicheren Niederschläge und fruchtbare Böden machten die Region wirtschaftlich interessant. Wie grün die

*Das Museum von Grootfontein*

Landschaft ist fällt jedem auf, der aus den arideren Regionen im Süden und Westen ins „Maisdreieck" kommt. Und er staunt über die Felder, denn Ackerbau im großen Stil ist in Namibia ja eher unüblich. Das wehrhafte Fort von Grootfontein wurde schon bald in ein Schülerheim umgewandelt und schließlich ab den 1970er Jahren als **Museum** genutzt (Mo–Fr 9–12.30 u. 14–16 Uhr). Die Ausstellungsräume zeigen historische Aufnahmen und Haushaltsgegenstände bzw. Werkzeuge und Waffen der ersten Siedler, Schmuck und Kunsthandwerk der Ovambo, San und Himba und widmen sich auch der Kultur der Dorslandtrekker. Im Hof kann man Ochsenwagen und eine alte Schmiede bewundern.

## Service Grootfontein

**Unterkunft**

- **Maori Camp,** 4 km nordöstlich in Richtung Rundu (an D2885, 1 km), 1 km), Tel. 067-242351, http://maoricamp.wix.com/grootfonteinde. Stellplätze, Unterkunft in Rondavels, günstig. Ruhiges, angenehmes Camp auf einer Straußenfarm, deutsche Leitung.

**TIPP**

**Gästefarm Dornhügel,** P.O. Box 173, Grootfontein, Tel./Fax 067-240439, www.dornhuegel.com. Anfahrt: Grootfontein – B8 nach N (15 km) – D2844 (22 km). Mittlere Preisklasse. Eine Gästefarm, auf der man sich nicht nur beim Wandern, Tennis oder am Pool erholen kann, sondern bei sehr interessanten Gesprächen mit den Gastgebern viel über das Farmleben und Namibia erfährt und nachts den Sternenhimmel mit einem Teleskop erforscht. Nach Voranmeldung organisieren die Gastgeber 4x4-Touren ins Buschmannland und in den Kaudom-Wildpark, zur *Nyae Nyae Conservancy* und zum *Historic Living Village* bei Tsumkwe.

# Grootfontein Umgebung

**Hoba-Meteorit**

Rund 18 km von Grootfontein nach Westen führt die D2859 zu einem der größten jemals gefundenen Meteoriten-Bruchstücke auf der Farm Hoba. Der *Hoba-Meteorit* stürzte vor rund 80.000 Jahren auf die Erde und wurde 1920 von einem Großwildjäger entdeckt. Mit zwei Meter Länge und einem Meter Breite hat er ein Gewicht von über 50 t. Er besteht aus Eisen (82%), Nickel (16%) und Kohle (1%). Das Gelände ist gegen Eintritt (10 N$) zugänglich.

**Foto** *S. 241 oben: Ein Eisenklumpen, der vom Himmel fiel*

**Ghaub Höhle** Die weit verzweigte Karsthöhle, die allerdings keine Tropfsteine besitzt, befindet sich auf dem Grund der Gästefarm Ghaub, wo man den Schlüssel für die Besichtigung bekommt. Unbedingt nötig sind Helm und Taschenlampe, keinesfalls sollte man alleine gehen. Am besten besucht man das Höhlensystem mit einem Führer von Farm Ghaub oder einer der anderen Gästefarmen der Umgebung. Anfahrt von Kombat an der B8 zwischen Grootfontein und Otavi, 30 km nach N auf der D2863, dann D3022 und zu Fuß. Kontakt über Tel. 067-240188, www.ghaub.com.

## Abstecher ins „Buschmannland“

Wer Namibia von einer noch völlig untouristischen Seite erleben und dabei mit der ältesten Bevölkerungsgruppe Namibias, den San, in Kontakt kommen möchte, der sollte sich für diesen Abstecher je nach Routenführung 2 bis 5 Tage Zeit nehmen. Die Strecke bis **Tsumkwe** ist in gutem Zustand und mit Pkw befahrbar. Wer dann direkt nach Norden durch den Kaudom-Wildpark weiterfahren möchte, muss einen geländegängigen Wagen haben und möglichst noch ein Begleitfahrzeug.

**ACHTUNG** **Es gibt bislang auf der gesamten 150 km langen Strecke keinen Treibstoff!**

Der Abstecher startet an der B8, 56 km nordöstlich von Grootfontein, wo man auf die C44 in Richtung Tsumkwe abbiegt und ihr durch die relativ dicht bewachsene Landschaft der Kalahari nach Osten folgt. Neben Akazien recken auch immer häufiger Baobabs ihre meist kahlen Äste in den Himmel. Einzige Unterbrechung sind einige Dörfer und das Tor der *Disease Control,* wo das von Maul- und Klauenseuche freie Farmland endet und die „Wildnis" beginnt. 500 Meter nach dem Tor geht es auf einer 6 km langen Sandpiste (nur 4x4) zum **Historic Living Village,** einem von San getragenen Tourismusprojekt, bei dem man als Besucher die überlieferte Lebensweise, Tänze, Lieder, Sammeln und Jagen kennenlernen kann. Besuche in diesem Museumsdorf werden am besten auf Farm Dornhügel (s. Grootfontein) oder in Roy's Camp (s.u.) vereinbart. Man kann aber auch unangemeldet auftauchen und gegen Eintrittsgebühr besichtigen.

Etwa 16 km nach dieser Abzweigung befindet sich der Abzweig zum *Omatako Valley Restcamp,* einem Community Based Project (s.u.).

## Tsumkwe

Man würde sich schon ein attraktiveres Entrée für eine Reise ins Buschmannland wünschen als dieses Städtchen, das vornehmlich aus Bottle Stores zu bestehen scheint. Immerhin besitzt es einen berühmten Sohn, den San *Nxau Toma,* der als Hauptdarsteller im Film „Die Götter müssen verrückt sein" in den 1980er Jahren Karriere machte. Als sich der Traum vom großen Glück in Hollywood nicht erfüllte, kehrte Nxau nach Tsumkwe zurück. 2003 brach er zum Holzsammeln auf und starb im Veld. Auch wenn sich in Tsumkwe die ganze Trostlosigkeit des modernen San-Lebens widerspiegelt (▸ s. Kasten), ist es zugleich ein Symbol der Hoffnung: Denn mit *Nyae Nyae* und der neugegründeten *N//ajaqna* im Westen gibt es hier gleich zwei Conservancies, in denen die San, in diesem Fall die *Ju/Hoansi,* als einzige San-Gemeinschaft in Namibia ihre traditionelle Wirtschaftsform des Jagens und Sammelns aufrechterhalten können und durch Vorführungen bzw. Trekking mit Touristen eine feste Einnahmequelle haben.

## Service Tsumkwe

**Information**

Infos gibt es bei der *Tsumkwe Lodge* und im Büro der *Nyae Nyae Conservancy,* Tel. 067-244011

**Unterkunft**

- **Tsumkwe Lodge,** P.O. Box 1899, Grootfontein, Tel. 081-2734606. Teuer, Restaurant, Campingmöglichkeit. Die Lodge steht zum Verkauf und ist nicht in bestem Zustand.
- **Omatako Valley Camp.** Von einer Kung-Gemeinschaft geführtes Camp im Omuramba Omatoko, 11 km nach dem Tor der Disease Control auf der C44. Stellplatz

*Baobab im Buschmannland*

## San – gestern und heute

Rund 200.000 Buschmänner oder *San* leben im südlichen Afrika, davon rund 40.000 in Namibia. Die meisten haben notgedrungen das halbnomadische Leben ihrer Vorfahren aufgegeben, sind sesshaft geworden und arbeiten auf Farmen. Wie viele andere „Naturvölker" haben sie wenig Resistenz gegenüber den Verlockungen des modernen Lebens. Alkoholismus stellt bei den ihrer Tradition entwurzelten San ein Riesenproblem dar. Hinzu kommt die in Namibia sehr hohe HIV-Infektionsrate. Die um Tsumkwe lebenden San waren bis zur Gründung bzw. der erfolgreichen touristischen Vermarktung der *Nyae Nyae Conservancy* völlig abgeschnitten von jeglicher Möglichkeit, Geld zu verdienen. Die namibische Regierung ignorierte die Probleme der San-Minderheit und leistete kaum Hilfe – schließlich hatten viele San im Unabhängigkeitskrieg auf Seiten der Südafrikaner als Spurenleser gearbeitet. Private Initiativen, wie z.B. *Ombili* (▸ s.S. 183) oder die Arbeit des 2005 verstorbenen amerikanischen Dokumentarfilmers und Ethnologen John Marshall im Buschmannland waren lange Zeit die einzige Hilfe für die Menschen. Marshall gründete *Nyae Nyae,* benannt nach einer große Salzpfanne südlich von Tsumkwe, und schaffte es, aus den kaum miteinander verbundenen lokalen Ju/Hoansi-Sippen das Netzwerk einer Conservancy zu knüpfen, in der die Menschen sich für den Erhalt des natürlichen Lebensraums einsetzen und dessen Ressourcen sie touristisch nutzen. Ein interessantes Projekt ist das *Traditional Village Grashoek,* sozusagen ein „Schau-Dorf", in dem Tänze aufgeführt, traditionelles Handwerk gezeigt und Kunsthandwerk verkauft werden. Es wird, ebenso wie das Jägermuseum (Hunter's Museum) bei Tsumkwe, von „The Living Culture Foundation Namibia" unterstützt (www.lcfn.info), die auch in anderen Landesteilen mit Einheimischen zusammenarbeiten (Damara, Mafwe, Ovahimba).

30 N$/Person, Hütte 50 N$/Person. Im Camp kann man nach Absprache an Pirschwanderungen oder beim Sammeln von Veldkost teilnehmen.

- **Nyae Nyae Conservancy Camps,** einfache Lagerstellen in der Nähe von Ju/Hoansi-Siedlungen, die meisten ohne Infrastruktur (Duschen und Toiletten haben nur Djokhoe und Makuri). Feuerholz bekommt man im Dorf, dort wird auch die Campinggebühr (um 25 N$) bezahlt.
- **Nhoma Safari Camp,** zu buchen über Tel. 081-2734606, Fax 256598, www.tsumkwel.iway.na. Luxuscamp mitten im Buschmannland mit allen Annehmlichkeiten und außerordentlichen Aktivitäten, Unterkunft in Luxuszelten alles inklusive, sehr teuer.

**Shopping**

Die kirchliche Mission unterhält einen kleinen, sehr empfehlenswerten Curio Shop, in dem nur authentisches, gut gearbeitetes Kunsthandwerk verkauft wird.

## Durch den Kaudom Wildpark

Reisende mit Pkw kehren von Tsumkwe auf gleicher Strecke bis Grootfontein zurück und nehmen die B8 nach Rundu. Für die Fahrt durch den Kaudom-Park sind mindestens zwei Geländewagen vorgeschrieben! Es gibt keine Infrastruktur, die beiden bislang von Namibia Wildlife Resorts verwalteten Camps *Sikereti* und *Kaudom* wurden aufgelöst bzw. werden nicht mehr unterhalten und kontrolliert. Man sollte die Tour nicht unterschätzen. Tiefer Sand lässt die Fahrzeuge nur unendlich langsam vorankommen, und obwohl der Kaudom sehr wildreich ist, gestaltet sich die Wildbeobachtung wegen der dichten Vegetation recht schwierig.

*Kaudom-Camp*

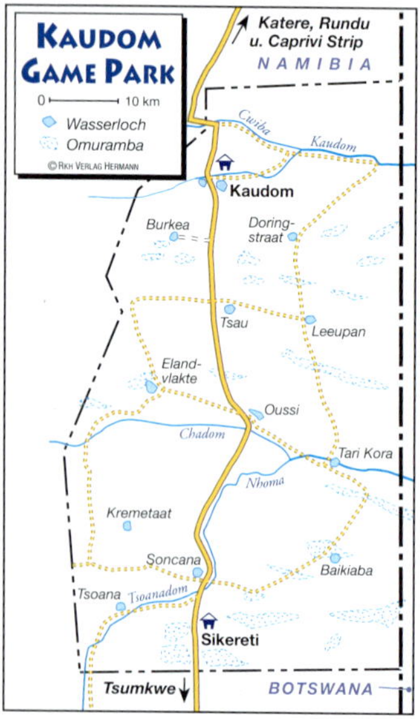


Rund 52 km sind es auf der D3312 von Tsumkwe nach Norden auf sandiger, aber fester Pad bis zum Eingangstor des Wildparks. 7 km weiter erreicht man die Ruinen des Rastlagers *Sikereti*. Rund 80 km sind es nun durch deutlich tieferen und weicheren Sand und vorbei an mehreren Wasserstellen bis zum zweiten ehemaligen Camp *Kaudom* am Flussbett des gleichnamigen Omuramba. Eine Strecke, für die man mit mindestens vier Stunden Fahrzeit rechnen sollte. Die letzten 55 km über die nördliche Parkgrenze hinaus bis zur Einmündung in die B8 sind schließlich der Höhepunkt mit so extrem tiefen Spuren und so puderfeinem Sand, dass jeder Kilometer, je nach persönlicher Einstellung, zur Qual oder zum absoluten Offroad-Vergnügen wird ...

Auch für dieses Teilstück sind etwa vier Stunden einzukalkulieren. Vielleicht hilft ja die tröstliche Vorstellung, dass es die Dorslandtrekker (▸ s.S. 279) vor über 100 Jahren mit ihren Ochsenkarren hier auch nicht leichter hatten. Wer diesen Abstecher unternommen hat, trifft nun 125 km östlich von Rundu in Katere wieder auf die B8 und die Hauptroute und folgt ihr nach Osten.

## Von Grootfontein an den Okavango

Dornbuschsavanne, ein paar Baobabs ... kaum hat die B8 das Otavi-Bergland verlassen, wird die Landschaft wieder wüstenartig und karg. Einzige Unterbrechungen auf der schnurgeraden Straße nach Nordosten ist nach rund 50 km *Roy's Camp* (P.O. Box 755, Grootfontein, Tel./Fax 067-240302, http://roysrestcamp.com. Günstig bis mittel). 70 km weiter kommt das Tor der *Disease Control*. Hier ist das Farmland zu Ende, und man fühlt sich nach so vielen

# Kaudom Wildpark

Der Kaudom-Wildpark liegt im nördlichen Teil der Kalahari und besitzt die für diese Region typische Buschsavannen-Vegetation mit zum Teil außerordentlich hohen Bäumen. Das Gelände ist weitgehend eben, modelliert nur durch die nord-südlich verlaufenden Dünenstränge, die mit dichter Vegetation bedeckt sind. Mehrere große *Riviere,* hier *Omuramba* (Plur. *Omiramba*) genannt, durchschneiden den Wildpark und versorgen Pflanzen und Tiere mit dem feuchten Nass: der *Omuramba Nhoma,* dessen Lauf die Hauptpiste auf den ersten knapp 20 Kilometern von Sikereti nach Norden folgt, der *Chadom* (West-Ost-Verlauf), und im nördlichen Teil des Wildparks der *Kaudom,* an dessen Uferbank das gleichnamige Camp stand. Die Riviere sind Teil eines ausgedehnten Hydrosystems, dessen Adern sich im Becken des *Okavango* (Botswana) sammeln. Steigt nach den Regenfällen der Wasserstand, beginnen auch die Omiramba zu „fließen". Unterirdisch bahnt sich das Wasser seinen Weg und tritt an einigen Stellen zu Tage, bildet Tümpel.

Die Vegetation im Kaudom ist dicht, nach den Sommerregen steht das Gras hüfthoch – dann ist es nahezu unmöglich, Wild zu sehen. In der Trockenzeit, also im südlichen Winterhalbjahr, gibt es dagegen einiges zu beobachten: Neben Elefanten, Giraffen und den großen Antilopen wie Kudu und Eland finden sich auch Sumpfantilopen und Riedböcke ein. Löwen, Leoparden, Tüpfelhyänen und die seltenen Wildhunde kann man ebenfalls im Kaudom zu Gesicht bekommen – manchmal näher, als einem lieb ist!

*Löwin*

*Tüpfelhyäne*

Faszinierend ist die Vielfalt der bis zu 20 m hohen **Baumarten:** *Dolfholz* (auch „wilder Teak" genannt), *Seringa, Manketti* und *Copalwood,* wegen seiner Ähnlichkeit mit dem schmetterlingsblättrigen *Mopane* häufig auch „falscher Mopanebaum" genannt, bilden ein schattiges Dach. Durch das filigrane Blattwerk zeichnen die Sonnenstrahlen immer neue Muster auf den sandigen Boden. In diesem diffusen Licht eine Giraffe zu erkennen, ist fast unmöglich! Die besten Chancen zur Tierbeobachtung bieten sich daher auch entlang der Omiramba und an den Wasserstellen: *Leupan* wird, wie der Name schon sagt, häufig von Löwen besucht, bei *Elandsvlakte* haben Sie vielleicht das Glück, eine dieser mächtigen Antilopen – die größten und zugleich scheuesten Namibias – zu sehen.

hundert Kilometern zwischen Farmzäunen fast verloren angesichts der nun ungehindert betretbaren offenen Landschaft. Nach 250 km erfolgt aber ein erneuter Wechsel der Szenerie: Galeriewälder kündigen den nahen Kavango-Fluss an, am Straßenrand drängen sich Verkaufsstände und Holzhütten, in denen Schnitzer einfache und auch anspruchsvolles Kunsthandwerk anbieten. Die 45.000-Einwohner-Stadt Rundu ist erreicht.

## Rundu

Namibia ganz anders: Eine quirlige Stadt an einem breiten, trägen Fluss, viel Grün, große Supermärkte, Märkte unter freiem Himmel, jenes Flair des schwarzen Afrikas, das man in Namibia sonst kaum spürt, ist hier reichlich vorhanden. Den Kavango, der die Grenze zu Angola bildet, säumen mehrere Lodges. Im Ortskern ist der Workshop der Kooperative „M'bangera" zu finden, in dem Schnitzer vom Volk der Kavango schöne Tierfiguren und Gebrauchsgegenstände herstellen. Rundu hat durch den Krieg in Angola und die daraufhin folgende unsichere Situation im Caprivi harte Zeiten hinter sich. Die

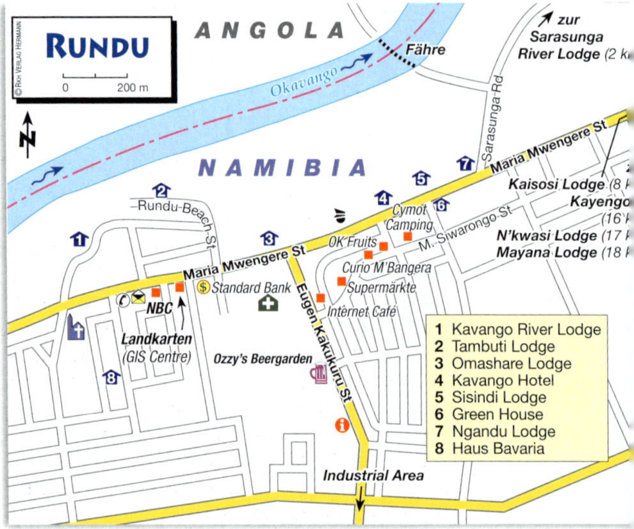

Touristen blieben aus, und viele Lodges mussten schließen. Heute ist es wieder lebhafter Markt- und Grenzort, der sich Hoffnungen auf einen baldigen Brückenbau macht. Denn vorerst werden Waren und Reisende noch etwas umständlich per Fähre über den Kavango transportiert.

## Service Rundu

**Unterkunft**

- **Kavango River Lodge,** P.O. Box 634, über dem Fluss am Ortsrand, Tel. 066-255244, Fax 255013, www.natron.net/kavango-river-lodge, mittel. Renovierte Anlage mit Garten und Superblick über den Fluss nach Angola hinein.
- **Hakusembe River Lodge,** P.O. Box 1327, am Okavango 12 km westlich von Rundu, Tel. 066-257010, Fax 257011, www.gondwana-collection.com. Mittel bis teuer. Hübsche Bungalows am Fluss, Pool, Angeln und Bootsausflüge.

**Restaurants**

- **Kavango River Lodge,** Tel. 066-255244, Terrasse über dem Fluss und anerkannt beste Küche im Ort.
- **Ozzy's Beerhouse,** Tel. 066-256735, Eugen Kakukururu Street, Restaurant an der Haupteinfahrtstraße.

### Anschluss an Route 3

Von Rundu auf der C45 nach Westen fahrend erreicht man nach 420 km die B1 im Kerngebiet des Ovambolands. Von hier kann man der Route 3 ins Kaokoveld folgen.

## Von Rundu durch den Caprivi Strip

Etwa 180 km begleitet die B8 von Rundu den Kavango-Fluss nach Osten bis zum Beginn des schmalen Streifens, den Namibia einem kolonialen Tauschgeschäft verdankt: Graf *Leo von Caprivi,* der damalige Reichskanzler und Namensgeber, tauschte 1890 deutsches Kolonialgebiet im Osten Afrikas (darunter Wituland, südliches Kenia, seit 1885 deutsche Kolonie) gegen die damals englische Insel Helgoland und gegen klar definierte Grenzen in den afrikanischen Kolonien. Dazu gehörte auch ein Korridor, der Deutsch-Südwestafrika einmal mit der Kolonie Deutsch-Ostafrika verbinden sollte. Kernstück dieses Korridors war die Anbindung Südwest-

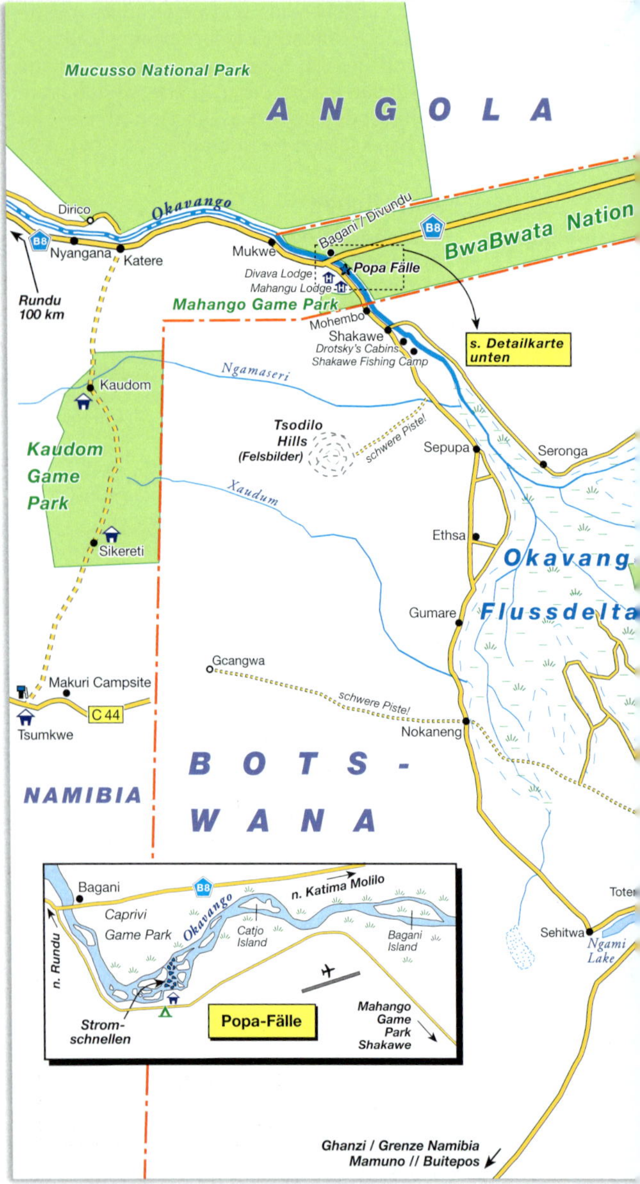
Mucusso National Park
ANGOLA
Okavango
Dirico
B8
Nyangana
Katere
Rundu 100 km
Mukwe
Bagani / Divundu
BwaBwata Nation
Popa Fälle
Divava Lodge
Mahangu Lodge
Mahango Game Park
Mohembo
Shakawe
Drotsky's Cabins
Shakawe Fishing Camp
s. Detailkarte unten
Ngamaseri
Kaudom
Kaudom Game Park
Tsodilo Hills (Felsbilder)
schwere Piste!
Sepupa
Seronga
Xaudum
Ethsa
Okavang
Flussdelta
Sikereti
Gumare
Gcangwa
Makuri Campsite
C 44
Tsumkwe
schwere Piste!
Nokaneng
BOTS-WANA
NAMIBIA
Bagani
n. Katima Molilo
Caprivi Game Park
Okavango
Catjo Island
Bagani Island
n. Rundu
Strom-schnellen
Popa-Fälle
Mahango Game Park Shakawe
Toter
Sehitwa
Ngami Lake
Ghanzi / Grenze Namibia Mamuno // Buitepos

ZAMBIA
Kwando
Sesheke
Livingstone
Zambezi-Brücke
Katima Mulilo
Zambezi
Autofähre Kazungula
Sibinda
Caprivi / Zambezi Strip
Kongola
B8
Kasane
Chobe
C 49
Namushasha Lodge
Lizauli Traditional Village
C 49
Ngoma
Chobe Gate
Victoria Falls
ark
Mudumu National Park
Ngoma Gate
Nantanga Gate
Zimbabwe
Lianshulu Lodge
Chobe National Park
Linyanti
Kwando
Sangwali
Nkasa Lupala Lodge
Mamili N.P.
Ghoha Gate
s. Detailkarte unten
Savuti Elephant Camp
Savuti
Govnerment Campsite
Savuti South Camp
Mbabe Gate
Tsaro Lodge
Khwai River Lodge
Xakanaxa Lodge
Okuti Lodge
Moremi Lodge
North Gate
Moremi Game Reserve
Chief's Island
South Gate
San-la-Wani Lodge
Shorobe
Island Safari Lodge
Maun
Maun Game Sanctuary
BOTSWANA
© Rkh Verlag Hermann
Caprivi-Strip
mit Parks Kaudom, Mahango, BwaBwata, Mudumu, Mamili, Chobe und Moremi
0
50
100 km
Kongola
Ngenda Ranger Station
Mudumu-Park
Hippo Pool
Lianshulu Lodge
C 49
Buffalo Trails
Nyoka Pan
Nakatwa Hut (3 Zeltplätze)
Santika Station
Kwando
Nakatwa Island
Mvubu (1 Zeltplatz)
Lianshulu Traditional Village
Lianshulu Wilderness Lodge
Mamili
BOTSWANA

4

afrikas an den Zambezi – der „Caprivi-Strip" war geboren. Der deutsch-englische Vertrag ging als „Helgoland-Sansibar-Vertrag" in die Geschichte ein und wird heute noch vielerorts als Tausch von Helgoland gegen Sansibar verbucht – was unrichtig ist und nur deshalb so in die Geschichtsbücher gelangte, weil der zum Zeitpunkt des Vertragsabschlusses bereits ausgebootete Reichskanzler Fürst Bismarck missmutig kommentierte, dass vorschnell gehandelt worden sei. Hätte man sich mehr Zeit genommen, wäre das unabhängige Sansibar irgendwann sicherlich deutsche Kolonie geworden.

## Abstecher zu den Popa Falls, zum Mahango Game Park und ins „Panhandle"

Wie weit man diesem Abstecher folgen möchte, sei Lust und Laune überlassen. Ins *Panhandle*, den nördlichsten Teil des Okavango-Deltas (das einer Bratpfanne gleicht – daher der Name), überquert man die namibisch-botswanische Grenze. Die Abzweigung vom Trans-Caprivi-Highway zu den Popa Falls erreicht man nach rund 200 km ab Rundu. Im Ort Bagani (nach neuer Namensgebung *Divundu*) kann man tanken und Vorräte auffüllen. Die C48 folgt dem mäandernden Lauf des Kavango, der sich hier nach Süden schlägt und über die Stromschnellen der Popa Falls hüpft. An dieser Stelle, 5 km nach der Abzweigung, befindet sich ein schön gelegenes Rastlager der Namibia Wildlife Resorts.

### Mahango Game Park

Der Mahango Game Park ist sozusagen der Einstieg zu den nun folgenden Naturschutzgebieten mit Flussauen und Papyrussümpfen, zu weiten, mit Mopanebäumen bestandenen Ebenen und großem Wildreichtum. Man kann den Park auf einer Piste, die von der Transitstraße nach links zum „Großen Baobab" und an den Kavango abzweigt, auch mit Pkw befahren. Nahe dem Eingang ist die **Mahangu Safari Lodge** eine ausgesprochen empfehlenswerte

Unterkunft (s.u.) und ausgezeichnete Basis für Ausflüge ins Reservat. Dort am Fluss sollte man unbedingt vorsichtig sein und auf Flusspferde achten, und auch sonst empfiehlt sich beim Aussteigen große Achtsamkeit: Die Vegetation bietet Raubtieren hervorragend Deckung. Im Mahango leben Leoparden und Hyänenhunde, gelegentlich wechseln Löwen aus den angrenzenden Parks hierher, und auch Elefanten können gesichtet werden. Wie überall im Caprivi ist der Vogelreichtum spektakulär (▸ s. Kasten). Wer den Park erkunden möchte, bezahlt am Eingang die Eintrittsgebühr. Transitreisende nach Botswana können ohne Gebühr durchfahren, dürfen allerdings nicht von der C48 abweichen.

## Vogelwelt des Caprivi

Bereits rund um die Popa-Fälle und im Mahango-Wildpark trifft der Vogelfreund eine artenreiche Population vor: Hoch in den Bäumen nisten Smaragd- und Afrikanischer Kuckuck, Kapkauz und Kardinalspecht. Im Unterholz verbergen sich Laubbülbül und Oranjewürger, während Bronzeflecktauben und Granatastrilde felsige Böden bevorzugen. In sumpfigen Regionen und im Papyrus versteckt kann man schließlich Braunkehlreiher, Papyrusrohrsänger und Weißstirnweber aufstöbern.

*Marabus sind Aasfresser*

Entlang des Kavango finden sich Klunkerkraniche, Rotbauchreiher, Afrikanische Zwerggänse und Scharlachspinte ein. Auch die Sattelstörche mit auffällig gelb-roter Schnabelzeichnung und die im Sonnenlicht schillernden Malachit-Eisvögel haben hier ihren Lebensraum. Nur im Mahango-Gebiet sieht man Bandschlangenadler und Schwarzrückenfalken.

4

TIPP

## Unterkunft Popa Falls/Mahango Game Park

- **Mahangu Safari Lodge,** P.O. Box 5200, Bagani bzw. Divundu, Tel. 66-259037, Fax 66-259115, www.mahangu.com.na. Mittel bis teuer, Campingmöglichkeit. Angenehme und sehr empfehlenswerte Lodge unter deutscher Leitung. Game Drives im Mahango. Perfekte Küche und auch sonst ein ausgezeichnetes Preis-/Leistungsverhältnis.
- **Popa Falls Restcamp,** Buchung über Namibia Wildlife Resorts, Schöne Chalets (mittel bis teuer) und Campingmöglichkeit. Zugang von Sonnenauf- bis -untergang.
- **N//Goabaca Campsite,** etwa 2 km östlich der Brücke über den Kavango Abzweigung nach rechts, etwa 4 km. Nur Stellplätze.

## Zum Okavango-„Panhandle"

*Das Okavango ist ein Paradies der Tierwelt*

Die Weiterfahrt auf der C48 tiefer nach Botswana hinein kann man als zusätzlichen Abstecher an den Okavango-Fluss oberhalb des Binnendeltas einplanen, wo man Vögel beobachten kann und ein Ausflug zu den San-Felsbildern der *Tsodilo Hills* lockt. Wer die Strecke weiter nach Süden fortsetzt, trifft nach 320 km auf die Provinzstadt *Toteng* und die wichtige Ost-West-Verbindung von Maun nach Buitepos und weiter auf dem Trans-Kalahari-Highway nach Gobabis in Namibia.

Die C48 überquert 34 km ab Divundu die Grenze zu Botswana und folgt dem nun *Okavango* genannten, breiten Strom nach Südosten. Bei Km 50 passiert man den Ort *Shakawe* mit dem sehenswerten *Mokoro* (Einbaum)-Hafen, 9 km weiter führt eine 3 km lange Stichstraße an den Fluss und zu *Drotsky's Cabins,* einer alteingesessenen und wunderschön unter schattigen Bäumen gelegenen Lodge am Okavango. Von hier aus geht es auch mit dem Boot zur **Xaro Lodge** auf einer Halbinsel. Dieser Teil des Flusses wird *Panhandle*, „Pfannenstiel", genannt, weil er hier noch geradeaus zwischen festen Ufern dahinströmt. Die „Pfanne" bildet dann das weitverzweigte Binnendelta weiter südlich. *Drotsky's Cabins* ist ein empfehlenswerter Zwischenstopp, die Lodge organisiert Flussfahrten und Touren zur Vogelbeobachtung und ist auch Anlaufstelle für die Lawdons Lodge im Delta.

**Drotsky's Cabins/Xaro/Lawdons Lodge,** P.O. Box 115/Shakawe, Tel. 6875035, Fax 6875043, www.drotskycabins.com, Chalets um 400 Pula/Person, Zelten um 120 Pula/Person.

Wer die **Tsodilo Hills** mit ihren von der UNESCO zum Weltkulturerbe erklärten **Felsbildern** anfahren möchte, kann dies ebenfalls von Drotsky's aus tun. Die rund 40 km lange Piste von der Asphaltstraße nach Westen zum Museum am Fuße der Hügel ist in gutem Zustand und meist auch mit einem Pkw zu befahren (Fahrtdauer eine knappe Stunde)

**TIPP**

Die bis zu 400 m hohen Dolomithügel der Tsodilo Hills sind eine der schönsten Fundstellen von Felsmalereien und -gravuren im südlichen Afrika. Über 4000 Bilder, die zwischen 1000 und 1500 Jahre alt sind, schmücken den Fels. Sie stellen Jagdwild und rituelle Tänze dar. Die Spuren menschlicher Besiedlung reichen bis zu 100.000 Jahre zurück. Für einen Besuch sollte man sich den ganzen Tag Zeit nehmen, da mehrere mehrstündige Wanderungen möglich sind.



## Weiterfahrt durch den BwaBwata National Park nach Katima Mulilo

Fast 200 km führt die B8 durch den BwaBwata-Nationalpark, der 2000 aus der Zusammenlegung von Caprivi Game Park, Mahango Game Park, Mudumu und Mamili entstanden ist und in dem Projekte des *Community Based Tourism* besonders gefördert werden sollen. Links und rechts der Straße steht ein Wald aus Dolfholz-, Zambeziteak-

*Büffeln sollte man nicht zu nahe treten*

und Ahnenbäumen. Wild ist nur zu sehen, wenn es die Straße quert, was Elefanten und Paviane gelegentlich tun. Abfahren von der Hauptstraße ist verboten. Touren in den BwaBwata-Nationalpark organisieren die daran angrenzenden Lodges. Nach Überquerung des von Angola nach Botswana fließenden *Kwando* fährt man in Kongola ein. Gleich am Ortseingang werden im *Mashi & Sheshe Crafts* schön geflochtene Korbwaren der lokalen Gemeinschaft verkauft.

## Bum Hill und Nambwa

500 m vor der Kongola Bridge über den Kwando führt eine Sandpiste nach Norden. Bis zum ersten Community Camp von NACOBTA, *Bum Hill,* sind es nur etwa 200 m, die auch mit Pkw befahrbar sind. Die folgenden 14 km bis Nambwa sind nur mit 4x4 zu meistern. Die beiden Camps waren die ersten Projekte der lokalen Bevölkerung im Bwabwata-Nationalpark. Reizvoll ist vor allem das Camp Bum Hill am Ufer des Kwando, denn zu jedem Stellplatz gehört eine Beobachtungsplattform im Baum. WCs und Buschduschen sowie ein Küchenblock sind ebenfalls vorhanden. Kommunale Camps hängen stark von Persönlichkeiten der Community ab und sind deshalb nicht notwendigerweise immer geöffnet.

## Mudumu- und Mamili National Park

In Kongola zweigt die C49 (D3511) nach Süden ab. Sie verläuft entlang des Kwando und passiert den Mudumu- sowie den Mamili National Park. Mudumu kann nur mit einem Geländewagen befahren werden, Mamili ist Sumpflandschaft und für Fahrzeuge nicht zugänglich. Da die schönsten und interessantesten Game Drives hier auf dem Wasser stattfinden, empfiehlt es sich, in der Lianshulu Lodge zu übernachten und an deren Pirschfahrten teilzunehmen.

Sehenswert ist das *Lizauli Traditional Village* (Abzweigung bei Km 30), ein Community Based Projekt, in dem traditionelles Kunsthandwerk, Tänze und Musik der Caprivianer gezeigt werden.

## Mudumu National Park / Lianshulu Lodge

Der 85.000 Hektar große Park wurde 1990 als Naturschutzgebiet ausgewiesen. Er erstreckt sich vom Ufer des Kwando (der in seinem weiteren Verlauf dann *Linyanti* und in Botswana schließlich *Chobe* heißt) nach Osten, hinein in dichte Mopane-Baumsavanne. Ähnlich wie im Mahango-Park dominiert auch hier Ried- und Papyrusgras die Uferböschungen. Die *Lianshulu Lodge* liegt 37 km südlich der Hauptstraße, direkt am Kwando-Fluss (der weiter nördlich als *Cuando* die Grenze zwischen Angola und Zambia zieht) und ist eine ebenso angenehme wie gut geführte, mit komfortabel nur unzureichend beschriebene Unterkunft.

*Im Caprivi trifft man eher selten auf einen Einzelgänger, die Regel sind große Herden*

*Warzenschweine wirken sehr possierlich*

Bei Ausflügen per Boot auf dem Kwando sieht man Flusspferde und Krokodile, per Geländewagen pirscht man auf Elefanten, Antilopen und Büffel. Man erfährt, welche Pflanzen bei Magenleiden helfen (wer will, darf sie essen), aus welchem Busch Seile hergestellt werden, warum Elefanten nicht an Malaria erkranken, dass die Bäume aus den Termitenhügeln nachträglich wachsen (nicht umgekehrt) und vieles mehr.

**Unterkunft**

**Lianshulu,** Reservierung über Tel. 061-224420, www.lianshulu.com. Zimmer mit Blick über den Fluss, sehr teuer.

## Mamili National Park

Der Kwando/Linyanti verläuft entlang der botswanisch-namibischen Grenze zunächst nach Süden und wendet sich anschließend in einer scharfen Kehre wieder nach Nordosten. In diesem Knie hat der Fluss sich in eine Vielzahl einzelner Wasserläufe aufgefächert, die ein einzigartiges Sumpfgebiet hervorgebracht haben. Die *Linyanti-Sümpfe* bilden den Kern des 35.000 Hektar großen Mamili Nationalparks. In der Trockenzeit sind die mit Bäumen (wilde Dattelpalmen, Apfelblatt) bewachsenen „Inseln" von weiten, offenen Grasflächen umgeben, in den riedbewachsenen Kanälen und Tümpeln dösen Flusspferde, während Elefantenherden majestätisch das zarte Blattwerk von Büschen und Bäumen äsen. Sobald Regen fällt, verwandeln sich die Sümpfe in riesige Wasserflächen, aus denen nur noch vereinzelte Bauminseln aufragen. Neben Löwen, Büffeln, Leoparden, Hyänen und wilden Hunden bekommt man mit etwas Glück auch die seltene *Sitatunga* zu Gesicht, eine Antilopenart, die hervorragend schwimmen kann und mit ihrem zotteligen, langen Fell und den breiten Hufen an das Leben im Sumpf angepasst ist. Vogelbeobachter werden im Mamili eine Unmenge seltener Arten erspähen, darunter den Fischadler, die Afrikanische Zwerggans und den Klunkerkranich. Eine Genehmigung zum Besuch von Mudumu und Mamili erhält man bei der *Susuwe Ranger Station.*

## Service Mudumu/Mamili

**Information/ Permit**

**Information/Permit:** Die Ranger-Stationen Nakatwa und Ngenda verkaufen die Permits für Mudumu, die Sangwali Station ist für Mamili zuständig. Die Permits werden theoretisch auch für mehrere Tage ausgestellt .

**Unterkunft**

- **Lianshulu Lodge** (s.o.)
- **Camp Kwando,** 25 km auf der C49, Tel. 066-686021, www.campkwando.com. Am Kwando, gegenüber dem *Lizauli Traditional Village,* wohnt man in Chalets und Hochbungalows oder stellt sein Zelt auf,teuer, Campingmöglichkeit.
- **Staatl. Camps** in den Nationalparks. Stellplätze mit Plumpsklo, kein Wasser, kein Feuerholz. Tipps und Infos bei den Rangern.

## Weiter auf der B8 nach Osten

Auf den folgenden 110 km von Kongola bis Katima Mulilo reihen sich traditionelle Rundhüttendörfer hinter schützenden Zäunen oder Lehmmauern aneinander, Frauen stampfen Hirse, Kinder spielen

*Auf Gamedrive im Caprivi*

4

Fußball. Der östliche Caprivi wird von einer Vielzahl eigenständiger Völker bewohnt, die man unter dem Sammelnamen *Caprivianer* zusammenfasst. Die zwei wichtigsten Volksgruppen sind die Fwe und die Subia. Sie leben von Feldbau, Fischerei und Jagd sowie Viehzucht, wobei Ziegenhaltung vorherrscht. Ethnisch fühlen sich die Völker des Caprivi eher ihren Nachbarn in Botswana bzw. Zambia zugehörig. In den 1990er Jahren führte Unzufriedenheit mit der SWAPO-Regierung zum Erstarken einer Bewegung, die zunächst friedlich, später dann mit Waffengewalt die Unabhängigkeit des Caprivi forderte. Die SWAPO griff hart durch, Oppositionelle wurden im großen Stil verhaftet, von Folter war die Rede. Dissidenten, die nach Botswana geflüchtet waren, wurden entgegen aller internationalen Proteste an Namibia ausgeliefert. 2005/06 lief der letzte Prozess gegen die Aufständischen in Grootfontein und Windhoek.

## Community based tourism

Im Caprivi sind die Konflikte zwischen den Anforderungen des Naturschutzes und den Bedürfnissen der lokalen Bevölkerung besonders groß. Das Gebiet ist dicht besiedelt, zugleich steht ein Großteil unter Naturschutz. Die Menschen müssen tolerieren, dass Elefanten ihre Felder und Dörfer verwüsten, Raubwild das Vieh schlägt und sie selbst Opfer von Angriffen werden. Gegen das Wild dürfen sie aber nichts unternehmen. Eben deshalb versucht das namibische Umweltministerium, die lokalen Gemeinden in den Naturschutz und in den Tourismus einzubeziehen. Nirgendwo sonst in Namibia gibt es so viele von Hilfs- und Unterstützungsorganisationen initiierte Camps und Kunsthandwerksprojekte, so haben sich ganze Dörfer zu *Conservancies* zusammengeschlossen, um am Rande des BwaBwata-Nationalparks mit nachhaltiger Nutzung die natürlichen Ressourcen zu erhalten (wie die Kwandu Conservancy mit dem Camp Nambwa). Die Übernachtungen auf den Community Camps sind auch deshalb ein besonderes Erlebnis, weil man in Kontakt mit der lokalen Dorfgemeinschaft kommt. In Kontakt mit der Tierwelt natürlich auch – die Camps sind nicht eingezäunt, und Besuche von Hippos, Elefanten oder Hyänen nahezu garantiert.

# Katima Mulilo

Katima Mulilo hat 20.000 Bewohner und ist das wirtschaftliche Zentrum der Ostregion des Caprivi, hier läuft der Verkehr aus Zambia, Botswana und Zimbabwe nach Westen zusammen, und seit der Eröffnung der Zambezi-Brücke nach Zambia 2004 ist Katimas Bedeutung als Verkehrs- und Handelsknotenpunkt noch gestiegen – zugleich allerdings auch als zentraler Ort der Verbreitung von HIV-Infektionen, deren Rate hier besonders hoch ist.

Die Supermärkte sind gut sortiert, Bäckerei, Metzger, Banken – es ist alles da, was das Herz begehrt. Zu den traditionellen Unterkunftsmöglichkeiten von Katima zählt die *Zambezi River Lodge* mit Bungalows zum Fluss und einem Zeltplatz.

*Markt in Katima*

4

## Service Katima Mulilo

**Unterkunft**

- **Zambezi River Lodge,** P.O. Box 198, Katima Mulilo, Tel. 066-253149, Fax 066-253631, www.proteahotels.com. Teuer, Campingmöglichkeit. Die schön gelegene Lodge besitzt eine romantische Sundowner-Bar und einen Pool.
- **Caprivi River Lodge,** 5 km östlich von Katima, Tel. 066-252288, www.capriviriverlodge.com; am Ufer des Zambezi nächtigt man in kleinen hübschen Chalets, günstig.

Verlassen Sie Katima Mulilo auf der durchgängig asphaltierten B8 Richtung Südosten. Nach 38 km ist ein Ort zu erahnen (Bukalo), und 26 km weiter erreichen Sie den namibisch/botswanischen **Grenzposten Ngoma.** Beide Kontrollen sind unkompliziert. Wer mit dem Mietwagen unterwegs ist, benötigt unbedingt eine Freischreibung der Vermietfirma, die den Grenzübertritt genehmigt. Nach Überquerung der Ngoma Bridge haben Sie die Möglichkeit, die Strecke durch den Chobe-Nationalpark fortzusetzen, oder aber zunächst einen Abstecher (2 Tage) zu den Victoria-Fällen in Zimbabwe zu unternehmen.

## Abstecher zu den Victoria-Fällen

Nach 1,5 km treffen Sie auf einen Rangerposten. Die Fahrzeugdaten müssen in eine Liste eingetragen werden und beim nächsten Posten, 50 km weiter, nochmals in die Ausreiseliste. 3 km weiter passieren Sie **Kasane** und 20 km danach die botswanisch-zimbabwische Grenze. Nach insgesamt 210 km von Katima Mulilo ist Victoria Falls erreicht.

*Zambezi River*

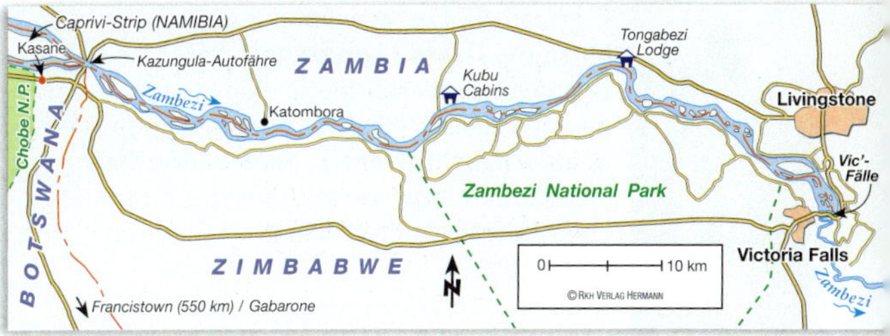


## Service Zimbabwe

**Grenzöffnungszeiten:** 6–18 Uhr.
**Währung:** Zimbabwe-Dollar. Von „Wechselkurs" kann man wegen der galoppierenden Inflation beim Zim-Dollar nicht mehr sprechen, praktisch alles muss in Fremdwährung, vorzugsweise US$, gezahlt werden. Auch Euro, südafrikanischer Rand oder botswanische Pula werden akzeptiert, aber keine Namibia-Dollar! Devisendeklaration mitführen und bei jedem Wechseln ausfüllen lassen!
**Fahrzeugpapiere:** Internationale Zulassung (Carnet de Passage für importierte Fahrzeuge), an der Grenze muss eine Haftpflichtversicherung abgeschlossen und eine Carbon Tax/Road Tax bezahlt werden. Ein Visum ist notwendig.
**Persönliche Papiere:** Reisepass, Internationaler Führerschein.
**Mietwagen:** Freischreibung vom Vermieter für Zimbabwe, entsprechende Papiere. Unbedingt genügend Treibstoff mitführen.

## Victoria Falls

Ein Städtchen, ganz im Zeichen der Wasserfälle, geprägt von Hotels aller Kategorien, Läden, Restaurants und Agenturen, die das ultimative Vic'-Falls-Erlebnis per Schlauchboot, Helikopter, Bungee oder Elefantensafari verkaufen. Die wirtschaftliche Misere in Zimbabwe hat allerdings für einen Touristenrückgang gesorgt und damit die Verzweiflung der Menschen und die Kriminalität gefördert – Vorsicht also vor Langfingern!

„Erstes Haus am Platz" ist nach wie vor das ehrenwerte *Victoria Falls Hotel,* das bereits 1904 seine Pforten öffnete und in unmittelbarer Nähe der Fälle steht. Beim Five o'clock tea auf der Terrasse blickt man auf die Gischt und hört das Donnern der Wassermassen. Ein kurzer Fußweg bergab führt vom Hotel direkt zu den Aussichtspunkten gegenüber den Fällen (s.u.).

Dr. Livingstone bei den Fällen

Im Jahr 1855 entdeckte der schottische Missionar **David Livingstone** dieses einzigartige Naturschauspiel im Süden Afrikas, das die lokalen Völker *Mosi-o-tunya*, „donnernder Rauch“, nannten. Bereits Ende des 19. Jahrhunderts wurde ein erstes einfaches Hotel errichtet, das aber mangels Gästen bald wieder schließen musste.

Der große Schub für die Entwicklung von Victoria Falls kam mit dem Bau der Eisenbahn, die dereinst Kapstadt mit Kairo verbinden sollte. Die Linie wurde so geplant, dass sie die Fälle möglichst nahe passierte. 1905 wurde die Eisenbahnbrücke über die Zambezi-Schlucht eingeweiht, ein technisches Meisterwerk, auf dem heute die Grenze zwischen Zimbabwe und Zambia verläuft.

**Victoria-Fälle**

Die **Victoria-Fälle** sind 110 m hoch und fallen über eine 1700 m breite Abbruchkante in eine schmale Schlucht. Sie sind zwar nicht die größten, aber die wasserreichsten Fälle der Welt und zählen zum UNESCO-Weltnaturerbe. Der Zambezi hat bis zu seinem tiefen Absturz einen weiten Weg hinter sich gebracht. Er entspringt in Nordzambia, fließt durch Angola, nimmt im namibischen Caprivi den Chobe auf und

Hotels
1 a'Zambezi River Lodge
2 Elephant's Hill Hotel
3 Lukuthula Lodge
4 Victoria Falls Safari Ldg.
Livingstone Game Park
Riverside Drive
Livingstone 2 km
Zambia
Jetty
Maramba River
Mosio Tunya Rd
Lwanda Island
Zambezi River
Kalai Island
Zambia
Zimbabwe
Jetties
Gate
Crocodile Ranch
The Big Tree
Park Way
Zambezi Drive
Victoria Isl.
Chalets
Snake Park, Craft Village, Café
oma Rest.
Hunter's Pub
Soper's Arcade
Sprayview Airport
Mama Africa Rest.
Rain Forest
2nd Gorge
Third Gorge
Fourth Gorge
Victoria Falls Brücke (Bungee Jumping)
Victoria Falls National Park
5 Vic Falls Backpacking
6 Gerti's Place Lodge
7 Amadeus Garden Ldg.
8 Rainbow Hotel
9 ilala Lodge
10 The Kingdom
11 Victoria Falls Hotel
12 Sprayview Hotel
Livingstone Way
Chinotimba
Zambezi River
Hwange / Bulawayo
Zimbabwe
1 Park-Eingang
2 Livingstone Statue
3 Devil's Cataract
4 Main Falls
5 Horseshoe Falls
6 Rainbow Falls
7 Eastern Cataract
8 Danger Point
9 Boiling Pot
10 Avis u. Tankst.
11 Tankstelle, Autovermietung
12 Aquarium
13 Polizei / Immigration
14 Bahnhof
15 Complete Car Rental
VICTORIA FALLS
und die
VICTORIA-FÄLLE
0 1 km
© RKH VERLAG HERMANN

strömt dann als Grenzfluss zwischen Zambia und Zimbabwe breit und behäbig auf die Victoria-Fälle zu. Aus der Luft betrachtet, z.B. von einem Ultralight, einem Hubschrauber oder Kleinflugzeug (in Vic' Falls zu buchen), sieht man am eindrucksvollsten, wie der Fluss urplötzlich einfach in der Spalte verschwindet, aus der die Gischt teils über 110 Meter hoch aufsteigt. Die nur wenige Dutzend Meter enge Schlucht verlässt der Zambezi in einem Zickzack schmaler Canyons, in denen Raftingtouren veranstaltet werden. Der Abbruchkante gegenüber und etwas unterhalb befinden sich mehrere Aussichtspunkte. Das ganze Areal wird beständig von der Gischt berieselt und beregnet, deshalb gedeiht hier eine üppig bunte und dichte Flora des tropischen Regenwalds, so z.B. Mahagoni, Ebenholz und Orchideen.

Ein Regenponcho, Schirm und Wasserschutz für die Kamera sind unbedingt anzuraten. Man ist sonst innerhalb weniger Minuten von Kopf bis Fuß durchnässt. Wenn der Fluss nach der Regenzeit in seinem Quellgebiet viel Wasser führt, kann man die Fälle wegen der Gischt kaum noch erkennen. Beste Reisezeit sind deshalb Herbst und Frühwinter, d.h. die Monate März bis Juni.

Die Wasserfälle sind Hauptattraktion in Victoria Falls, aber es gibt auch noch anderes zu sehen: Auf der *Spencer Creek Crocodile Ranch* werden Krokodile gezüchtet, wobei ein Teil der Tiere später ausgewildert wird, der Rest opfert sein Leben für Handtäschchen und Schuhe.

**Zambezi National Park**

Den 5 km nördlich von Victoria Falls gelegenen Nationalpark kann man auch mit einem Pkw befahren. Am Zambezi Drive am Fluss entlang sieht man fast immer Elefanten, mit etwas Glück auch ein Breitmaulnashorn oder Krokodile.

## Service Victoria Falls

**Information**

**Tourist Information,** Park Way, Ecke Livingstone Way, Tel. 013-44202.

**Restaurants**

**The Cattleman,** Clarke Road, serviert Riesensteaks.
**Wimpy,** Hamburger-Imbiss gegenüber der Touristeninformation. Außerdem diverse Takeaways und Pizzerien.

Im **Boma Restaurant** diniert man mit Entertainment.

*Teestunde im Victoria Falls Hotelmit Blick auf die Brücke*

**Unterkunft**

- **The Victoria Falls Hotel,** Tel. 013-44751, Fax 44762, www.victoriafallshotel.com, sehr teuer. Traditionsreichstes Haus, von der Veranda kann man die Gischt sehen, 10 Minuten Fußweg durch den Dschungel hinunter zum Eingang der Fälle. Mitglied der Kette „Leading Hotels of the World" und damit eine fast geheimnisvolle Preispolitik (was auf dieser Höhe auch keine Rolle mehr spielt).
- **The Rainbow Hotel,** Tel. 013-44583, Fax 44654. Teuer. Kleineres Hotel in der gehobenen Klasse, in einem arabischen Stil errichtet, Schwimmbad, sicheres Parken.
- **Victoria Falls Rest Camp,** Tel. 013-4050911, Fax 43434, www.vicfallsrestcamp.com. Günstig, Campingmöglichkeit. Zentral gelegenes Rastlager mit Zeltplatz und Hütten sowie Chalets in unterschiedlichen Kategorien und Ausstattungsgraden.

**Aktivitäten**

- **Rundflug** über den Fällen mit Flugzeugen, Helikoptern und Ultraleicht-Flugzeugen bucht man bei Shearwater Adventures, Tel. 013-44471, Fax 44371, www.shearwatervictoriafalls.com oder Backpacker's Bazaar, Tel. 013-45828, http://backpackersbazaar vicfalls.com.
- **Bungee Jumping:** Von der Eisenbahnbrücke zwischen Zimbabwe und Zambia (100 €/Sprung) mit *Africa Extreme,* Tel. 00260-3-324156.
- **Rafting:** *Shearwater Adventures* (s.o.) und *Safari Par Excellence,* The Mall, Tel. 013-42054, www.safpar.com.
- **Krokodilfarm:** *Crocodile Ranch and Nature Sanctuary,* außerhalb, ca. 3 km hinter dem Hotel Elephant's Hill.

## Service Botswana

**Währung:** Botswanischer Pula; 1 € = ca. 12 Pula

**Fahrzeugpapiere:** Internationale Zulassung, Carnet de Passage, an der Grenze muss eine Straßenbenützungsgebühr plus Versicherung bezahlt werden.

**Persönliche Papiere:** Reisepass, Internationaler Führerschein.

**Mietwagen:** Freischreibung vom Vermieter für Botswana, entsprechende Papiere.

**Einfuhrbeschränkungen:** Es dürfen keine Fleisch- oder Milchprodukte eingeführt werden. Nationalparks: Buchungen der Nationalparks über Parks and Reserves Reservations, Gaborone Office, P. O. Box 131, Gaborone, Botswana, Tel. 00267-3180774, Fax 3180775, oder Maun Office, P. O. Box 20364, Boseja, Maun, Botswana, Tel. 00267-6861265, Fax 6861264; www.mewt.gov.bw/DWNP.

**Weiterfahrt**

Von Victoria Falls fährt man auf gleichem Weg zurück bis Kasane und schlägt hier die Route durch den Chobe Nationalpark ein (Achtung, nur 4x4! Pkw-Fahrer sollten den Rückweg über den Caprivi wählen). Wer einen organisierten Game Drive im Chobe-Nationalpark unternehmen oder von Kasane aus zumindest einen Eindruck vom Wildreichtum hier gewinnen möchte, bevor er nach Namibia zurückkehrt, kann in der *Chobe Safari Lodge* übernachten und an deren Pirschfahrten teilnehmen (DZ um 550 Pula/Person). Es gibt auch Stellplätze für Camper, dreistündige Bootsfahrten und Game Drives (Chobe Safari Lodge, P.O. Box 10, Kasane, Tel. 625-0336, Fax 625-0437, www.chobesafarilodge.com, teuer).

## Chobe-Nationalpark

Der Chobe Nationalpark reicht vom Chobe River weit nach Süden in die Kalahari hinein und bedeckt eine Fläche von 12.000 qkm. Der nördliche Teil am

*Unterwegs von Savuti nach Chobe*

Chobe-Fluss heißt *Serondela* und ist berühmt für die großen Elefantenherden, die im Wasser planschen, für Flusspferde und Krokodile. Ein dichter Galeriewald säumt den Chobe, während die Landschaft weiter nach Süden schon bald in Dornbuschsavanne übergeht. Besonders reizvoll sind die *Savuti-Sümpfe* und der Savuti-Kanal im Südwesten: Früher bedeckte ein riesiger See diesen Teil Botswanas. Die *Magwikhe Sand Ridge,* ein 100 km langer und 20 m hoher Sandgrat ist der heute noch sichtbare Teil der ehemaligen Uferböschung. Savuti haben die Elefanten in eine Mondlandschaft verwandelt: die Bäume sind umgestürzt, der Boden ist aufgewühlt. Auch der Zeltplatz und die Camps bekommen regelmäßig Besuch. Man nächtigt hier in Luxuszelten auf Holzplattformen mit Blick auf den Savuti-Kanal und auf das Kommen und Gehen der Dickhäuter, Büffel, Antilopen, Zebras und natürlich auch der Löwen, für die dieser Teil von Chobe berühmt ist.

## Service Chobe

**Unterkunft**

- **Savuti Camp,** staatliches Camp, nicht eingezäunt, also inkl. Wildbesuch. Saubere Sanitäranlagen, Grillstellen.
- **Savuti Safari Lodge,** Buchung über Tel. 0027-21 7130834, Fax 7130836, www.desertdelta.com, sehr teuer.
- **Savuti Elephant Camp,** Buchung über Tel. 0027-11-2741800, Fax 4816065,www.orient-express.com, sehr teuer.

Nach Verlassen des Chobe-Nationalparks passiert die Piste 20 km weiter den nördlichen Zugang zur *Moremi Game Reserve.*



## Moremi Game Reserve

An dem nächsten, 5000 qkm großen Naturschutzgebiet führt die Hauptpiste außen entlang. Etwa 170 km ab Kasane passiert man das North Gate von Moremi, nach weiteren 25 km das South Gate. Mit dem eigenen Fahrzeug darf man nur im nördlichen Teil fahren (tiefsandige Pisten, Geländewagen erforderlich). Hier befinden sich auch die meisten Camps, es wird wie in Chobe Eintritt erhoben und nach einer Buchungsbestätigung gefragt. Moremi ist bereits Teil des Okavango-Deltas, dessen einzige Region, die unter Naturschutz steht und seit einigen Jahren auch UNESCO-Weltnaturerbe. Kernstück ist *Chief's Island,* eine mit Gras bestandene, 1000 qkm große Halbinsel, die von Büffelherden gerne aufgesucht wird. Weite Grassavannen, Mopanebäume, Galeriewälder entlang der Wasserkanäle und Hippo-Pools sorgen für landschaftliche Vielfalt und einen einzigartigen Wildreichtum. Nur Nashörner leben nicht in diesem Teil des Deltas. In und nach der Regenzeit kann man in Moremi Wildbeobachtungstouren mit dem traditionellen Einbaum, dem *Mokoro,* unternehmen.

## Unterkunft Moremi

- **Camp Moremi North Gate,** am nördlichen Zugangstor vor der Brücke über den Kwai River. Hippo-Pools gleich in der Nähe, günstig bis mittel.
- **Khwai River Lodge,** Buchung über Tel. 0027-11-2741800, Fax 4816065, www.orient-express.com. Sehr teuer. Luxuslodge am Flussbett, beste Sicht auf die Wildherden.

**Weiterfahrt**

Rund 55 km nach Passieren des South Gate hat die Zivilisation Sie wieder. Am Tor der Disease Control wird eventuell der Wagen desinfiziert, danach geht's auf besserer Piste in Richtung *Maun,* in das man 50 km weiter einfährt.

*Nur bei üppigem Bewuchs hinterlassen Elefanten keine Fraßschneisen*

# Maun

Das „Tor zum Okavango-Delta" ist ein betriebsames Städtchen, in dem sich fast alles um den Nationalpark-Tourismus dreht. Ungezählt die Schilder der Safari-Veranstalter, die für jedes Interesse und Bedürfnis maßgeschneiderte Rundreisen anbieten. Völlig verschlafen wirkt dagegen das örtliche Tourismusbüro, das außer Reiseprospekten wenig Hilfreiches beizusteuern hat.

In Maun können Sie die zusammengeschmolzenen Vorräte auffüllen, tanken, Ersatzteile kaufen, in Unterkünften diverser Kategorien übernachten und sich den Bauch mit allen möglichen internationalen Spezialitäten vollschlagen. Die älteste und einzige Sehenswürdigkeit des Orts ist die *Matlapaneng Bridge,* eine Konstruktion aus Mopane-Bohlen über den Thamalakane River. Sie steht heute unter Denkmalschutz und darf nicht mehr befahren werden.



## Service Maun

**Information**
Touristenbüro gegenüber dem Flughafen; Buchungsbüro für die Nationalparks bei der Polizeistation, Maun-Boseja, Tel. 00267-6861265, Fax 6861264, dwnp@gov.bw

**Unterkunft**

- **Cresta Riley's River Lodge,** einzige Übernachtungsmöglichkeit direkt in Maun am Ufer des Thamalakane, Tel. 00267-6860204, Fax 6860580, www.rileyshotel.net. Komfortables Hotel mit Pool und hübschem Garten, teuer.
- **Alexis Sedie Hotel,** ca. 5,5 km nordöstlich von Maun, Tel. 00267-6860177, Fax 6860347, www.sedia-hotel.com. Chalets und Zimmer, Campingmöglichkeit auf dem Hotelgelände, Pool, mittel bis teuer, Campingmöglichkeit.
- **Audi Camping,** Zeltplatz ca. 4 km vor Maun, Reservierung über 00267-6860599 oder Fax 6853881, www.okavangocamp.com. Shuttle-Service nach Maun, Overland-Gruppen, sehr laut, Pool. Mittel, Campingmöglichkeit
- **Sitatunga Camping,** 7 km außerhalb der Stadt in Richtung Ghanzi in einer Flussschleife des Thamalakane, Reservierung über Tel. 00267-6800380, Fax 00267-6800381, www.deltarain.com. Großzügige Anlage, Grillplätze, mittel, Campingmöglichkeit.

**Restaurants**

Viele Restaurants entlang der Hauptstraße sowie in der *Maun Mall,* einem modernen Gebäudekomplex mit Läden, Büros und Safari-Veranstaltern.

## Ins Okavango-Delta

Mit dem Fahrzeug bzw. Mokoro erreicht man nur die äußeren Regionen des Binnendeltas, richtig spannend wird's aber eigentlich erst im Herzen des Überflutungsgebietes. Dorthin sind nur Fly-in-Safaris möglich, die entsprechend kostspielig sind. Die Zahl der Anbieter in Maun ist riesig, dem Reisenden bleibt die Qual der Wahl. Auch die Hotels und Camps bieten Okavango-Touren an, so z.B. das *Audi Camp* (Dreitagestour östliches Delta per Mokoro.

*Maun – Start ins Okavango-Delta*

# Okavango-Delta

Der Besuch eines Camps im Herzen des Okavango-Deltas ist die meiste Zeit des Jahres nur mit dem Flugzeug möglich. Die kleinen Cessnas fliegen die Gäste zu einer Landebahn in der Nähe des Camps, wo man mit einem Geländewagen abgeholt wird. Eindrucksvoll ist alleine schon der Flug über das Delta. Man sieht das Netz von Wasserkanälen und Seen, aus dem sich kleine und große Inseln als grüne Flecken absetzen. Auch größere Tierherden, wie Elefanten oder Zebras und Giraffen, sind deutlich zu erkennen. Es ist kaum vorstellbar, dass diese Landschaft Teil der Wüste Kalahari ist. Ihre wie Rippen parallel zueinander von Ost nach West verlaufenden Dünen sind aus festem Sand. In den Tälern dazwischen sammelt sich Feuchtigkeit des hier häufiger fallenden Regens. Durch viele Dünentäler verlaufen unterirdische Wasserkanäle. In der Regen- bzw. Überschwemmungszeit befördern sie das Wasser aus dem Delta in die unterversorgten Randgebiete, so z.B. bis in den Kaudom-Wildpark in Namibia. In der Trockenzeit saugt das Delta noch anstehendes Wasser zurück zum Okavango.

Pflanzen- und Wildreichtum im Okavango-Delta sind legendär: Für eine zauberhafte Stimmung sorgen die vielen Seerosen auf den Kanälen, deren Blüten in Weiß, Rosé, Gelb und Flieder leuchten. Mopanebäume mit ihren wie Schmetterlinge geformten Blättern sind ein Leckerbissen für Giraffen und Elefanten, und wenn die Dickhäuter sie umknicken, um es bequemer zu haben, können auch kleinere Antilopen das zarte Blattwerk genießen. Eine besondere Delikatesse für Elefanten und Paviane ist der *Marulabaum*. Dessen

*Exklusive Unterkunft im Delta*

in der Hitze vergorenen Früchte enthalten Alkohol, was die davon naschenden Tiere tatsächlich deutlich trunken macht. Papyrus und Schilf wiegen sich im Wind, Baobabs recken ihre nackten Äste in den Himmel. Große Elefantenherden, Giraffen, Zebras, Gnus, Kudus und Eland-Antilopen, Springböckchen und Impalas, Warzenschweine, mächtige Büffel und die seltenen Wasser- bzw. Sumpfantilopen *Sitatunga* und *Lechwe* kann man im Delta sehen. Hyänen, Löwen, Geparde, Leoparden, Schakale und Löffelhunde gehen auf die Jagd, über 400 Vogelarten sind zu identifizieren. Im Wasser dümpeln Flusspferde und Krokodile – am intensivsten erlebt man dieses Paradies mit einem traditionellen Einbaum, dem *Mokoro,* das der „Poler" durch die Sumpf- und Wasserlandschaft stakt.

Bei Aufenthalt in einem der Camps, die fast alle auf der Westseite von *Chief's Island* angesiedelt sind, sind strenge Sicherheitsvorschriften zu beachten. Die Camps sind offen, deshalb bewegen sich nicht nur die Gäste, sondern auch das Wild frei auf dem Gelände. Tagsüber wird dies als ungefährlich angesehen, nach Einbruch der Dunkelheit ist aber mit Besuch von Raubtieren zu rechnen, weshalb jeder Gast dann von bewaffneten Wildhütern an seinem Zelt oder Bungalow abgeholt und zum Dinner begleitet bzw. danach wieder zurückeskortiert wird. Nachts ist man dann umgeben von den Stimmen der Wildnis, hört Elefanten und Büffel direkt neben dem Zelt, das Brüllen der Löwen und das Gemecker der Hyänen. Keinesfalls sollte man die Unterkunft verlassen. In vielen Camps werden keine Kinder unter 12 Jahren aufgenommen, weil sie wegen ihrer geringen Größe eher potentielle Wildopfer sind als Erwachsene. Am frühen Morgen und am späten Nachmittag startet man zur Wildbeobachtung, morgens meist zu Fuß und mit dem Mokoro, nachmittags dann mit offenen Geländewagen. Auch hier

*Die Damen genießen die Wärme der Morgensonne*

sollte man unbedingt alle Weisungen der Ranger befolgen. Kritische Situationen entstehen häufig mit grasenden Flusspferden, die panisch reagieren, wenn man in ihre Fluchtlinie zum Wasser gerät. Wie weit man sich Elefanten, Büffeln oder gar Löwen nähern kann, entscheiden die Wildhüter je nach Situation.

Die schönste Stunde des Tages im Delta ist der „Sundowner", ein Aperitif, den man meist an einer landschaftlich besonders schönen Stelle, auf einer Bergkuppe über der Savanne oder einer eigens dafür gestalteten Buschbar am Wasser einnimmt, während die Sonne untergeht.

## Von Maun nach Namibia

Auf der Weiterfahrt erobern immer wieder Rinderherden die Straße – Vorsicht an unübersichtlichen Stellen! Im Städtchen *Toteng* geht's geradeaus nach *Shakawe* in Richtung Caprivi Strip. Diese Strecke am Westrand des Okavango-Deltas ist durchgängig asphaltiert und ist bis zur namibischen Grenze auch mit Pkw befahrbar.

Wir folgen der Abzweigung nach links in Richtung *Ghanzi,* die ebenfalls durchgängig asphaltiert ist. Die Pad durchquert mehrere kleine Ortschaften (Kukwe, D'Khar mit Laden und Werkstatt) und erreicht nach knapp 300 km ab Maun schließlich *Ghanzi.*

## Ghanzi

Ghanzi ist eine Grenzsiedlung mit Läden für den Farmerbedarf, Bottle Store, Supermarkt und der Atmosphäre einer staubigen Westernstadt. Die Region besitzt große Grundwasservorkommen, die Viehzucht inmitten der Kalahari möglich machen – etwa 200 Farmen soll es im Bezirk Ghanzi geben. Die meisten Kung-San, die in diesem Teil der Kalahari nomadisierten, arbeiten nun auf den Farmen. Im Gegensatz zu ihren namibischen Vettern haben sie es geschafft, eine Art politisch-kulturelle Interessensvertretung einzurichten, die um größere Autonomierechte in Botswana kämpft. Wer sich für das Kunsthandwerk der Jäger interessiert, findet im Craft Shop von *Ghanzicraft,* unweit des Kalahari Arms Hotel, eine große Auswahl sehr schön gearbeiteter Schmuckstücke und Waffen. Der Erlös kommt den San zugute.

**Unterkunft**

**Tautona Lodge,** P.O. Box 888, Ghanzi, Tel. 00267-6597499, Fax 6597500, www.tautonalodge.com. Mittel, Campingmöglichkeit. Die Lodge bietet angenehme Unterkunft mit Pool und Wasserloch; in Ferienzeiten viele Südafrikaner.

**Richtung Grenze**

Schnurgerade zieht nun der Asphalt weiter auf die botswanisch-namibische Grenze zu. Ein Beobachtungsturm bei Km 718 markiert das Ende des Farmlandes. In niederem Buschwerk verläuft nun rechts der Grenzzaun zwischen Namibia und Botswana,

*Savannenlandschaft im östlichen Namibia*

den die Kung an einigen Stellen mit Hilfe sogenannter „Buschmannleitern" überqueren dürfen. Einsame Weiler, weitgehend flache Landschaft und ab und zu die ersten Dünenkämme bestimmen die weiteren 80 km bis zum Dörfchen *Xanagas*. *Charles Hill,* Km 390 ab Maun, bietet schließlich die letzte Versorgungsmöglichkeit vor der Grenze, auch hier ist die Tankstelle unter Umständen ohne Treibstoff. 6 km weiter erreichen Sie den botswanischen Grenzposten *Mamuno,* 2 km weiter die namibische Zollstation *Buitepos* (7–17 Uhr).

**Unterkunft**

- **Buitepos Eastgate Camp,** Tel. 062-560405, Fax 560406, www.eastgate-namibia.com. Angenehmes Camp an der Total-Tankstelle, Bungalows günstig, Campingmöglichkeit.
- **Zelda Guestfarm,** P.O. Box 75, Gobabis, Tel. 062-560427, Fax 560431, www.zeldaguestfarm.com. 20 km von Buitepos in Rtg. Gobabis, mittel, Campingmöglichkeit.



## Gobabis

Auf dem Trans-Kalahari-Highway sind es 125 schnelle Kilometer bis Gobabis. Herero-Damen in ihren üppigen Matronenkleidern bestimmen das Stadtbild, das außer dem historischen Lazarett-Gebäude wenig Interessantes zu bieten hat. Dass man sich hier in einer bedeutenden Viehzuchtregion befindet sieht man am Denkmal, das Gobabis als Zentrum des „Cattle Country" ausweist. Ein Museum, das viele

Schauobjekte aus dem Farm-Alltag präsentiert, liegt am Stadtrand in der Olifant Street (Tel. 062-562489).

Bereits um 1840 reklamierte die Wesleyanische Mission die Region am schwarzen Nossob für sich. 1851 folgte die Rheinische Missionsgesellschaft, 1894 erklärte Major *Leutwein,* gerade Gouverneur geworden, Gobabis zum Militärdistrikt und eine Schutztruppeneinheit wurde hierher verlegt. 1896 kam es im Zuge der Herero- und Nama-Aufstände zu der *Schlacht von Gobabis* (6. April). Geschlagen zogen sich Herero und Nama zurück, führten aber in den Folgejahren immer wieder Überfälle durch. 1904 eskalierten die Kämpfe und fanden ihren Höhepunkt und die Entscheidung bei der Schlacht am Waterberg. Die Infrastruktur der Farmer war zerstört, und es dauerte lange, bis die Schäden des Krieges beseitigt waren, da die Lage im Hinterland und die schwierigen Transportverhältnisse viele Siedler davon abhielten, sich in diesem Gebiet niederzulassen.

Major Leutwein

Gobabis als Hauptort der östlichen oder Mbanderu-Herero ist mit einem weniger bekannten Kapitel namibischer Geschichte verbunden, dem

**Dorslandtrek** von Buren, die 1878 ihre Heimat Transvaal verließen und auf der Suche nach neuem Land durch Namibia bis Angola zogen. Der verlustreiche Treck endete nicht wie erhofft mit der Gründung eines neuen Staates. Erschöpfte Siedler blieben hier und dort hängen, vermischten sich mit der lokalen Bevölkerung (wie die Van der Merwes-Himba im Kaokoveld), behielten aber ihre Sprache, das Afrikaans, und ihre Selbstbezeichnung als „Afrikaaner" bei. Rund um Gobabis leben viele Nachfahren dieser Trekker, und da lag es nahe, die Geschichte des Trecks wieder aufleben zu lassen. Es wurde eine anspruchsvolle 4x4-Strecke ausgewiesen, die von Gobabis aus den Spuren dieser 2000 km langen Wanderung folgt (▸ s. Kasten).

## Als Dorslandtrekker unterwegs

Die Strecke wurde in drei Etappen aufgeteilt. Die erste mit einer Dauer von etwa 8 Tagen startet in Gobabis und führt durch das Omaheke-Sandveld nach Norden ins Buschmannland. Nach Durchquerung des Kaudom-Nationalparks erreicht man Mahango, die Popa-Falls und schließlich Andara am Kavango. Nun wendet sich die Route nach Westen, folgt dem Rivier des Omuramba Omatako über Tsintsabis bis Etosha (3 Tage). Das dritte Teilstück führt quer durch den Etosha-Park. Dann geht's quer durchs Kaokoveld, wo zahlreiche Ruinen und eine Kirche noch an die Trekker erinnern, bis Swartbooisdrift am Kunene, wo der Treck endet (5 Tage). Mehrere Reiseveranstalter und auch Autovermietungen bieten diese Tour mittlerweile an. Sie ist geführt sicherlich einfacher abzureisen, da Wegbeschilderungen fehlen.



## Service Gobabis

**Information** Visitors Information, Church Street, Tel. 062-562551

**Unterkunft**

- **Goba Goba Lodge,** P.O. Box 599, Gobabis, Tel. 062-564499, Fax 564466, www.gobalodge.com. Nette, freundlich geführte Lodge am Nossob Rivier. Mittel, Campingmöglichkeit.
- **Onze Rust,** P.O. Box 2212, Gobabis, 95 Rugby St, Tel. 062-562214, Fax 565060, www.natron.net/tour/onzerust. DZ/F ab 300 N$/Person. Sympathisches B&B, Dorslandtrek-Touren. Günstig.

- **Xain Quaz Camp,** 10 km außerhalb an der B6 Richtung Windhoek, P.O. Box 1282, Gobabis, Tel. 062-562688, Fax 562824. Bungalows und Zeltplätze, günstig.

**Restaurant**

**Gobabis Bakery & Restaurant,** Church St, Tel. 062-562525: preiswerte Südwester-Küche.

## Von Gobabis nach Windhoek

Stetig ansteigend und von der flachen Beckenlandschaft um Gobabis in Hügelland übergehend führt die B6 die verbliebenen 185 km auf Windhoek zu.

Wer sich für Kunst interessiert, kann hier noch einen letzten Abstecher in die Region um Dordabis unternehmen. In Seis führt die D1472 63 km nach Südosten zur *Farm Peperkorell,* wo Volker Berner in seinem Atelier viele Jahre die Tradition der Karakul-Teppichweberei pflegte und sich das Atelier der Bildhauerin Dörte Berner befindet, deren Skulpturen weit über Namibia hinaus bekannt sind (Peperkorell, P.O. Box 9976, Dordabis, Tel. 061-573581; Besuch nach Voranmeldung).

In der Nähe befindet sich eine der schönsten Lodges Namibias, die *Eningu Clayhouse Lodge,* deren Lehmarchitektur wie auch ihre exzellente Küche einen Besuch unbedingt lohnen (Eningu Clayhouse Lodge, P.O. Box 9531, Tel. 062-581880, www.eningulodge.com. Teuer). Weitere Farmen mit Karakul-Webereistudios haben sich um Dordabis angesiedelt, so z.B. die *Gästefarm Kiripotib* (www.kirikara.com), wo man auch ein Goldschmiedeatelier besichtigen und nächtigen kann (Tel. 062-581419, www.kiripotib.com, Teuer).

Am Internationalen Flughafen Hosea Kutako vorbei erreicht die Route schließlich Windhoek.

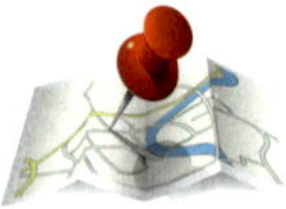

Bitte schreiben oder mailen Sie (verlag@rkh-reisefuehrer.de), wenn sich in Namibia Dinge verändert haben oder Sie Neues wissen. Wir beantworten jede Zuschrift. Danke!

# ANHANG

## Weitere Informationen

# Anhang

## Autoren Daniela Schetar und Friedrich Köthe

Ausgedehnte Reisen durch Nord-, West- und das südliche Afrika unternahmen die beiden Journalisten aus München in zwei Jahrzehnten. Zahlreiche Reiseführer, über Tunesien, Marokko, Namibia, Botswana, Zimbabwe und Südafrika, sind das Ergebnis ihrer Aufenthalte auf dem schwarzen Kontinent. Namibia haben sie Anfang der 1990er Jahre das erste Mal besucht – seitdem lässt sie Südwest-Afrika nicht mehr los. Regelmäßig touren sie durchs Land, sammeln die neuesten Informationen und entdecken auch immer wieder andere Seiten dieses spröden und ehrlichen Landes mit seinen phantastischen Landschaften und seinen wunderbaren Bewohnern.

## Bildnachweis

Alle Fotos Friedrich Köthe, außer

Classic Safari Camps (www.exlusivetravelchoice.com), S. 32

Fotolia.de (Bildnummer/Urheber): S. 10, 90, 161, 215, 280 (33870438/graphit); 17 (15714802/lantapix), sowie S. 92 (48158259 / senicer), 160 (25352080 / orxy)

Hermann, Helmut: Umschlag Titelbild, hintere Umschlagklappe unten, vordere Umschlagklappe Bild 2+3 v.o.; Titelei (Zebras) und S. 22, 24, 26, 30, 37, 42, 45 (m./u.), 47 unten, 48, 60, 65, 68, 74, 75, 95, 127, 136, 149, 150 oben, 152, 155, 157, 166, 176, 177, 182, 185 (2x), 188 (2x), 214, 228, 247 (2x), 281, 288

iStockphoto.de (Bildnummer/Urheber): S. 40 (9120571 / mwalimu727), 47 (40412944 / GroblerduPreez), 76/77 (32337400 / Sophele), 79 (26020425 / heckepics), 81 (36980400 / hugy), 114 Mitte und vordere Umschlagklappe unten (32391638 / Sophele), 170/171 (17595697 / norbvomorb), 196 (46598870 / estivillml), 200/201+Rückseite Umschlag (2360410 / EcoPic), 207 (13163782 / Mytho), 262 (32166664 / Jason_YU), 268 (9245147 / jungee)

Losskarn, Elke: Umschlag (Rückseite unten, vordere Klappe), S. 11, 30, 45 oben, 131 oben, 192, 204, 206

Okahirongo Lodges & Camps, S. 72

Historische Abbildungen aus Privatbesitz

# Ausgewählte Bibliographie

**Himba – die Nomaden Namibias,**
heißt ein ebenso schöner wie informativer Bildband von Margaret Jacobsohn und Peter and Beverly Pickford, erschienen in der Edition Namibia im Klaus Hess Verlag.

**Buschmänner,**
von Rolf Frei/Tonio Passlick/Oliver Mayerle, Edition Namibia im Klaus Hess Verlag. Ein ebenso interessanter wie schöner Bildband über Namibias Urbevölkerung.

**Deutsch Südwest-Afrika,**
von François, Curt von. Nachdruck der Originalausgabe von 1899 durch Peter's Antiques, Swakopmund/1993. Informationen über die Kolonie aus erster Hand.

**Die deutschen Kolonien,**
von Graudent, Karlheinz und Schindler, Hanns-Michael, Weltbild Verlag, Augsburg 1989. Ein Überblick über alle Kolonien des Reiches.

**Das alte Swakopmund 1892–1919,**
von Rautenberg, Hulda, Swakopmund 1967. Ein genaue Beschreibung Swakopmunds mit Geschichte und Architektur.

**Gondwana History Collection Namibia,**
Broschüren-Serie mit unterhaltsamen Themen zur Kultur und Geschichte Namibias, wie z.B. „Deutsche Siedler im Süden Namibias zwischen Kolonial- und Weltkrieg", „Geschichten zu Briefmarken-Motiven Namibias" (2 Bände) u.a. mehr. In Deutsch, Englisch und Afrikaans; www.gondwana-Collection.com und Verlag Klaus Hess, Göttingen, www.k-hess-verlag.de

**Baukunst in Südwestafrika 1884–1914,**
von Walter Peters, Windhoek 1981. Eine fast vollständige Liste der Baudenkmäler aus der deutschen Kolonialzeit.

**Vogelwelt**
Einen hervorragenden Überblick gibt das Buch **„Namibias bunte Vogelwelt"** von Eckart Demasius und Christine Marais, das bei Gamsberg Macmillan in Windhoek erschienen ist.

**Die Völker Namibias,**
von Johan S. Malan, Klaus Hess Verlag. Der südafrikanische Anthropologe beschreibt die Sozialordnung, die traditionellen religiösen Vorstellungen und den Lebensraum der namibischen Völker.

**Die verkehrte Hautfarbe**
von Brigitta Schmidt-Lauber, Dietrich Reimer Verlag. In dieser wissenschaftlichen Arbeit werden erstmals das Selbstverständnis und die kulturellen Traditionen der Deutsch-Namibier untersucht.

**Die „DDR-Kinder" von Namibia,**
von Constance Kenna, Klaus Hess Verlag. Die Herausgeberin lässt die während des Befreiungskriegs in die DDR gebrachten und zur Wende nach Namibia zurückgeschickten Jugendlichen zu Wort kommen.

**Vom Schutzgebiet bis Namibia 2000,**
herausgegeben von Klaus A. Hess und Klaus J. Becker, Klaus Hess Verlag. Auf über 500 Seiten berichten Fachautoren akribisch über die historische, wirtschaftliche, verkehrstechnische, kulturelle und politische Erschließung und Entwicklung Namibias.

**Kolmanskuppe Einst und Jetzt,**
von Helga Kohl und Amy Schoeman, Klaus Hess Verlag. Ein wunderbarer Text-/Bildband über die alte Diamantenstadt.

**Namibia, eine Landeskunde in Bildern,**
Klaus Hüser u.a., Klaus Hess Verlag. Namibias Naturräume, die Geologie, Geographie und Botanik sind Thema dieses großformatigen Bild-/Textbandes.

Helmut Hermann, Bettina Romanjuk

# Tourguide Südafrika

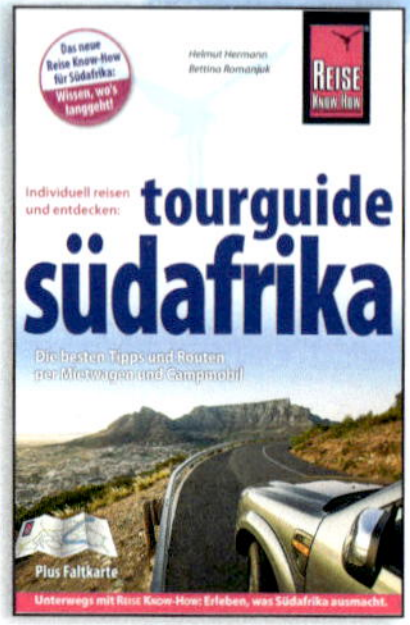


**Reise Know-How Verlag H. Hermann**
780 Seiten
ISBN 978-3-89662-506-9
€ 25,00 [D]

- Mehr als 80 Stadt- und Ortspläne, Nationalpark- und Routenkarten, alle korrespondierend mit dem Inhalt
- Über 370 stimmungsvolle Fotos und historische Abbildungen
- Glossar und ausführliches Register, Griffmarken, Seiten- und Kartenverweise zur einfachen Handhabung
- Zahllose geprüfte Internet-Adressen, GPS-Daten zum problemlosen Finden von Unterkünften und Sehenswürdigkeiten
- Konkrete Empfehlungen für Bed & Breakfasts, Hotels, Hostels und Campingplätze
- Strapazierfähige PUR-Bindung

## Sanibona – Willkommen in Südafrika

**Mit dem „Tourguide Südafrika" das Land am Kap selbstorganisiert und authentisch kennenlernen. Unverzichtbar für alle, die das faszinierende Südafrika individuell bereisen wollen.**

- **Routenbasiertes Konzept:** Von Johannesburg nach Kapstadt oder vice versa vom Kap der Guten Hoffnung bis zur Nordprovinz Limpopo – entdecken Sie Südafrika auf 9 Haupt- und vielen Nebenrouten. Nach persönlichem Zeitrahmen und Ihren Vorlieben ausbau- oder verkürzbar
- Alle praktischen Reisefragen von A bis Z, interessante Hintergrundinformationen über Land und Leute und zum neuen Südafrika
- Auf den Punkt gebrachte Beschreibungen von Städten und Orten mit ihren Sehenswürdigkeiten, kulturelle, künstlerische, architektonische und landschaftliche Highlights
- Übernachten in den südafrikatypischen und sehr gastfreundlichen Bed & Breakfasts oder in anderen Unterkünften für jeden Geldbeutel
- Kulinarische Empfehlungen von Kennern und Einheimischen, Wine & fine Dining-Restaurants
- Nicht zu versäumende Nationalparks mit ihren Tierpopulationen, spannende und unbekannte Winkel, Wandervorschläge für Fitte und Faule sowie Tipps für sportliche Aktivitäten

**+ Faltkarte Südafrika**

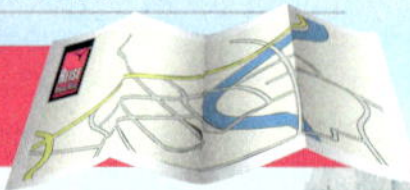

Christine Philipp

# Südafrika

## Südafrika mit diesem kompletten Reisehandbuch entdecken:

- **Informiert reisen:** Für alle neun Provinzen sorgfältige Beschreibung der sehenswerten Orte, der schönsten Naturschutzgebiete, Tier- und Nationalparks. Mit vielen Wanderungen und Tipps zur aktiven Freizeitgestaltung.
- **Praktische Tipps und Wissenswertes zur Reisevorbereitung** und zum täglichen Reiseleben. Viele Internet- und eMail-Adressen für zusätzliche Informationen. Mit neuen südafrikanischen Städtenamen.
- **Durch Südafrika reisen:** Unterwegs zu Naturschönheiten und bekannten Sehenswürdigkeiten mit Mietwagen oder Camper, Transporthinweise für Busse, Flugzeug und Eisenbahn. Routen- und Streckenvorschläge für mehrere Wochen Aufenthalt.
- **Präzise Streckenbeschreibungen und detaillierte Karten,** um auch abgelegene Gebiete bereisen zu können. Viele lohnenswerte Abstecher.
- **Zahllose Unterkunftsempfehlungen** und kulinarische Tipps für jeden Geldbeutel von preiswert bis luxuriös.

**Reise Know-How Verlag H. Hermann**
792 Seiten
ISBN 978-3-89662-610-3
€ 25,00 [D]

- Mehr als 100 Stadtpläne und Karten, praktische farbige Übersichtskarten in den Umschlagklappen
- Griffmarken, Seiten- und Kartenverweise zur einfachen Handhabung
- Mit Glossar und großem Register
- Reisen durch Südafrikas 9 Provinzen, Abstecher nach Lesotho, Swaziland und Namibia
- Infomativer Geschichtsteil, viele unterhaltsame Exkurse
- Ausführliche Kapitel über Kapstadt, Krüger-Nationalpark, Garden Route
- Strapazierfähige PUR-Bindung

Daniela Schetar und Friedrich Köthe

# Namibia

## Ganz Namibia mit diesem Reisehandbuch entdecken. Die 8. aktualisierte Auflage dieses Buches …

- kombiniert detailgenaue, vor Ort recherchierte praktische Informationen mit unterhaltsamen und informativen Exkursen zu Geschichte, Hintergründen und den Menschen des Landes
- nennt und gewichtet nahezu alle Unterkünfte in Namibia mit Internet-Kontakt, enthält genaue Stadtpläne mit Lageangaben der Hotels
- erlaubt mit integriertem Routenplaner die einfache Planung der Reise und macht mit GPS-Daten und exakten Kilometertabellen jedes Ziel auffindbar
- führt in die Nachbarländer, nach Victoria Falls, Botswana und in den südafrikanischen Kgalagadi Transfrontier National Park
- listet eine Vielzahl an Aktivitäten, wie Ballonfahren, Fallschirmspringen, Quadbike-Fahren, Reiten, Wandern, Fly-in-Safaris, Angelausflüge, Kajaktouren
- ermöglicht Ihnen die Reise in Gebiete und Landschaften, in die „andere" nicht kommen

### So urteilten Benutzer der vorherigen Auflagen:

- *»Das Reisehandbuch ist wirklich Klasse und hat wesentlich dazu beigetragen, dass uns dieser Urlaub unvergessen bleibt …«*
- *»Ihr wirklich ausgezeichneter Reiseführer hat sich als sehr ausführlich und hilfreich erwiesen …«*
- *»… ich konnte kein anderes Buch vergleichbarer Qualität finden!«*

**Reise Know-How Verlag H. Hermann**

672 Seiten
ISBN 978-3-89662-606-6
€ 25,00 [D]

- Mehr als 55 Stadtpläne und Karten, praktische farbige Übersichtskarten in den Umschlagklappen
- Über 270 Fotos und Abbildungen
- Griffmarken, Seiten- und Kartenverweise zur einfachen Handhabung
- Informative Hintergrundberichte, ausführlicher Tierteil und umfangreiches Register
- Mehr als 650 Unterkunftsadressen
- Namibias Reiseziele auf 32 Routen entdecken
- Zahllose GPS-Daten
- Strapazierfähige PUR-Bindung

# Rad- und andere Abenteuer aus aller Welt

## Edition Reise Know-How

In der Edition Reise Know-How erscheinen außergewöhnliche Reiseberichte, Reportagen und Abenteuerberichte, landeskundliche Essays und Geschichten. Gemeinsam ist allen Titeln dieser Reihe: Sie unterhalten, sei es unterwegs oder zu Hause – auch als ideale Ergänzung zum jeweiligen Reiseführer.

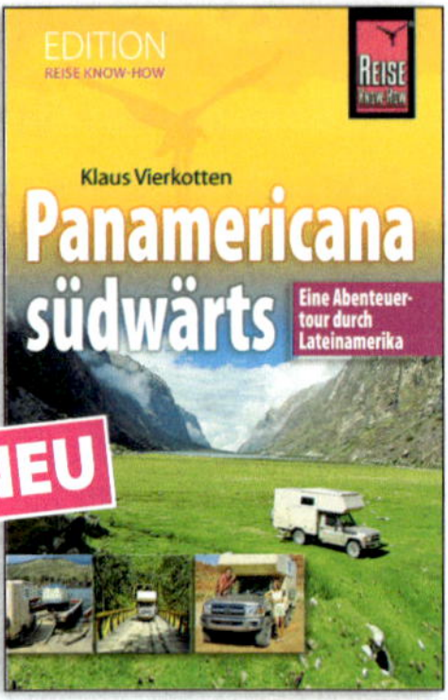


**Panamericana südwärts** – Eine Abenteuertour durch Lateinamerika. ISBN 978-3-89662-523-6 · € 19,50; auch als **E-Book** erhältlich: ISBN 978-3-89662-621-9 · € 13,99

NEU

**Abenteuer Anden** – Eine Reise durch das Inka-Reich
ISBN 3-89662-307-9 · € 17,50

**Afrika** – Mit dem Fahrrad in eine andere Welt
ISBN 978-3-89662-522-9 · € 19,90

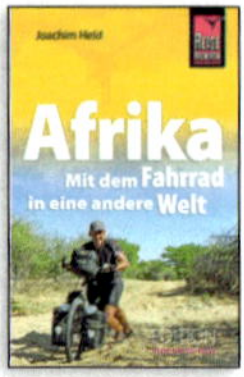


**Auf Heiligen Spuren** – 1700 km zu Fuß durch Indien
ISBN 3-89662-387-7· € 17,50

**Auf und davon** – Auf Motorrädern durch Europa, Asien und Afrika
ISBN 978-3-89662-521-2 · € 19,50

**Die Salzkarawane** – Mit den Tuareg durch die Ténéré
ISBN 3-89662-380-X · € 17,50

**Durchgedreht** – Sieben Jahre im Sattel
ISBN 3-89662-383-4 · € 17,50

**Myanmar/Burma** – Reisen im Land der Pagoden
ISBN 3-89662-196-3 · € 17,50

**Odyssee ins Glück** – Als Rad-Nomaden um die Welt 10 Jahre, 160.000 km und 5 Kontinente · ISBN 978-3-89662-520-5 · € 19,90

**Please wait to be seated** – Bizzares und Erheiterndes von Reisen in Amerika. ISBN 3-89662-198-X · € 12,50

**Rad ab** – 71.000 km mit dem Fahrrad um die Welt.
ISBN 3-89662-383-4 · € 17,50

**Südwärts** – von San Francisco nach Santiago de Chile.
ISBN 3-89662-308-7 · € 17,50

**Suerte** – 8 Monate auf Motorrädern durch Südamerika.
ISBN 978-3-89662-366-9 · € 17,50

**Taiga Tour** – 40.000 km allein mit dem Motorrad von München durch Russland nach Korea und Japan · ISBN 3-89662-308-7 · € 17,50

**USA Unlimited Mileage** – Abgefahrene Episoden einer Reise durch Amerika · ISBN 3-89662-189-0 · € 14,90

**Völlig losgelöst** – Panamericana Mexiko–Feuerland in zwei Jahren
ISBN 978-89662-365-2 · € 14,90

**Eine mallorquinische Reise** – Mallorca 1929
ISBN 3-89662-308-7 · € 10,50

**Geschichten aus dem anderen Mallorca – Robert Graves**
ISBN 978-3-89662-269-3 · € 12,50

**und mehr ...**

**Bestseller**
**5. Auflage**

Peter Smolka

**71.000 km mit dem Fahrrad um die Welt:**

## Rad ab!

Vier Jahre lang radelte der Erlanger Globetrotter Peter Smolka um den Erdball. Zunächst durchquert er den Nahen Osten und Afrika, wo er nur knapp den Angriff eines Elefanten überlebt. In Kapstadt heuert er auf einer Segelyacht an, die nach Brasilien bringt. Nach neun Monaten Südamerika sind die nächsten Stationen Neuseeland und Australien. Bereits seine Fahrt durch Saudi-Arabien hatte in der Reiseszene für Aufsehen gesorgt. In Südostasien erhält Peter Smolka nach zähen Verhandlungen auch die Genehmigung Mynamer (Ex-Birma) auf dem Landweg zu durchqueren. Vor der Rückreise nach Europa wagt er sich schließlich nach Afghanistan hinein … Spannend, detailliert, einfühlsam und humorvoll – ein Buch für jeden, der gern reist.

Hardcover mit Schutzumschlag, 360 Seiten, plus 16 Seiten Farbfototeil
Reise Know-How Verlag · ISBN 3-89662-383-4 · € 17,50

---

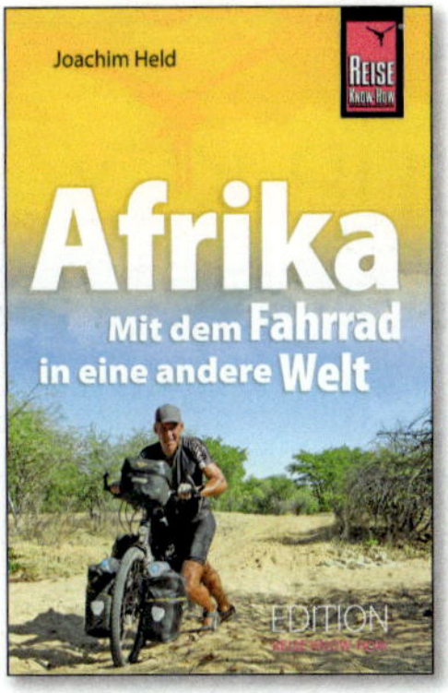


Joachim Held

## Afrika

**NEU – nach „Abenteuer Anden" wieder im Sattel!**

**Mit dem Fahrrad in eine andere Welt**

Joachim Held bricht im August 2008 nach Afrika auf. Er lässt sich treiben, durchquert die Westsahara, kämpft sich durch den Kongo und weiter bis nach Kapstadt, auf dem Rückweg erklimmt er den Kilimanjaro. Am Ende ist er zwei Jahre auf 33.000 Kilometern unterwegs, fasziniert von der Lebensfreude und Hilfsbereitschaft der Menschen, aber auch tief betroffen von ihren Lebensumständen. In Sierra Leone sieht er hungernde Kinder, in Guinea gerät er in Putschwirren und in Kamerun prophezeit man ihm eine Begegnung mit dem Tod. Einen Abend sitzt er im entlegenen Dschungel Zentralafrikas mit Dorfältesten zusammen und hört Fragen, auf die er keine Antworten hat: „Warum ist Europa so reich und Afrika so arm? Was sollen wir tun? Sag' du es uns, du kommst doch aus Europa!"

Einfühlsam berichtet Joachim Held über seine Begegnungen und Erlebnisse in Afrika. Er beschreibt Höhen und Tiefen seiner Reise, gelegentlich selbst verzweifelt, aber dann auch wieder mit Humor. Angereichert mit vielen Hintergrundinformationen, ist dies ein spannendes Buch zum Mitreisen und Nachdenken.

Hardcover mit Schutzumschlag, 392 Seiten + 32 Seiten Farbteil
Reise Know-How Verlag · ISBN 978-3-89662-522-9 · € 19,90

Entdecke
Afrika!
Abendsonne Afrika ist Ihr Top-Safarispezialist für Reisen in das südliche und östliche Afrika. Ob Individual- oder Kleingruppenreise - unsere erfahrenen Spezialisten beraten Sie in allen Fragen rund um spannende Safaris, Selbstfahrerreisen oder Flugsafaris.
Selbstfahrerreise zu den Highlights Namibias
15 Tage Windhoek - Sossusvlei - Swakopmund - Damaraland - Etosha - Waterberge
ab €1.729,- ab/bis Deutschland inkl. Mietwagen
Abendsonne Afrika
Ihre Safarispezialisten!
Abendsonne Afrika GmbH
Zur Unteren Mühle 1, D-89290 Buch
Tel.: +49 (0) 7343.92998-0, Fax - 29
E-Mail: info@abendsonneafrika.de
www.abendsonneafrika.de
Fordern Sie unseren Katalog an!
Wir beraten Sie gerne!
Botswana, Namibia, Südafrika, Malawi, Sambia, Tansania, Simbabwe, Madagaskar, Uganda, Ruanda, Kenia, Kongo, Oman, Mosambik, La Réunion, Seychellen, Mauritius, VAE